Christiane Schlüter
Die wichtigsten Psychologen im Porträt

Christiane Schlüter

Die wichtigsten Psychologen im Porträt

marixverlag

Für die bibliothekarische Unterstützung danke ich Detlev Lisson,
Jennifer Sukopp und Nicole Dettmer in Bad Harzburg.

Es ist nicht gestattet, Abbildungen und Texte dieses Buches zu scannen,
in PCs oder auf CDs zu speichern oder mit Computern zu verändern oder
einzeln oder zusammen mit anderen Bildvorlagen zu manipulieren,
es sei denn mit schriftlicher Genehmigung des Verlages.

Alle Rechte vorbehalten

Copyright © by Marix Verlag GmbH, Wiesbaden 2007
Covergestaltung: Thomas Jarzina, Köln
Lektorat: Adrian Urban, München
Bildnachweis: akg-images GmbH, Berlin
Satz und Bearbeitung: C&H Typo-Grafik, Miesbach
Gesamtherstellung: GGP Media GmbH, Pößneck
Printed in Germany

ISBN: 978-3-86539-913-7

www.marixverlag.de

Inhalt

Zur Einführung	9
I. Von der Antike bis zum 19. Jahrhundert	13
II. Sinnesphysiologie – Bewusstseinspsychologie – Gestaltpsychologie	19

1 Das »romantische Land der Psychophysik«
Gustav Theodor Fechner 20

2 Ein materialistischer Eid
Hermann von Helmholtz 22

3 Das erste psychologische Labor
Wilhelm Wundt 24

4 Verstehen statt Erklären
Wilhelm Dilthey 27

5 Dem Gedächtnis auf der Spur
Hermann Ebbinghaus 30

6 Ganzheit und Gestalt
Max Wertheimer 32

III. Tiefenpsychologische Ansätze	37

7 Die Entdeckung des Unbewussten
Sigmund Freud 38

8 Interesse für das Ich
Alfred Adler 48

9 Märchen, Mythen, Archetypen
Carl Gustav Jung 53

10 Abschied von der Kindheitsidylle
Melanie Klein 61

11 Die »sanfte Rebellin der Psychoanalyse«
Karen Horney 64

12 Die Theorie vom »gehemmten Menschen«
Harald Schultz-Hencke 68

13 Mehr als nur Vaters Tochter
Anna Freud 71

INHALT

14 Bioenergie und Charakterpanzer
Wilhelm Reich 74

15 Protest eines Humanisten
Erich Fromm 77

16 Unterwegs zur eigenen Identität
Erik H. Erikson 80

17 Der »Glanz im Auge der Mutter«
Heinz Kohut 84

18 Das Unbewusste als Sprache
Jacques Lacan 87

IV. LERN- UND KOGNITIONSPSYCHOLOGISCHE ANSÄTZE   93

19 Die Hunde und der Glockenton
Iwan P. Pawlow 94

20 Das Gesetz von Versuch und Irrtum
Edward L. Thorndike 98

21 Behavioristische Utopie
John B. Watson 101

22 Kluge Ratten in der Box
Burrhus F. Skinner 104

23 Geist und Wirklichkeit
Jean Piaget 109

24 Lernen durch Bezugspersonen
Lew S. Wygotski 114

25 Eine angeborene Universalgrammatik
Avram Noam Chomsky 117

26 Die Kraft der Einsicht
Albert Ellis 120

27 Schluss mit negativen Gedanken
Aaron T. Beck 124

28 Alles nur Nachahmung
Albert Bandura 129

29 Hilflos aus Erfahrung
Martin E. P. Seligman 132

Inhalt

V. Humanistische und ressourcenorientierte Ansätze 137

30 Eine Bühne für die Seele
Jakob L. Moreno 138

31 An der Wiege der Humanistischen Psychologie
Charlotte Bühler 144

32 Offene und geschlossene Gestalten
Fritz Perls 147

33 Behandlung unter Hypnose
Milton H. Erickson 154

34 Psychotherapie als Gespräch
Carl R. Rogers 157

35 Heilung durch Sinnfindung
Viktor E. Frankl 163

36 Die Bedürfnispyramide
Abraham H. Maslow 167

37 Die »Spiele der Erwachsenen«
Eric Berne 170

38 Der Mensch, die Gruppe, das Thema
Ruth C. Cohn 176

VI. Systemische Ansätze 181

39 Die Familie als Patient
Virginia Satir 182

40 Mit der Kraft des Paradoxen
Mara Selvini Palazzoli 190

41 Kommunikation und Wirklichkeit
Paul Watzlawick 195

42 Von Aufträgen und Vermächtnissen
Helm Stierlin 199

43 Die unbewusste Komplizenschaft der Liebenden
Jürg Willi 204

VII. Persönlichkeits- und Intelligenzforschung .. 209

44 Die getestete Intelligenz
Alfred Binet 210

7

INHALT

45 Auf der Suche nach dem Besonderen
William Stern 213

46 Sieben menschliche Fähigkeiten
Louis L. Thurstone 218

47 Die Einzigartigkeit des Individuums
Gordon Willard Allport 220

48 Klassifizierung der Wesenszüge
Raymond B. Cattell 224

49 Grundbausteine der Persönlichkeit
Hans J. Eysenck 226

VIII. SOZIALPSYCHOLOGISCHE ANSÄTZE 231

50 Der Mensch im Lebensraum
Kurt Lewin 232

51 Von der »Unfähigkeit zu trauern«
Alexander und Margarete Mitscherlich 235

52 Sympathie und Solidarität
Horst E. Richter 240

53 Das Straf-Experiment
Stanley Milgram 244

54 Die Sprache des Gesichts
Paul Ekman 248

LITERATURVERZEICHNIS 253

Zur Einführung

Am Anfang steht ein Widerspruch. »Die Psychologie hat eine lange Vergangenheit, aber nur eine kurze Geschichte«, stellte im Jahr 1908 der Gedächtnisforscher Hermann Ebbinghaus fest. Er hatte Recht. Seit Jahrtausenden beschäftigen sich die Menschen mit den Geheimnissen der Seele, weshalb die Wurzeln der Psychologie weit in die vorchristliche Zeit hinabreichen.

Als Wissenschaft im Sinne empirischer, das heißt methodisch überprüfbarer Forschung wird die Psychologie jedoch erst seit dem 19. Jahrhundert betrieben. Seit der Zeit also, da sich die Naturwissenschaften zu emanzipieren begannen und ihrerseits die Deutungshoheit über Mensch und Welt beanspruchten. Was vorher in die Zuständigkeit von Dichtern und Philosophen gefallen war, wurde nun zum Arbeitsfeld für Biologen, Physiker, Chemiker und Mediziner. Die noch junge Wissenschaft der Psychologie verstand sich selbst überwiegend als naturwissenschaftlicher Forschungszweig der Philosophie. An den Universitäten blieb sie auch lange, trotz ihrer experimentellen Arbeitsweise, ein Teil der philosophischen Fakultäten. Doch bestand daneben eine zweite, geisteswissenschaftlich orientierte Psychologie fort. Sie arbeitete mit dem Verstehen statt mit dem naturwissenschaftlichen Experiment.

Der doppelte methodische Ansatz prägt die Psychologie bis heute. Er rührt daher, dass ihre eigenständige Entwicklung just in der Epoche begann, in der sich Geistes- und Naturwissenschaften voneinander trennten. Innerhalb der Psychologie kam es dabei zu interessanten Überkreuzungen. Zum Beispiel befassten sich gerade die Neurologen und Psychiater als Erste mit der unempirischsten aller psychologischen Richtungen, mit der Psychoanalyse nämlich. Was daran lag, dass deren Begründer Sigmund Freud selber Arzt war.

Während sich also die Psychoanalyse entfaltete, erforschten andere die Wahrnehmung und das Verhalten, das menschliche Lernen, die Intelligenz, die Kommunikation und vieles mehr. In der praktischen Anwendung fanden die verschiedenen Themen dann nicht selten wieder zusammen und setzten auf diese

ZUR EINFÜHRUNG

Weise neue Forschungen in Gang. So erscheint die Psychologie wie ein dickes Tau aus vielen verschiedenen Strängen. Je länger dieses Tau wird, desto mehr öffnen sich die Stränge füreinander und bilden neue Verflechtungen.

Das vorliegende Buch versammelt nicht nur die therapeutischen Richtungen, auf welche die Psychologie im allgemeinen Verständnis gern reduziert wird. Es stellt auch andere psychologische Ansätze vor, um ein vielfältiges Bild dieser Wissenschaft zu geben. In der Darstellung folgt es dem zeitlichen Verlauf und ordnet zugleich die Porträtierten einem Hauptthema ihrer Arbeit zu. Daraus ergibt sich die Unterteilung in acht große Abschnitte:

Der *erste Abschnitt* setzt am unteren Ende des beschriebenen Taus an, dort, wo die Psyche erstmals als wissenschaftlicher Begriff auftritt. Von da bis zum 19. Jahrhundert markiere ich kurz ein paar Daten an diesem Tau und stelle einige bedeutende Menschen aus der langen Vergangenheit der Psychologie vor.

Im *zweiten Abschnitt* geht es um die naturwissenschaftliche Sicht auf die Leistung der Sinnesorgane, aber auch um die Erforschung des Bewusstseins und der Wahrnehmung.

Der *dritte Abschnitt* handelt von der Tiefenpsychologie, die, beginnend mit der Psychoanalyse, einen völlig anderen Blick auf die Seele wirft.

Im Mittelpunkt des *vierten Abschnitts* steht das menschliche Lernen und Verhalten. Manche Wissenschaftler erklären alles Verhalten als automatische Reaktionen auf Sinnesreize. Andere betrachten den Geist des Menschen und untersuchen, wie er im Wechselspiel mit der Außenwelt seine eigenen Vorstellungen von der Realität bildet.

Der *fünfte Abschnitt* stellt therapeutische Ansätze vor, die weniger die Störungen der Psyche betrachten als vielmehr ihre Entwicklungsmöglichkeiten. Die Vertreter dieser ressourcenorientierten Herangehensweise verstehen sich als Humanisten, das heißt: Sie betonen besonders die Würde und Entscheidungsfreiheit des Menschen.

Im *sechsten Abschnitt* kommt das Beziehungsgeflecht des Patienten in den Blick, denn man hat erkannt: Nicht der Einzelne allein ist behandlungsbedürftig, sondern das zwischenmenschliche System, zu dem er gehört. Diese Ansätze, die sich zunächst

ZUR EINFÜHRUNG

auf die Familientherapie beziehen, werden heute allgemein als systemisch bezeichnet.

Der *siebte Abschnitt* stellt Wissenschaftler vor, die Bedeutendes für die Erforschung der menschlichen Eigenschaften und der Intelligenz geleistet haben.

Im *achten Abschnitt* geht es um den Menschen als soziales Wesen, als Mitglied einer Gruppe, der Gesellschaft, des Staates. Hier zeigt sich noch einmal besonders deutlich, wie vielfältig die Psychologie in ihrer Anwendung ist.

I.

VON DER ANTIKE
BIS ZUM 19. JAHRHUNDERT

UM 400 V. CHR.

Der griechische Philosoph *Platon* (427–347 v. Chr.) gliedert die Psyche in einen unsterblichen Anteil, der als Denken im Kopf angesiedelt ist und das ewige Gute schaut, und in zwei sterbliche Anteile: das Begehren im Unterleib und die Zielstrebigkeit in der Brust. Der Gedanke einer unsterblichen, von Gott stammenden Seele prägt später die gesamte abendländische Kultur.

UM 330 V. CHR.

In seiner Schrift »Über die Seele« führt *Aristoteles* (384–324 v. Chr.) als Erster den Begriff der Psyche in ein wissenschaftliches System ein. Der Grieche bindet in seiner Beschreibung des Menschen den Körper und die Seele enger zusammen als sein Lehrer Platon. Doch letztlich unterscheidet auch Aristoteles zwischen einem vegetativen, sterblichen Aspekt der Seele und einem unsterblichen, geistigen Aspekt.

397 N. CHR.

In seiner autobiografischen Schrift »Bekenntnisse« beschreibt der nordafrikanische Kirchenvater *Augustinus* (354–430 n. Chr.) seine Bekehrung und seine innere Erfahrung. Damit begründet er eine psychologische Methode, die später sehr wichtig wird: die Selbstbeobachtung, die Schau nach innen (Introspektion).

11.–13. JH.

Die mittelalterlichen Scholastiker, unter ihnen der Italiener *Thomas von Aquin* (1224/25–1274), übernehmen die Zweiteilung (Dualismus) der Griechen. Sie begreifen die Seele als immaterielle, unsterbliche Substanz, die unmittelbar von Gott gegeben ist und den Körper mit dem Tod verlässt.

UM 1520

In einer Schrift des dalmatinischen Humanisten *Marko Maurulic* (1450–1524) ist erstmals der Begriff der Psychologie (Seelenkunde) nachzuweisen. Er wird sich jedoch erst im 19. Jahrhundert völlig durchsetzen.

16. Jh.

Der deutsche Reformator und Humanist *Philipp Melanchthon* (1497–1560) fasst die Seelenlehre der Antike und des zeitgenössischen Humanismus zusammen.

1644

In seinen »Prinzipien der Philosophie« setzt der französische Philosoph *René Descartes* (1596–1650) die Seele gänzlich mit der Denk- und Erkenntnisfähigkeit (cogitatio) des Menschen gleich. Als Einzige lebendig, steht diese denkende Substanz (res cogitans) der toten, ausgedehnten Materie (res extensa) gegenüber. Zu der gehören nicht nur die Tiere, sondern auch der menschliche Körper – beide sind für Descartes lediglich Automaten. Den Wirkungsort der Seele vermutet Descartes in der Zirbeldrüse, die er als Verbindungsstück zwischen Leib und Seele ansieht.

1714

Der deutsche Philosoph *Gottfried Wilhelm Leibniz* (1646–1716) begreift in seiner »Monadologie« die Welt als Beziehungsnetz kleinster Einheiten, so genannter Monaden. Die Monaden denkt Leibniz sich als individuelle, in sich abgeschlossene (»fensterlose«) und seelenartige Substanzen.

17./18. Jh.

Die englischen Philosophen des Empirismus betonen die Erkenntnis aus Erfahrung. Das wirkt sich auf die Sicht der Seele aus. *John Locke* (1632–1704) führt alle Vorstellungen, also alle Inhalte der Psyche, auf die Erfahrung zurück. Für ihn ist die Seele bei der Geburt ein leeres Blatt Papier. *David Hume* (1711–1776) geht noch weiter: Alles, was wir von der Seele kennen, sind ihm zufolge Vorstellungen, die in unaufhörlicher Folge im Bewusstsein auftauchen und wieder verschwinden. Hume verzichtet darauf, überhaupt eine seelische Substanz anzunehmen, er löst die Seele ganz in den Prozess der inneren Erfahrung auf. In den psychologischen Ansätzen der Folgezeit wird die Erfahrung nun immer wichtiger.

1785 ff.

Einen »psychologischen Roman« nennt der deutsche Schriftsteller *Karl Philipp Moritz* (1756–1793) seinen vierbändigen »Anton Reiser«, der zwischen 1785 und 1790 erscheint. Das kaum verhüllte autobiografische Werk schildert die grausame Kindheit und Jugend dieses jung verstorbenen Spätaufklärers und frühen Klassikers. Von 1783 bis 1793 gibt Moritz ein »Magazin zur Erfahrungsseelenkunde« heraus. Die Zeitschrift verschreibt sich einem empirischen, also an Beobachtung und Experiment orientierten Ansatz. Ursprünglich sollte Anton Reisers Geschichte in ihr als Modellfall erscheinen.

1824/25

Der deutsche Philosoph und Pädagoge *Johann Friedrich Herbart* (1776–1841) veröffentlicht sein zweibändiges Werk »Psychologie als Wissenschaft«. Er versucht darin, Seelisches mit mathematischen Modellen zu erfassen, womit er *Gustav Th. Fechner* (s. Kap. 1) beeinflussen wird. In der Selbstbeobachtung entdeckt Herbart das so genannte »flüssige Wesen« des Psychischen, vertritt also trotz des mathematischen Zugangsversuchs einen ganzheitlichen Ansatz, gegen die Zergliederung in einzelne »Seelenvermögen«.

1846

In seinem Werk »Psyche« vermutet der deutsche Arzt und Philosoph *Carl Gustav Carus* (1789–1869) den »Schlüssel zur Erkenntnis des bewussten Seelenlebens« in der »Region des Unbewusstseins« oder auch »Unbewussten«. Es sei die erste Aufgabe der Wissenschaft von der Seele, den Weg in diese Tiefen zu weisen.

1859 ff.

Die Philosophen *Moritz Lazarus* (1824–1903) und *Chajim Steinthal* (1823–1899) geben die »Zeitschrift für Völkerpsychologie und Sprachwissenschaft« heraus. Die Völkerpsychologie befasst sich nicht mit dem Individuum, sondern mit den historischen und gesellschaftlichen Formen des menschlichen Erlebens und Verhaltens. Der Begriff stammt von *Wilhelm von Humboldt* (1767–1835). Zuvor schon hatte *Johann Gottfried Herder* (1744–1803) den Gedanken der Volksseele eingeführt. *Wilhelm Wundt* (s. Kap. 3) wird später eine zehnbändige »Völkerpsychologie« verfassen.

1872

Der englische Naturforscher *Charles Darwin* (1809–1882) veröffentlicht ein Buch über den »Ausdruck der Gemütsbewegungen bei dem Menschen und den Tieren«. Darin überträgt er die Lehre von der Abstammung auf das Psychische: Auch die mimischen und gestischen Gefühlsäußerungen werden im Lauf der Evolution weitergegeben. An diese Erkenntnis knüpft später *Paul Ekman* an (s. Kap. 54).

II.

SINNESPHYSIOLOGIE –

BEWUSSTSEINS-
PSYCHOLOGIE –

GESTALTPSYCHOLOGIE

1 Das »romantische Land der Psychophysik«

Gustav Theodor Fechner

Der Physiker, Arzt, Philosoph und Schriftsteller Gustav Theodor Fechner begründete die Psychophysik, die Messung seelischer Empfindungen. Damit gehört er zu den Vätern der modernen Psychologie. Die von ihm erarbeitete mathematische Gleichung zur Bestimmung von Sinnesreizen ist bis heute gültig. Sigmund Freud nannte ihn nur den »großen Fechner«.

Weg

Als Pfarrerssohn 1801 in Groß-Särchen in der Niederlausitz geboren, studiert Gustav Theodor Fechner Medizin in Leipzig. Weil er sich jedoch als Arzt für »bar jeden Talents« hält, verfasst und übersetzt er nach der Promotion Lehrbücher für Physik und Chemie und gibt ein Hauslexikon heraus, dessen Beiträge überwiegend von ihm selbst stammen. Unter dem Pseudonym Dr. Mises schreibt er medizinische Satiren, nebenbei studiert er noch Philosophie und habilitiert sich 1823. Von 1834 bis 1840 lehrt er als Professor für Physik in Leipzig.

Im Jahr 1840 erkrankt Fechner an den Augen – eine Folge seiner Experimente am eigenen Leib. Drei Jahre lang ist er arbeitsunfähig, hält sich in einem schwarz gestrichenen, abgedunkelten Zimmer auf oder schützt seine Augen mit einer Maske. Er kann kaum etwas essen – nach heutiger Kenntnis ist er an einer massiven Depression erkrankt.

Die Krankheit hat auch eine schöpferische Seite. Nachdem er seine Lebenskrise überwunden hat, wird Fechner zum Begründer der Psychophysik: Ihn interessiert, wie stark Reize und auch die Unterschiede zwischen ihnen sein müssen, um wahrgenommen zu werden. Seine Erkenntnisse legt er 1860 in »Elemente der Psychophysik« nieder und verteidigt sie in mehreren Folgeveröffentlichungen. Eine Schrift, die er noch in seinem Todesjahr veröffentlicht, bezeichnet er gar als »Ritt ins romantische Land der Psychophysik« – so sehr haben ihm seine Erkenntnisse am Herzen gelegen. Fechner stirbt 1887 in seiner Heimatstadt Leipzig, deren Ehrenbürger er geworden ist.

IDEEN

Gustav Th. Fechner begreift das Universum als kosmischen Organismus, dessen Glieder bis hin zu den Pflanzen und Steinen beseelt sind. Dieser naturphilosophische Gedanke der Allbeseelung führt ihn zu der Annahme, dass zwischen Physischem und Psychischem eine durchgängige Parallelität besteht. Die Abhängigkeitsbeziehungen zwischen beiden Bereichen erforscht er in der Psychophysik. Sie ist keine metaphysische, sondern eine exakte Wissenschaft, welche die psychologischen Phänomene durch Messen und Experimentieren untersucht. Die »innere Psychophysik« befasst sich mit der Beziehung zwischen den neuronalen Vorgängen und dem Erleben, heute würde man sagen: den kognitiven Neurowissenschaften. Für sie fehlt damals jedoch das methodische Handwerkszeug.

Die »äußere Psychophysik« handelt von den Zusammenhängen zwischen dem Erleben und der physischen Außenwelt. Fechner untersucht die Schwellen eines Reizes: Ab wann ist ein Reiz so stark, dass er bemerkt wird, und ab welcher Intensität verwandelt er sich in Schmerz? Bereits sein akademischer Lehrer Ernst Heinrich Weber (1795–1878) hat diese Reizschwellen erforscht. Fechner baut darauf auf. In Selbstversuchen – beispielsweise mit unterschiedlich schweren Gewichten in der rechten und der linken Hand – findet er heraus, dass Reizveränderungen, die als solche wahrgenommen werden sollen, immer in einem bestimmten Verhältnis zum Standardreiz stehen müssen. Dabei besitzt jede Sinnesmodalität einen eigenen, immer gleichen Steigerungsquotienten – die Helligkeit beispielsweise 1 zu 60, die Temperatur 1 zu 30. Diese Werte, die über die Leistungsfähigkeit der menschlichen Sinnesorgane Aufschluss geben, werden als »Weber-Fechnersche Konstante« bezeichnet. Die mathematische Gleichung, in die Fechner seine Erkenntnis überführt hat, behält als »Weber-Fechnersches Gesetz« bis heute für die mittleren Bereiche der sinnlichen Wahrnehmung

SINNESPHYSIOLOGIE, BEWUSSTSEINS- UND GESTALTPSYCHOLOGIE

ihre Gültigkeit. Mit seinen Erkenntnissen betrachtet Fechner die Psychologie als vollendet und wendet sich der Untersuchung des ästhetischen Empfindens zu. In Wahrheit aber hat er der Experimentalpsychologie erst den Weg geebnet.

Anekdote: Ein Schinkengericht stand am Beginn von Fechners Genesung. Eine Freundin des Hauses hatte es nach einem Traumerlebnis für ihn zubereitet. Er aß und vertrug es, wurde wieder gesund – und erlebte anschließend seine schöpferischste Lebensphase.

2 EIN MATERIALISTISCHER EID
HERMANN VON HELMHOLTZ

Er war der wohl genialste Naturwissenschaftler seines Jahrhunderts – die wilhelminische Geschichtsschreibung ernannte ihn zum »Reichskanzler der Physik«. Hermann von Helmholtz hat die sinnesphysiologische Forschung mitbegründet. Deshalb zählt er zu den Wegbereitern der Psychologie als experimenteller Wissenschaft.

WEG

Im Jahr 1821 in Potsdam geboren, studiert Hermann Helmholtz – er wird erst 1882 geadelt – Medizin in Berlin. Seine Liebe gehört jedoch der Physik. Die aber gilt in seiner Jugendzeit noch als »brotlose Kunst«. Bis 1848 dient er als Militärarzt in Potsdam. Bereits 1847 formuliert er den Grundsatz endgültig aus, wonach innerhalb eines geschlossenen Systems Energie zusätzlich weder erzeugt noch vernichtet werden kann. Über seinen Studienfreund Ernst von Brücke wird dieses Gesetz später Sigmund Freud (s. Kap. 7) bei der Formulierung seiner Triebtheorie beeinflussen.

Nach Stationen in Berlin, Königsberg und Bonn lehrt von Helmholtz ab 1858 als Professor der Physiologie in Heidelberg. Hier wird Wilhelm Wundt (s. Kap. 3) sein Assistent, der spätere Begründer des weltweit ersten experimentalpsychologischen Instituts. 1871 wechselt von Helmholtz an die Berliner Universität – nun endlich als Professor für Physik. Die Liste seiner wissenschaftlichen Erfolge ist schier endlos. Unter anderem bestimmt er die Wellenlängen des UV-Lichts und erfindet den Augenspiegel, er arbeitet zur Elektro- und zur Thermodynamik und begründet die Meteorologie als Wissenschaft. Hermann von Helmholtz stirbt 1894 in Charlottenburg (heute Berlin).

IDEEN

Unter seinen vielen Arbeiten sind für die Psychologie besonders die sinnesphysiologischen Erforschungen der Leitgeschwindigkeit in den Nerven sowie die Untersuchung der Farbwahrnehmung, des Hörens und des Sehens bedeutsam. Bereits im Jahr 1826 hatte von Helmholtz' Lehrer an der Berliner Universität, der Zoologe, Anatom und Physiologe Johannes P. Müller (1801–1858), das Gesetz der spezifischen Sinnesenergien aufgestellt. Danach nehmen Sinnesorgane nur die Reize wahr, die ihnen gemäß sind: die Augen das Licht, die Ohren die Schallwellen und so fort. Hermann von Helmholtz baut darauf auf und unterscheidet die Methoden, beispielsweise in seinem 1866 abgeschlossenen »Handbuch der psychologischen Optik«: Während die Physik die Wege des Reizes im Sinnesorgan nachvollzieht und die Physiologie die Empfindungen des betreffenden Nervenapparates untersucht, kommt der Psychologie eine dritte Aufgabe zu. Sie soll klären, wie die solchermaßen entstandenen Wahrnehmungen verstanden, also zu einem einheitlichen Bild gestaltet werden.

Mit dieser Aufteilung spricht von Helmholtz der Psychologie ein eigenständiges, von den Bereichen der Physik und der Physiologie unterschiedenes Wissenschaftsgebiet zu. So bereitet er die Emanzipation der Psychologie mit vor, sichert zugleich deren Anschluss an die Naturwissenschaften und rechtfertigt nachfolgende Forschungen.

Anekdote: Mit Studienfreunden schwor von Helmholtz im Jahr 1842 einen materialistischen Eid: Keine anderen als physikalisch-chemische oder damit vergleichbare Kräfte wollten sie im Organismus annehmen. Bislang nicht erklärte Phänomene müssten mit Hilfe der Physik und der Mathematik entschlüsselt werden. Einer dieser Freunde war Ernst Wilhelm Ritter von Brücke (1819–1892), später der wichtigste akademische Lehrer des jungen Sigmund Freud (s. Kap. 7).

3 Das erste psychologische Labor
Wilhelm Wundt

Er verankerte das Experiment endgültig in der Psychologie und sorgte gleichzeitig für deren inhaltliche Anbindung an die Ideen- und Begriffsgeschichte seiner Zeit. Damit verhalf Wilhelm Wundt der Psychologie zu einer eigenen Methodik. Sein Leipziger Institut bildete bis nach dem Ersten Weltkrieg das Zentrum psychologischer Forschung und Lehre.

Weg

Wie Gustav Th. Fechner (s. Kap. 1) ist auch der 1832 in Neckarau geborene Wilhelm Wundt ein Pfarrerssohn, wie jener studiert er Medizin. Er arbeitet als Assistent bei Hermann von Helmholtz (s. Kap. 2) in Heidelberg und wird dort 1864 Professor für Anthropologie und medizinische Psychologie. Zugleich sitzt er als Abgeordneter für die bürgerlich-liberale Badische Fortschrittspartei im Badischen Landtag.

1874 geht Wundt an die philosophische Fakultät in Zürich und im Jahr darauf nach Leipzig, in die Stadt Gustav Theodor Fechners, wo er die Universitätswohnung von Fechners akademischem Lehrer Ernst Heinrich Weber übernimmt. In Leipzig gründet Wilhelm Wundt 1879 das Institut für experimentelle Psychologie. Es ist das weltweit erste psychologische Institut überhaupt und wird zur Pilgerstätte für junge Wissenschaftler aus aller Welt. Sein Gründer finanziert es jahrelang selbst, bis es 1883/84 staatlich anerkannt wird. Das Institut gehört, wie damals üblich, zum philosophischen Lehrstuhl. Die Psychologie, einst hervorgegangen aus dem Nachdenken über die Seele, ist immer noch Teil der philosophischen Wissenschaft, und die Studenten sind hauptsächlich angehende Lehrer.

Die »Ära Wundt« markiert jedoch einen Meilenstein auf dem Weg zur naturwissenschaftlichen Grundlegung dieser Disziplin, denn nun wird das Experiment endgültig in ihr verankert. Die Selbstbeobachtung, die typische Methode der damaligen Zeit, ist für Wundt nur unter strengen experimentellen Bedingungen aussagekräftig, und das heißt: wenn gemessen wird. Von Helmholtz und Fechner hatten dazu bereits einiges geleistet. Gemeinsam mit seinen Mitarbeitern entwirft Wundt zahlreiche Versuchsgeräte und lässt sie bauen. Aus heutiger Sicht wirken die Experimente sehr einfach: Die Versuchspersonen müssen beispielsweise Gerüche, Töne, optische Reize oder Gewichte vergleichen und ihre Empfindungen darüber mitteilen – das Bewusstsein reflektiert sich selbst. In seinen gut besuchten Vorlesungen demonstriert Wilhelm Wundt eigene Versuche, was damals nicht üblich ist.

Dennoch bezieht er immer auch die Philosophie und andere Disziplinen in sein Denken mit ein, indem er die Ergebnisse der Experimente philosophisch begründet. Nachdem Wundt seinen Ansatz unter anderem im »Grundriss der Psychologie« (1896) niedergelegt hat, verfasst er in seinen letzten 20 Lebensjahren die zehnbändige »Völkerpsychologie«. Heute würde man sie als kulturhistorische Analyse bezeichnen. Sie hat sich nicht auf die zeitgleich in den USA entwickelte Sozialpsychologie ausgewirkt, denn experimentelle Untersuchungen sozialer Prozesse hat ihr Verfasser abgelehnt. Stattdessen verdanken ihr die Ethnologie und die Linguistik wichtige Impulse.

Auch als Wissenschaftspolitiker nimmt Wundt Einfluss. Im Jahr 1912 protestieren Philosophiedozenten vieler Universitäten dagegen, dass immer mehr philosophische Lehrstühle mit Psychologen besetzt werden. Doch Wundt, der einen Bedeutungsverlust für seine Disziplin befürchtet, setzt sich dafür ein, dass sie – obgleich vielfach von Mathematikern und Naturwissenschaftlern betrieben – noch für Jahrzehnte an die philosophischen Fakultäten angebunden bleibt.

Wilhelm Wundt stirbt 1920 in Großbothen bei Leipzig. Aus der Psychologiegeschichte ist er nicht wegzudenken. Durch sein Institut, das zur Keimstätte der so genannten Leipziger Schule wird, und durch seine empirischen Methoden, die über eine ganze Generation von Wissenschaftlern weiterwirken, wird die Psychologie zunehmend eigenständig – und zwar nach beiden Seiten hin: nach der philosophischen und der physiologischen.

Ideen

Seit Wilhelm Wundt fragt die Psychologie, wie Sinneseindrücke erfahren und verarbeitet werden. Dabei interessiert diesen Forscher weniger die physikalische Seite, also der Weg des Reizes zum Sinnesnerv, sondern vielmehr das Problem, wie sich die Reizung des Sinnesnerven in erlebte Empfindung, in einen Bewusstseinsinhalt verwandelt. Das ist die psychologische Fragestellung, die Wundt streng gegen die physikalische abgrenzt.

Das Erleben, das er im Experiment betrachtet, begreift Wundt als Prozess. Er fragt nicht nach einem substanzhaften Bewusstsein, das als Träger der Vorgänge dienen würde, sondern er löst das Psychische ganz in diesem Prozess auf. Das Geschehen, in dem sich eine Empfindung in einen Bewusstseinsinhalt verwandelt, nennt er Apperzeption, vom lateinischen adpercipere – hinzuwahrnehmen. Der Begriff ist seit Gottfried W. Leibniz (1646–1716) bekannt. In der Apperzeption ordnet sich das Vorstellen, Fühlen und Wollen zur Einheit des Bewusstseins. Dieses besteht also aus ununterbrochenen Apperzeptionsvorgängen, einfachen und komplexeren.

Wundt versteht die Apperzeption als zielgerichtete Willenshandlung, weshalb er seinen Ansatz später auch Voluntarismus (Lehre vom Willen) nennt, und macht sie zum Modell aller psychischen Prozesse. Weil sie einen schöpferischen und auf eine Synthese ausgerichteten Prozess annimmt, unterscheidet sich seine Apperzeptionstheorie von den mechanistischeren Modellen der zeitgleich forschenden klassischen Assoziationspsychologen wie Hermann Ebbinghaus (s. Kap. 5). Diese gehen von einem Zusammenschluss der psychischen Elemente aus, ohne, wie Wundt, die Einheit des Erlebens zu berücksichtigen und auf einen Willensakt zurückzuführen. Weil Wundt aber wie die Assoziationspsychologen von Bewusstseinselementen ausgeht, die es zu finden gelte, wird er letztlich doch in ihre Nähe gestellt.

Gegen die Annahme einzelner, sich zur Einheit des Bewusstseins erst zusammenschließender Elemente wird sich dann später Wilhelm Dilthey mit seiner geisteswissenschaftlichen Psychologie (s. Kap. 4) wenden. Auch die so genannte Würzburger

Schule entsteht in dieser Auseinandersetzung. Ihre Protagonisten sind unter anderen der ehemalige Wundt-Schüler Oswald Külpe (1862–1915) und sein Schüler Karl Bühler (1879–1963). Die Würzburger kritisieren an Wundts Bewusstseinspsychologie, dass sie die Selbstbeobachtung auf Wahrnehmungen und Vorstellungen beschränkt, also auf anschauliche Bewusstseinsinhalte. Was aber ist mit den unanschaulichen Bewusstseinsinhalten, mit den Gedanken und spontanen Einfällen? Mit ihrem Anliegen, den unbewussten Denkvorgängen auf die Spur zu kommen, begründen die Würzburger die so genannte Denkpsychologie. Sie lassen Versuchspersonen von dem berichten, was während der Lösung von Denkaufgaben in ihrem Bewusstsein geschieht. So zeigen sie, dass das Denken nicht als assoziative Ansammlung von Bewusstseinsinhalten abläuft, sondern durch unbewusste Kräfte gelenkt und bestimmt wird, etwa durch die jeweilige Aufgabe und durch das Erkenntnisziel.

Anekdote: Ist er je Kind gewesen? Edwin Boring, Psychologiegeschichtler in Harvard, konnte sich den bedeutenden Wilhelm Wundt nicht anders denn als Erwachsenen vorstellen und behauptete daher, dieser habe in jungen Jahren nicht gespielt und keine Freunde gehabt. Wahrscheinlicher ist aber doch, dass Wundt auch schon in jungen Jahren einfach sehr fleißig gewesen ist. Nach Schätzung von Edwin Boring hat der unermüdliche Arbeiter im Lauf seines Gelehrtenlebens mehr als 53.000 Seiten veröffentlicht.

4 VERSTEHEN STATT ERKLÄREN

WILHELM DILTHEY

»Verstehen statt erklären« lautete sein Motto. Wilhelm Dilthey hat die Geisteswissenschaften im Gegenüber zu den Naturwissenschaften methodisch auf eine neue Grundlage gestellt und mit seiner »verstehenden Psychologie« ein Gegengewicht zur experimentalpsychologischen Betrachtungsweise geschaffen.

WEG

Auch Wilhelm Dilthey ist, wie viele Gelehrte seiner Zeit, ein Pfarrerssohn. Geboren 1833 im rheinischen Biebrich, studiert er unter anderem Geschichte, Philosophie und Theologie. Nach dem ersten theologischen Examen und der staatlichen Schulamtsprüfung arbeitet er zunächst als Lehrer, zieht sich jedoch 1857 aus dem Schuldienst zurück, um sich ganz der Wissenschaft zu widmen. 1864 wird Dilthey mit einer Arbeit über die Ethik Schleiermachers promoviert, im selben Jahr habilitiert er sich mit einer Abhandlung über das »moralische Bewusstsein«. Es folgen Professuren in Basel, Kiel, Breslau und von 1883 bis 1908 in Berlin. Dilthey gilt als unglaublich arbeitsam. Bei seinem Tod im Jahr 1911 in Seis am Schlern hinterlässt er eine umfangreiche Bibliografie: Die derzeit erscheinende Ausgabe seiner Gesammelten Werke umfasst bislang 26 Bände.

IDEEN

Um das Jahr 1890 herrscht in der Psychologie eine klare Tendenz vor: Sinneserlebnisse werden in kleinste Einheiten (Elemente) zerlegt, die Bewusstseinsinhalte werden auf diese Elemente zurückgeführt, komplexere Prozesse erklärt man durch eine assoziative Verknüpfung der kleineren Einheiten. Gegen diese Elementar- oder Assoziationspsychologie wendet sich Wilhelm Dilthey. Für die nachfolgende Geistesgeschichte erwirbt er sich dadurch große Bedeutung.

Diltheys Zeit ist geprägt vom Siegeszug der Naturwissenschaften. Der Positivismus, jene philosophische Richtung, welche die Erkenntnisfähigkeit auf das beschränkt, was durch die Sinne erfahrbar und letztlich messbar ist, hat seinen Siegeszug angetreten. Mit ihrem Anspruch des Analysierens stellen die Naturwissenschaften die Geisteswissenschaften, etwa die Geschichtsschreibung, in Frage: Georg W. F. Hegel (1770–1831) konnte hinter den Einzelereignissen der Weltgeschichte noch ein höheres Ganzes sehen, das sich stufenweise verwirklicht. Wilhelm Dilthey ist das zu seiner Zeit nicht mehr möglich, die Historie löst sich ihm in lauter geschichtlich bedingte Einzelerscheinungen auf (historischer Relativismus). Dies entspricht dem geschilderten Elemente-Denken der Psychologie jener Zeit, wie es die klassischen Assoziationspsychologen vertreten.

Doch Dilthey findet zur Einheit des Ganzen zurück: in der so genannten Lebensphilosophie, deren wichtigster deutscher Vertreter er wird (für Frankreich ist hier Henri Bergson, 1859–1941, zu nennen). Die Lebensphilosophie trauert dem absoluten Sein, das sich restlos in die Vielfalt der historischen Erscheinungen aufgelöst hat, nicht mehr nach. Stattdessen versucht sie, jenes Werden und Vergehen als Bewegung des Lebens selbst zu erkennen und zu würdigen: Trotz seiner Prozesshaftigkeit sei das Leben eben doch mehr als bloß die Summe seiner Einzelerscheinungen. Diese Sichtweise führt im Grenzbereich der Biologie zum so genannten Vitalismus mit seiner Annahme einer zielgerichteten natürlichen Lebenskraft. In der Psychologie wird sie später die Gestalttheorie (s. Kap. 6) beeinflussen. Doch zunächst bringt sie durch die Arbeit Diltheys einen Gegenentwurf zur zeitgenössischen, naturwissenschaftlich orientierten Assoziationspsychologie hervor.

Wilhelm Dilthey denkt ganzheitlich, wie man heute sagen würde. Er stellt fest, dass eine rein elementarisierende Betrachtungsweise das Eigentümliche der menschlichen Seele verkennt. Diese ist für ihn nämlich eine komplexe Struktur, bestehend aus dem Willen, aus Gefühls- und Trieblebem und aus der Intelligenz. Der Mensch ist ein Lebewesen, das will, fühlt und sich etwas vorstellt. Dieser Strukturzusammenhang bewirkt, dass psychische Prozesse immer auch Sinn- und Wertaspekte beinhalten. Psychisches Leben steht deshalb nicht einfach reproduzierbar und messbar zur Verfügung. Stattdessen lässt es sich aus seinem vielfältigen Ausdruck – aus Aussagen, Handlungen und der Äußerung unmittelbarer Erlebnisse – erschließen. Es kann nicht erklärend in isolierte Wahrnehmungselemente zerlegt, sondern muss als Ganzes verstanden werden: Dilthey fordert statt der »erklärenden« eine »verstehende«, eine geisteswissenschaftliche Psychologie, die sich um Wesenserkenntnis bemüht. Daneben etabliert er eine vergleichende Forschung, die eine überindividuelle Typenlehre herausarbeitet.

__Seitenblick:__ Dilthey hat den Geisteswissenschaften eine eigene methodische Grundlage erschlossen und ihnen damit zu neuem

Selbstverständnis und zur Selbstständigkeit gegenüber den Natur-
wissenschaften verholfen. Die Lehre vom deutenden Verstehen aus
dem Gesamtzusammenhang heraus (Hermeneutik) hat die Philosophie
befruchtet bis hin zu Martin Heidegger (1889–1976) und Hans-Georg
Gadamer (1900–2002). Auf dem Gebiet der Psychologie hat Diltheys
Schüler Eduard Spranger (1882–1963) den typologischen Ansatz wei-
ter ausgearbeitet, etwa in seinen 1914 erschienenen »Lebensformen«.
Auch der Psychiater und spätere Existenzphilosoph Karl Jaspers
(1883–1969) baut in seiner »Psychologie der Weltanschauungen«
(1919) auf Dilthey auf.

5 Dem Gedächtnis auf der Spur
Hermann Ebbinghaus

**Mit ihm wandte sich die Psychologie der experimentellen
Gedächtnisforschung zu. In disziplinierten Selbstversuchen
erforschte Hermann Ebbinghaus die Gesetze des Behaltens
und Vergessens. Von ihm stammt auch der erste Intelligenztest für Kinder.**

Weg

Der 1850 geborene Unternehmersohn Hermann Ebbinghaus
aus Barmen gehört zu den Wegbereitern der experimentellen
Psychologie. Wie Fechner und von Helmholtz will er psychologische Phänomene durch Messungen exakt bestimmen. Doch
wo Fechner die Reizverarbeitung im Blick hatte, interessiert ihn
die Leistung des menschlichen Gedächtnisses.

Vom Studium her ist Ebbinghaus Philosoph, in diesem Fach
wird er 1873 in Bonn promoviert. Er geht nach Berlin, studiert
Mathematik und Naturwissenschaften, reist viel und arbeitet
als Privatlehrer, zuletzt beim Prinzen Waldemar von Preußen.
Nach dessen Tod 1879 beginnt er mit den oben beschriebenen
Selbstversuchen, deren Ergebnisse er in seiner 1880 an der Berliner Universität eingereichten Habilitationsschrift niederlegt.
Einer seiner Gutachter ist übrigens Hermann von Helmholtz
(s. Kap. 2).

Nun beginnt Ebbinghaus' wechselvolle akademische Laufbahn. Er vertieft seine Gedächtnisforschung im ersten, von
ihm eingerichteten Berliner Laboratorium für experimentelle Psychologie – was aufgrund der Notwendigkeit, Lern- und
Vergessensphasen genau einzuhalten, eine eher stereotype Le-
bensweise und somit einige Opferbereitschaft erfordert. Als
Mitherausgeber der ersten deutschsprachigen »Zeitschrift für
Psychologie und Physiologie der Sinnesorgane« fördert er die
naturwissenschaftliche Ausrichtung der Psychologie.

1894 geht Ebbinghaus nach Breslau. Hier entwickelt er im
Auftrag des städtischen Magistrats den ersten Konzentrations-
und Leistungstest für Kinder, auch als Ebbinghaussche Lückenprobe bezeichnet, weil in einem Text Lücken ergänzt werden
müssen. Die Tests werden gebraucht, um Befürchtungen zu
widerlegen, die Schüler könnten durch die ständigen geistigen
Anforderungen während des Unterrichts überlastet werden.

1905 wechselt Hermann Ebbinghaus nach Halle. Hier stirbt
er bereits vier Jahre später an einer Lungenentzündung.

IDEEN

Ein Mann sitzt in seinem Studierzimmer und murmelt sinnlose Silben vor sich hin: »dot chauf maut ...« Anschließend beschäftigt er sich mit anderen Dingen, behält jedoch die Stoppuhr
genau im Auge. Nach einer festgelegten Zeit überprüft er, wie
viele Silben er noch behalten hat ... So weit ein kurzer Einblick
in das früheste Labor für experimentelle Gedächtnisforschung.
Versuchsleiter, Protokollant und Versuchsobjekt in einer Person:
Hermann Ebbinghaus.

Bei seinen Selbstversuchen findet und formuliert er das nach
ihm benannte Gesetz, wonach ein Lernstoff wesentlich häufiger
durch Wiederholung eingeprägt werden muss, wenn er auch
nur geringfügig anwächst (Lernkurve). Je häufiger jedoch etwas
repetiert wird, umso weniger Zeit braucht man dafür – dies ist
die so genannte »Ersparnismethode«.

Auch die von Ebbinghaus im Jahr 1885 bestimmte Verges-
senskurve ist bis heute gültig. Sie besagt, dass Gelerntes zu Beginn schnell und allmählich immer langsamer vergessen wird.
Bestimmte Lerntechniken und die emotionale Beziehung des

Lernenden zum Lernstoff können allerdings bewirken, dass man den Stoff länger im Gedächtnis behält. Mit seinen Experimenten bekräftigt Ebbinghaus zudem die Theorie der klassischen Assoziationspsychologie, wonach die kleinsten, elementaren Bewusstseinsinhalte sich nach bestimmten Prinzipien wie Ähnlichkeit oder Kontrast zu größeren Komplexen zusammenschließen.

Seitenblick: Zu Ebbinghaus' wissenschaftlichem Widerpart entwickelt sich in Berlin ein ursprünglich befreundeter Kollege: Wilhelm Dilthey (s. Kap. 4). Gegen die experimentelle, »erklärende« Psychologie vertritt Dilthey die »beschreibende« und »verstehende« Psychologie: Sie soll den Menschen als »geisteswissenschaftlichen Gegenstand« betrachten und sein Seelenleben als Struktur, die erfasst und verglichen werden muss. Die Diskussion mit Dilthey markiert das bis heute spürbare Dilemma der Psychologie, doppelt verwurzelt zu sein: in den Geistes- und in den Naturwissenschaften. Sie wird in Streitschriften öffentlich ausgetragen und ist wohl einer der Gründe, warum Hermann Ebbinghaus 1894 Berlin verlässt.

6 GANZHEIT UND GESTALT

MAX WERTHEIMER

Ihm und seinen Mitstreitern verdanken wir die Einsicht, dass psychische Phänomene als organisiertes und strukturiertes Ganzes verstanden werden müssen. Max Wertheimer war der führende Vertreter der Gestaltpsychologie, die in den 1920er-Jahren in Frankfurt und Berlin wichtige Schulen begründete.

WEG

1880 in Prag geboren, studiert Max Wertheimer unter anderem Jura, Philosophie und Psychologie und forscht nach seiner Promotion 1905 zunächst an verschiedenen Universitäten privat weiter. 1910 beginnt seine Arbeit am Institut für Psychologie an der damaligen Frankfurter Akademie für Handels- und Sozialwissenschaften, der späteren Universität. Denn hier steht ein Radtachistoskop – ein Instrument zur Messung von visuellen Reizen. Es gelingt in den folgenden Jahren, experimentelle Belege einer Gestalttheorie der Wahrnehmung zu erbringen, das heißt: nachzuweisen, dass die Wahrnehmung als organisiertes und strukturiertes Ganzes angesehen werden muss und nicht in Elemente zerlegt werden darf.

Bis 1916 bleibt Max Wertheimer in Frankfurt, geht dann nach Berlin und kehrt 1929 wieder nach Frankfurt zurück. Seine Mitstreiter sind Wolfgang Köhler (1887–1967) und Kurt Koffka (1886–1941). Köhler wird 1922 Leiter des Psychologischen Instituts in Berlin. Gestaltpsychologisch ausgerichtet, entwickelt das Berliner Institut in den 1920er-Jahren eine ähnliche Anziehungskraft wie zuvor das Leipziger Institut Wilhelm Wundts (s. Kap. 3), weshalb man auch von der »Berliner Schule« spricht. Zum engeren Umkreis der Gestaltpsychologie gehört auch der Neurologe und Psychiater Kurt Goldstein (1878–1965), der ebenfalls in Frankfurt und Berlin tätig ist. Bei seiner Arbeit mit Hirnverletzten erkennt er, dass der Mensch im Akt des Wahrnehmens dazu neigt, aus Teilen ein Ganzes zu machen. 1935 wird Goldstein in die USA auswandern und dort Mitbegründer der Humanistischen Psychologie (s. Kap. 36).

Bereits vor Goldstein emigriert Max Wertheimer mit seiner Familie über die Tschechoslowakei in die USA – am Tag vor der deutschen Märzwahl im Jahr 1933, unter dem Eindruck von Hitlers Rundfunkrede. Kurt Koffka ist schon 1924 ausgewandert. Wolfgang Köhler, der den Nationalsozialisten mehrfach öffentlich Widerstand geleistet hat, folgt 1934. Durch die Emigration der führenden Köpfe der Gestaltpsychologie etabliert sich diese, wenn auch langsam, in den USA. Sie empfängt hier Anregungen aus der Auseinandersetzung mit dem Behaviorismus (s. Kap. 21 u. 22) und entfernt sich von der Philosophie, mit der sie in Europa enger verbunden war. Fritz Perls, der Begründer der Gestalttherapie (s. Kap. 32), wird von ihr beeinflusst werden.

Max Wertheimer lehrt bis zu seinem Tod an der New School for Social Research in New York. Er stirbt 1943 in New Rochelle, New York.

Ideen

Um die Jahrhundertwende dominiert in der Psychologie noch der elementaristische Ansatz: Man stellt sich das Bewusstsein als Zusammenschluss aus kleinsten Einheiten vor, die es zu untersuchen gelte. Wie jede Einseitigkeit ruft auch diese Richtung eine Gegenbewegung hervor, die in dem Fall ganzheitlich denkt: Das ist die Gestaltpsychologie. Bereits 1890 hat der Grazer Philosoph Christian Maria von Ehrenfels (1859–1932) seine berühmte Schrift »Über Gestaltqualitäten« vorgelegt. Er erklärt darin am Beispiel der Musik, dass die menschliche Wahrnehmung die einzelnen Elemente des sinnlichen Reizes, in diesem Fall die Töne, nicht nur einfach zusammenaddiert. Vielmehr macht sie aus ihnen etwas Neues, Ganzes – etwas, das über die Summe der Einzelelemente hinausgeht, in diesem Fall die Melodie.

Das Prinzip, wonach das Ganze mehr ist als die Summe seiner Teile, nennt sich »Übersummenhaftigkeit«. In der Philosophie ist dieser Gedanke der Ganzheit (Holismus) bereits seit der Antike bekannt und hat beispielsweise in Aristoteles, Leibniz, Goethe und Hegel prominente Vertreter gefunden. Doch seine Anwendung auf die Psychologie ist neu und der Grazer Schule um von Ehrenfels zu verdanken. Populär wird die Gestaltpsychologie dann mit der Frankfurter und der Berliner Schule um Max Wertheimer.

Am Frankfurter Radtachistoskop erforscht Wertheimer die so genannte Scheinbewegung, auch phänomenale Bewegung genannt. Sie entsteht, wenn eine Bilderfolge schnell genug gezeigt wird, dass sich der Eindruck der Bewegung ergibt, so wie beim Film. Wertheimer nennt diese Bewegungsgestalt »Phi-Phänomen«. Sie belegt, dass Wahrnehmungen sich nicht nur aus Einzelelementen zusammensetzen, sondern als sinnvolle Einheiten, als Gestalten, im Bewusstsein erscheinen, etwa in von Ehrenfels' Beispiel die Melodie. Anders als die Grazer Schule um von Ehrenfels erklärt Wertheimer diese Gestalten jedoch nicht zu Ergebnissen von Sinneseindrücken, sondern zu ursprünglichen Grundeinheiten der Psyche. Kurt Koffka weitet seine Theorie aus: Nicht nur die Wahrnehmung, auch das Handeln ist von Gestalten geleitet.

MAX WERTHEIMER

Anekdote: Historisch ist dieser Anfang der Gestaltpsychologie nicht belegt, aber Max Wertheimer erzählte ihn immer wieder gern: wie er, ein unbekannter Privatgelehrter, 1910 auf der Fahrt von Wien ins Rheinland spontan in Frankfurt am Main ausgestiegen sei, um hier ein Kinder-Stroboskop zu kaufen und damit in einem Hotelzimmer zu experimentieren. Gleich danach habe er Kontakt mit dem Institut aufgenommen, woraus sich dann seine produktive Arbeit entwickelte.

Übrigens: Auch unsere evolutionsgeschichtlichen Verwandten, die Menschenaffen, bestätigen durch ihr Handeln die gestaltpsychologische Grundthese. Das belegte Wolfgang Köhler von 1914 bis 1920 in einer Schimpansenstation auf Teneriffa. Wie könnten Schimpansen beispielsweise Stöcke als Instrumente benutzen oder Kisten zu Stapeln auftürmen, um an Futter zu gelangen, wenn sie nicht von einer Gestalt geleitet wären, bestehend aus dem Zusammenhang zwischen Ziel und Hilfsmittel?

III.

TIEFENPSYCHOLOGISCHE ANSÄTZE

TIEFENPSYCHOLOGISCHE ANSÄTZE

7 DIE ENTDECKUNG DES UNBEWUSSTEN
SIGMUND FREUD

Er hat die Welt umgekrempelt, und er ist sich dessen bewusst gewesen. Sigmund Freuds Werk, die Psychoanalyse, markiert einen tiefen Einschnitt im Selbstverständnis des Menschen. Nicht nur Medizin und Psychologie, sondern auch Kunst, Alltagsleben und unser Verständnis von der Gesellschaft sind von ihr beeinflusst. Worte wie »Verdrängung« oder »Freudsche Fehlleistung« gehören zum normalen sprachlichen Repertoire, und das Deuten von Träumen ist längst eine Art Volkssport geworden.

WEG

Sigmund Freud wird 1856 im mährischen Freiberg, dem heutigen Příbor in Tschechien, geboren. Sein Vater, ein jüdischer Wollhändler, ist in dritter Ehe mit Freuds Mutter verheiratet, so dass der junge Sigismund Schlomo – er wird sich erst 1878 Sigmund nennen – neben den kleineren Geschwistern auch zwei ältere Halbbrüder hat. Als er drei Jahre alt ist, zieht die Familie nach Wien. Hier wächst Freud auf.

Schon als Schüler beweist er seine brillante Formulierungsgabe. Er studiert Medizin und wird 1881 promoviert. 1882 bis 1886 arbeitet er als Arzt am Allgemeinen Wiener Krankenhaus und setzt nebenbei seine wissenschaftliche Studien fort. 1884 entdeckt er die schmerzstillende Wirkung des Kokains, ohne den Anästhesieeffekt weiter zu verfolgen. Er experimentiert aber eine Zeit lang selbst mit Kokain und empfiehlt es auch, bis er sich eingestehen muss, ein Drogenproblem zu haben, woraufhin er von der gefährlichen Substanz Abstand nimmt.

Von Oktober 1885 bis Februar 1886 arbeitet Sigmund Freud bei Jean Martin Charcot (1825–1893) am Krankenhaus Salpêtrière in Paris. Er wird Zeuge, wie Charcot bei Patientinnen unter Hypnose pseudoepileptische, so genannte hysterische Anfälle hervorruft. Das bestärkt ihn in der Vermutung, dass nicht kör-

38

SIGMUND FREUD

perliche, sondern psychische Ursachen hinter dem Krankheits-
bild stecken.

»Hysterie« steht damals für alle Verhaltensweisen, die übertrieben nervös, erregt und überspannt wirken. Der Begriff
kommt vom griechischen hystéra – Gebärmutter. Tatsächlich
gilt die Hysterie lange als Frauenkrankheit. Dem widerspricht
Charcot. Er vermutet, dass vor allem traumatische Erlebnisse
zur Hysterie führen. Heute wird der Begriff der Hysterie nicht
mehr für die Diagnose verwendet, man spricht stattdessen von
der histrionischen Persönlichkeitsstörung, wobei »histrionisch«
für »theatralisch« steht. Rückblickend gesehen, spiegelt die
Hysterie als sozial- und kulturgeschichtliche Erscheinung vor
allem das Leiden der Frauen unter der sinnesfeindlichen Moral jener spätviktorianischen Zeit wider: Erotische Wünsche zu
hegen oder sie gar auszuleben, gilt seinerzeit gerade für junge
Mädchen und Frauen als anstößig – ein Konflikt, auf den viele
Betroffene mit Symptomen reagieren. Indem diese Frauen für
hysterisch erklärt werden, pathologisiert man ihre vitalen Bedürfnisse. Nicht zuletzt ist die Hysterisierung der Frauen Ausdruck des damaligen Geschlechterkampfes. Noch heute werden
Frauen, um sie abzuwerten, gern als hysterisch – im Sinne von
gefühlsbetont und irrational – bezeichnet.

1886 eröffnet Freud in Wien eine nervenärztliche Privatpraxis
und heiratet seine langjährige Verlobte Martha Bernays (1861–
1951), Tochter einer vornehmen jüdischen Hamburger Familie.
Drei Söhne und drei Töchter werden im Lauf der Jahre geboren.
1891 verlegt Freud seine Praxis in die Berggasse 19. Unter dieser
berühmt gewordenen Adresse wird er fast ein halbes Jahrhundert lang leben und arbeiten. Spät, nämlich erst 1902, wird er
außerplanmäßiger Professor an der Wiener Universität.

Die »nervösen Leiden« seiner Patienten versucht Freud zunächst mit Elektrotherapie und Hypnose zu heilen. Bereits 1878
hat er sich mit dem Wiener Arzt und Philosophen Josef Breuer
(1842–1925) angefreundet, mit dem er ab 1889 enger zusammen-
arbeitet und dabei auch einen zurückliegenden Fall auswertet:
Breuer hatte 1880/81 die junge Bertha Pappenheim wegen Kopf-
schmerzen, Sehstörungen, Lähmungen, Absenzen und Angst-
zuständen behandelt – »hysterischen« Symptomen also, hinter
denen er psychische Ursachen erkannte. Die Patientin, die unter

39

dem Pseudonym »Anna O.« berühmt geworden ist, entwickelte gemeinsam mit ihrem Arzt eine »talking cure« (Redekur): Sie berichtete von jedem ihrer Symptome, wann und wie es aufgetreten war. Während dieses Aussprechens durchlebte sie die dazugehörigen aufgestauten Gefühle noch einmal und reagierte sie auf diese Weise ab.

Das Reden, so schließt Freud jetzt gemeinsam mit Breuer, besitzt offenbar eine kathartische (reinigende) Wirkung, weil es die Vorgänge des Unbewussten beeinflusst. 1892 kommt Freud zu dem Schluss, dass die reinigende Aussprache völlig frei erfolgen muss, einzig von den Assoziationen des Patienten geleitet.

Mit der kathartischen Redekur beginnt die allmähliche Entwicklung des psychoanalytischen Verfahrens. An dessen Wiege, so wird Freud 1909 rückblickend feststellen, steht letztlich nicht er, sondern Josef Breuer – und dessen einstige Patientin, wie der Freud-Biograf Ernest Jones zu Recht bemerkt. Bertha Pappenheim, eine später bekannte jüdische Sozialreformerin und Frauenrechtlerin, hat die Psychoanalyse allerdings zeitlebens sehr ambivalent beurteilt.

Nach Joseph Breuer wird der Berliner HNO-Arzt Wilhelm Fließ für einige Zeit ein wichtiger Gesprächspartner für Freud. Die Korrespondenz mit Fließ entwickelt sich zu einer schriftlichen »Redekur« für den Begründer der Psychoanalyse. Das Prinzip, wonach sich ein Analytiker in der eigenen Seele gut auskennen muss, um anderen helfen zu können, hat er in dieser Zeit auf sich selbst angewandt. Bis heute durchlaufen die Analytiker während ihrer Ausbildung eine eigene Analyse – natürlich nicht mehr bei sich selbst wie Freud, sondern bei einem Lehranalytiker. Es wird freilich noch dauern, bis die Psychoanalyse sich von der anfänglichen Redekur zu ihrer ausgereiften Gestalt entwickelt.

In den Briefen an Fließ berichtet Freud auch über eigene Träume und Fantasien. Der Traum erschließt sich ihm immer mehr als der »Königsweg« zu den tieferen Schichten der Seele, zum Unbewussten, wie er es nennen wird. So erscheint schließlich im Jahr 1899, auf das Jahr 1900 vordatiert, sein bahnbrechendes Buch »Die Traumdeutung«. Es ist die erste von vielen wichtigen Veröffentlichungen, in denen Freud während der nächsten Jahrzehnte die psychoanalytische Theorie und Methode immer wieder verändern und erweitern wird. »Die Traumdeutung« gilt ihm zeitlebens als sein wichtigstes Werk.

Mittlerweile interessieren sich auch Ärzte und Pädagogen aus Wien und weit darüber hinaus für die Psychoanalyse, Freud versammelt Schüler und Mitstreiter um sich. 1909 reist er mit seinen Schülern Carl Gustav Jung (s. Kap. 9) und Sándor Ferenczi zu einer Vorlesungsreihe in die USA. Die beiden gehören zur 1908 gegründeten Wiener Psychoanalytischen Vereinigung. Sie ist aus der so genannten Mittwochsgesellschaft hervorgegangen, einer Gruppe von Analytikern der ersten Generation, die sich seit 1902 immer mittwochs in Freuds Praxis trifft. 1910 wird die Internationale Psychoanalytische Vereinigung gegründet. Auf einem berühmt gewordenen Foto vom Weimarer Kongress 1911 posieren deren führende Vertreter: Neben Freud steht Jung, Präsident der Vereinigung. Schon zwei Jahre später kommt es zum Bruch zwischen ihm und Freud – das Motiv der irgendwann untreuen, weil inhaltlich eigenständigen Schüler zieht sich durch Freuds Leben. Eine Ausnahme bildet unter anderen Karl Abraham (1877–1925). Der spätere Begründer des Berliner Psychoanalytischen Instituts (gemeinsam mit Max Eitingon) bleibt Freud sein Leben lang freundschaftlich und fachlich verbunden, wobei er keineswegs nur der Nehmende ist. Als erster bezieht er die Psychoanalyse auch auf die Behandlung von Psychosen. Nach Abrahams frühem Tod ist Freud vor Kummer einen Monat lang nicht in der Lage, der Witwe ein Beileidsschreiben zu senden.

In seinen Schriften zieht Freud viele Patientengeschichten anonymisiert zur Begründung und zur Erläuterung seiner Gedanken heran. Aber nicht nur deshalb, sondern auch wegen seines brillanten Stils besitzen Freuds Werke eine hohe literarische Qualität. In den 1920er-Jahren wird er sogar für den Literaturnobelpreis vorgeschlagen. Diese Auszeichnung erhält er dann doch nicht, wohl aber zahlreiche andere. 1930 bekommt er, mittlerweile 74 Jahre alt, den Goethe-Preis der Stadt Frankfurt am Main verliehen. Seine Tochter Anna Freud (s. Kap. 13) nimmt den Preis für ihn entgegen. Sie ist längst seine wichtigste Mitarbeiterin geworden und unterstützt ihn besonders, seit er 1923 an Gaumenkrebs erkrankt ist und nach unzähligen Operationen schwer leidet. Die Hilfe wird benötigt: Nicht nur die fachliche, auch die organisatorische Arbeit ist immens geworden. Längst ist die Psychoanalyse in vielen Ländern der Welt vertreten und hat sich auch in verschiedene konzeptionelle und therapeutische Richtungen aufgespalten.

1933 ergreifen die Nationalsozialisten in Deutschland die Macht. Durch Bücherverbrennungen versuchen sie, ihnen nicht genehmes Gedankengut zu vernichten. Auch Freuds Werke sind davon betroffen. Ihr Autor konstatiert trocken, dass zu früheren Zeiten sicher er selbst verbrannt worden wäre. 1938 marschieren die Deutschen nach Österreich ein. Als Jude und wegen seines Lebenswerks ist Freud in Gefahr. Vermittelt durch eine wohlhabende und einflussreiche Schülerin, die französische Prinzessin Marie Bonaparte, gelingt ihm und seiner Familie im Juni 1938 die Emigration nach London. Vier seiner fünf Schwestern, denen er vergeblich die Flucht zu ermöglichen sucht, kommen später in Theresienstadt ums Leben. Sigmund Freud stirbt 1939 in London. Sein dortiges Therapiezimmer mit der Couch, aber auch die einstige Praxis in der Wiener Berggasse sind heute viel besuchte Museen.

Ideen

Zu den zentralen Theorien Freuds gehört die Unterteilung psychischer Prozesse in Bewusstes, Vorbewusstes und Unbewusstes. Das Unbewusste hat die Philosophen, Psychologen und Dichter schon seit Jahrhunderten beschäftigt. Man sah es zum Beispiel als Ansammlung unmerklicher, winziger Vorstellungen, als Nachtseite der Seele oder als Sitz der Triebe, gar des Bösen. Doch erst Sigmund Freud begründet eine eigene Psychologie des Unbewussten.

Zum Vergleich: Die Bewusstseinspsychologie Wilhelm Wundts (s. Kap. 3) und auch die klassische Assoziationspsychologie fragen nach den unbekannten Elementen und Mechanismen, die sich im menschlichen Wahrnehmen und Erkennen zum Ganzen des Bewusstseins zusammenfügen. Freud interessiert etwas anderes: die mächtigen sexuellen Wünsche und Phantasien am Grunde der Seele, denen man mit Experimenten nicht auf die Spur kommt. »Sexuell« meint dabei ein inneres Drängen nach Lust, das viel mehr umfasst als das, was wir in unserer Alltagssprache darunter verstehen. Dieses unbewusste Drängen sieht er im Verhalten, in den Träumen und Phantasien seiner Patienten am Werk. In der Psychoanalyse sucht er es zu ergründen, denn in ihm vermutet er den Schlüssel zu den neurotischen Störungen.

Schon das Beispiel von »Anna O.« hatte ihm gezeigt: Wenn Wünsche und Phantasien verdrängt werden, entfalten sie ein ungutes Eigenleben. Sie geben keine Ruhe, sondern machen weiter auf sich aufmerksam, aber gleichsam in verkleideter Gestalt: als neurotische Störung mit entsprechenden körperlichen Symptomen und Verhaltensweisen. Das bedeutet Leiden. Wenn jedoch die Ursache eines Symptoms entschlüsselt und bewusst gemacht worden ist, dann wird das Symptom überflüssig und kann verschwinden. Der Mensch gewinnt an Autonomie, und die Phantasien haben ihren Schrecken verloren. Damit kann der Mensch ein erfülltes Leben führen. Freud sagt: Er wird fähig, zu lieben und zu arbeiten.

Zur Unterscheidung seines Ansatzes von der Bewusstseinspsychologie verwendet er ab 1913 die Bezeichnung Tiefenpsychologie, die auf den Schweizer Psychiater Eugen Bleuler (1857–1939) zurückgeht. Am Ende seines Lebens wird Freud dankbar feststellen, er habe das Glück gehabt, das Unbewusste zu entdecken. Den Begriff der Psychoanalyse (Seelenzergliederung) gebraucht er erstmals 1896. Nach einer späteren Definition von 1923 meint der Begriff dreierlei: erstens das Verfahren, mit dem ansonsten kaum zugängliche seelische Vorgänge untersucht werden; zweitens die Methode zur Behandlung der neurotischen Störungen, die bei der Untersuchung zutage getreten sind; und drittens das System aus Erkenntnissen, Einsichten und Theorien, die zusammen eine neue Wissenschaft ergeben.

Aus dem Bisherigen folgt, dass für Freud die neurotischen Störungen eine biografische Ursache haben – und zwar schon in der frühen Kindheit. 1905 erscheinen die »Drei Abhandlungen zur Sexualtheorie«, in denen er erstmals von einer frühkindlichen Sexualität spricht. Das stößt seinerzeit auf großes Entsetzen, findet anderseits aber auch viel Zuspruch. Freud zeigt, dass das Kind sexuelle Gefühle erlebt, indem es den eigenen Körper wahrnimmt, wobei in drei aufeinander folgenden Phasen die Mundregion, der Anus und die genitale Region die Zonen der größten Lust und Neugier und die hauptsächlichen Quellen der Befriedigung darstellen. Die dritte, frühgenitale Phase heißt auch ödipale oder phallische Phase, wobei laut Freud die Mädchen in dieser Zeit das Nichtvorhandensein eines Penis verarbeiten müssen – der so genannte Penisneid gehört zu den Theorien Freuds, die heute als zeitgebundener Ausdruck einer mittlerweile widerlegten Sicht auf die Sexualität der Frau gesehen werden müssen.

Nach Freud hegt das drei- bis fünfjährige Kind sexuelle Wünsche und Phantasien in Bezug auf den gegengeschlechtlichen Elternteil. Den gleichgeschlechtlichen Elternteil, den es bislang ausschließlich geliebt hat, empfindet es nun zugleich als strafenden Rivalen, was in ihm einen seelischen Konflikt erzeugt – dies ist der bekannte Ödipuskomplex. Vom geglückten Ausgang des Konflikts hängt die gesunde Reifung der Persönlichkeit ab. Geglückt ist die Lösung, wenn das Kind akzeptieren kann, dass die Eltern eine eigene Beziehung miteinander haben, aus der es ausgeschlossen ist, und wenn es die daraus erwachsenden Rechte des gleichgeschlechtlichen Elternteils anerkennt. Freud bezieht den Ödipuskomplex vor allem auf Jungen, sein Schüler Carl Gustav Jung spricht später analog vom Elektrakomplex bei Mädchen. Ödipus und Elektra sind Gestalten der griechischen Mythologie. Die Mythen versteht Freud als Reaktionen auf verdrängte Wünsche – nur weil sie diesen Ursprung haben, können sie uns so faszinieren, sagt er. Für die Deutung von Phantasien und Träumen seiner Patienten bieten ihm die Sagen des Altertums ein unerschöpfliches Reservoir.

Auch im Traum sieht Freud, ähnlich wie im Mythos, eine Reaktion auf sexuelle Wünsche, die man sich nicht gestattet. Im Schlaf, wenn das Bewusstsein ausgeschaltet ist, wollen sich diese unbewussten Wünsche zeigen. Doch müssen sie auch jetzt noch entschärft werden – völlig unzensiert würden sie den Schlafenden sofort erwachen lassen. Der Traum übernimmt nun die Aufgabe, durch Entstellung und Veränderung (Verschiebung) der Motive die Wünsche so weit zu verharmlosen, dass sie überhaupt durch die Zensur kommen, ohne den Schlaf zu stören. Deshalb bezeichnet Freud den Traum auch als »Hüter des Schlafs«. Zweihundert Träume, darunter fünfzig eigene, hat er in seiner »Traumdeutung« von 1900 entschlüsselt und unter der scheinbar abstrusen Oberfläche der (manifesten) Traumerzählungen den verborgenen (latenten) Inhalt gesucht, der Aufschluss gibt über das, was im Unbewussten abläuft.

Die Energie, mit der die sexuellen Wünsche und Phantasien auf Erfüllung drängen, nennt Freud Libido, vom gleich lautenden lateinischen Wort für Lust. Für ihn kann libidinöse Energie nicht einfach verloren gehen. Wenn ein Trieb auf Dauer nicht befriedigt und die Energie auf diese Weise verbraucht wird, verschiebt man sie auf ein anderes, möglicherweise weniger geeignetes Objekt. Oder aber die libidinösen Bedürfnisse werden mitsamt der Angst, die sie erzeugen, abgewehrt: Man verdrängt sie, das heißt, man versucht alle Bilder, Erinnerungen und Gedanken, die damit zusammenhängen, ins Unbewusste zurückzustoßen. Eine andere Form der Abwehr besteht darin, die Bedürfnisse durch scheinbar vernünftige Argumentation für falsch zu erklären, sie zu rationalisieren. Die einzig konstruktive Art der Abwehr ist nach Freud die Sublimierung: wenn die mit dem Trieb verbundene Energie genutzt wird, um kulturell oder sozial etwas zu schaffen oder zu leisten. Eine eingehende Systematik der Abwehrmechanismen hat Anna Freud 1936 in ihrem Buch »Das Ich und die Abwehrmechanismen« erarbeitet (s. Kap. 13).

Der Libido oder dem Eros (griechisch für Liebe, Begehren) stellt Sigmund Freud später einen zweiten, zerstörerischen Trieb gegenüber: Thanatos (griechisch für Tod). Diese Triebtheorie entwickelt Freud in »Jenseits des Lustprinzips« (1920) und in »Das Ich und das Es« (1923). In der letztgenannten Schrift entfaltet er dann auch jenes Strukturmodell, das von all seinen Theorien wohl die bekannteste ist: das Modell der drei Instanzen Es, Ich und Über-Ich.

Den Begriff des Es hat Freud von dem Arzt und Schriftsteller Georg Groddeck (1866–1934) übernommen. Groddeck wiederum, der als Urvater der psychosomatischen Medizin gilt, hat ihn vermutlich bei Friedrich Nietzsche gefunden. Das Es bezeichnet jene Instanz, in der die Triebe Eros und Thanatos sowie die Affekte (Emotionen) gründen: die Gefühle, die spürbar werden, wenn Triebe sich an konkrete Objekte heften. Das Es entzieht sich jeder Kontrolle und ist gänzlich unbewusst. Es funktioniert

TIEFENPSYCHOLOGISCHE ANSÄTZE

einzig nach dem Lustprinzip: Sein Ziel ist die Befriedigung der Wünsche.

Das Ich hingegen trägt die bewussten Wahrnehmungs-, Gedächtnis-, Denk- und Bewegungsfunktionen. Während das Es von Geburt an gegeben ist, bildet sich das Ich im Laufe der Entwicklung heraus, indem es sich vom Es abgrenzt. Freud sagt: »Wo Es ist, soll Ich werden.« Doch besitzt auch das Ich unbewusste Anteile.

Zum Schutz gegen das Es entsteht aus dem Ich heraus ein Kontrollsystem, das aus verinnerlichten Normen und Verboten besteht: das Über-Ich. Das Über-Ich markiert also den Gegenpol zum Es, indem es als moralische Instanz fungiert. Während das Es auf Reize reagiert, ist das Über-Ich durch Werte und Normvorstellungen ansprechbar. Auf Wünsche und Phantasien, die den herrschenden Normen zuwiderlaufen, reagiert es mit Schuldgefühlen. Auch das Über-Ich ist teilweise unbewusst.

Das Ich muss nun zwischen den Forderungen von Es und Über-Ich vermitteln und dafür sorgen, dass beide in angemessener Weise zu ihrem Recht kommen. Es muss die beiden anderen Instanzen kontrollieren, damit aus dem Zusammenspiel aller psychischen Kräfte ein einheitliches und der Situation angemessenes Verhalten entsteht – ein starkes Ich funktioniert nach dem so genannten Realitätsprinzip.

Seine Erkenntnis, dass das Ich vom Unbewussten überwältigt werden kann und »nicht Herr im eigenen Haus« ist, hat Freud selbst als die dritte, die psychologische Kränkung der Menschheit bezeichnet. Die erste Kränkung war die kosmologische durch Kopernikus, der den Menschen vom Mittelpunkt des Universums an dessen Rand rückte. Die zweite Kränkung ist die biologische, verursacht durch Darwin, der den Menschen in den Prozess der Evolution einreihte und ihm damit seine Einzigartigkeit nahm.

Freud selbst hat immer gehofft, dass seine Modelle eines Tages neurobiologisch bestätigt werden würden. Alles deutet darauf hin, dass von dieser Hoffnung mehr in Erfüllung gehen könnte, als seine Kritiker jemals annahmen. Dass das »Ich nicht Herr im eigenen Haus« ist, diese Kränkung des aufgeklärten Menschen wird von der Hirnforschung mittlerweile bestätigt.

46

Und man weiß heute, dass nicht nur Medikamente unser Gehirn verändern können, sondern auch die Psychotherapie.

Eine Psychoanalyse bedeutet harte Arbeit, denn der Zugang zu den frühen Konflikten macht Angst und ist mit Widerständen verbunden. Es fällt zunächst schwer, ohne Zensur alles zu erzählen, was in der Seele aufsteigt, in freier Assoziation, ohne Rücksicht auf Konvention und erlernte Moral. Bei der klassischen Psychoanalyse liegt der Patient auf einer Couch. Hinter deren Kopfende sitzt der Analytiker, hört, möglichst wertfrei und annehmend, zu und deutet das Erzählte sehr vorsichtig, indem er es in einen neuen, weiteren Kontext stellt. So hilft der Therapeut dem Patienten, sich selbst besser zu verstehen.

Der Analytiker ist auch die Bezugsperson, mit der ein Patient seine frühen Konflikte noch einmal erlebt – in der so genannten Übertragung. Unterstützt vom Therapeuten und aufgrund seiner neuen Erfahrungen in der Gegenwart kann der Patient die alten Konflikte nun nicht nur verstandes-, sondern vor allem auch gefühlsmäßig besser bewältigen als zuvor. Die krank machenden Abwehrstrategien werden überflüssig, und die Energie kann dorthin fließen, wo sie hingehört: in die angemessene Befriedigung der Bedürfnisse.

Die klassische Psychoanalyse dauert mehrere Jahre und umfasst heute in der Regel drei bis vier Stunden pro Woche. Doch gibt es mittlerweile auch kürzere psychoanalytische Therapien, die nicht unbedingt im Liegen und meist mit ein bis zwei Stunde pro Woche durchgeführt werden. Die Wirksamkeit der psychoanalytischen Therapie ist durch Studien belegt. Seit der Zeit Sigmund Freuds haben sich zahlreiche andere Therapieformen unter dem Einfluss, aber auch in Abgrenzung von der Psychoanalyse entwickelt. Psychoanalytische Behandlungen werden hierzulande heute in der Tradition nach Freud, nach Alfred Adler und nach C. G. Jung angeboten.

Als Naturwissenschaftler, als Nervenarzt, hatte Sigmund Freud begonnen. In der Psychoanalyse hat er die Grenzen der Naturwissenschaft weit überschritten und das gesamte gesellschaftliche und kulturelle Leben bis in die Künste hinein beeinflusst. Neben der Bedeutsamkeit der unbewussten Prozesse im Seelenleben verdanken wir ihm die Erkenntnis, wie wichtig die Kindheit für die Entwicklung eines Menschen ist. Manche von

TIEFENPSYCHOLOGISCHE ANSÄTZE

Freuds Theorien sind zeitgebunden gewesen und heute überholt, etwa seine Ansichten über die Sexualität der Frau. Auch ist man insgesamt dahin gekommen, die Bedeutung der Sexualität für die Persönlichkeit weniger absolut zu sehen als er. Doch bis heute steht die Psychoanalyse auf dem von Sigmund Freud gelegten Fundament.

Übrigens: Freud hat auch das Alltagsleben untersucht und festgestellt, wie das Unbewusste im Vergessen und Versprechen wirkt. Die »Freudsche Fehlleistung«, die er 1901 in der »Psychopathologie des Alltagslebens« beschreibt, ist heute jedem ein Begriff. Sie entsteht, wenn jemand etwas anderes sagt, als er eigentlich fühlt, und das Zurückgehaltene sich dennoch Bahn brechen will – was dann zum Versprecher führt.

Seitenblick: Das berühmt gewordene Foto vom Weimarer Kongress 1911 zeigt in der ersten Reihe eine auffallend schöne Frau mit Pelz. Es ist Lou Andreas-Salomé (1861–1937), eine russische Schriftstellerin, die mit ihrem Mann, einem Orientalisten, in Göttingen lebte. Ihr Intellekt und ihr Verständnis für die Psychoanalyse faszinierten Freud. Lou Andreas-Salomé wurde eine der ersten Analytikerinnen in Deutschland und später auch eine enge Brieffreundin von Freuds jüngster Tochter Anna. Sie war unter anderem deshalb zur Psychoanalyse gestoßen, weil sie für den Dichter Rainer Maria Rilke (1875– 1926), mit dem sie zeitlebens eng befreundet und zeitweise liiert war, Hilfe suchte. Rilke lehnte eine Analyse jedoch stets ab: Er fürchtete, mit seinen seelischen Problemen auch seine Kreativität zu verlieren.

8 INTERESSE FÜR DAS ICH

ALFRED ADLER

Er gehört zu den Pionieren der Tiefenpsychologie und hat nach seiner Abkehr von Freud eine eigene Richtung begründet: die Individualpsychologie. Alfred Adlers optimistisches, auf die Selbstverwirklichung ausgerichtetes Menschenbild wirkt in Therapie, Beratung und Pädagogik bis heute.

WEG

Als Sohn eines jüdischen Getreidehändlers wird Alfred Adler 1870 in Rudolfsheim bei Wien geboren. In der Kindheit leidet er an Rachitis und wiederholten Stimmritzenkrämpfen und wird deshalb von der Mutter allzu sehr umsorgt – diese Erfahrung schlägt sich später in seinem psychologischen Ansatz nieder. Adler studiert in Wien Medizin und eröffnet eine augenärztliche, später auch allgemeinmedizinische Praxis in einem Wiener Arme-Leute-Bezirk. Zeitlebens steht er dem Sozialismus nahe – wie er überhaupt die sozialen und ökonomischen Lebensbedingungen der Menschen stärker in den Blick nimmt als Sigmund Freud (s. Kap. 7). So veröffentlicht er 1898 ein »Gesundheitsbuch für das Schneidergewerbe«.

1902 kommt es zum persönlichen Kontakt mit Freud. Adler gehört zu den ersten vier Mitgliedern der Mittwochsgesellschaft, einer Gruppe von Analytikern der ersten Generation, die sich seit 1902 immer mittwochs in Freuds Praxis trifft. In der psychoanalytischen Bewegung hat er bald eine führende Position inne. Dennoch ist er nie Freuds Schüler, sondern vertritt stets eigene, mitunter abweichende Meinungen. Damit wirkt er auch inspirierend auf Freud, trägt etwa zu dessen zunehmender Beachtung des Ich als eigener Instanz bei.

Mit der Zeit werden jedoch nach einigen Vorträgen Adlers die inhaltlichen Differenzen so offensichtlich, dass dieser 1911 den Kreis um Freud verlässt. Er gründet seine eigene Gesellschaft, den Verein für Individualpsychologie. Mit diesem Begriff möchte er deutlich machen, dass er den Menschen als Einheit sieht und ihn nicht in einzelne Triebe oder Instanzen zergliedert. Die Analytiker müssen fortan zwischen den beiden Richtungen wählen. Als eine von wenigen kann die Göttinger Schriftstellerin Lou Andreas-Salomé (1861–1937) sich zeitweise eine Doppelmitgliedschaft erlauben, bevor sie sich für Freud entscheidet.

Neben seiner ärztlichen Arbeit betätigt Adler sich vor allem als Reformer, Vortragsredner und Organisator, er engagiert sich in der Fortbildung von Pädagogen und gründet zahlreiche Erziehungsberatungsstellen. Dies liegt in seinem psychologischen Verständnis begründet, wonach die Erziehung der Entstehung

TIEFENPSYCHOLOGISCHE ANSÄTZE

von Neurosen vorbeugen muss. In der Zeit vor dem Zweiten Weltkrieg wird Adlers Individualpsychologie mit ihrem volksbildnerischen Ansatz zur maßgeblichen Richtung im sozialdemokratisch geprägten Wien. Bereits 1912 hat Adler sein Hauptwerk »Über den nervösen Charakter« veröffentlicht. 1924 erscheint »Praxis und Theorie der Individualpsychologie«, 1932 das Spätwerk »Der Sinn des Lebens«.

Nach dem Einmarsch der Nazis in Österreich emigriert Adler, der zuvor schon Gastprofessuren in den USA innehatte, 1935 endgültig dorthin. Zwei Jahre später stirbt er im schottischen Aberdeen an einem Herzschlag.

IDEEN

Anders als Freud sieht Adler nicht die Triebbefriedigung, sondern das Bedürfnis nach Sicherheit, nach Geltung und persönlicher Vollkommenheit als inneren Motor des Menschen. Er stellt aber zugleich fest, dass Minderwertigkeitsgefühle – den Begriff hat er populär gemacht – das Erreichen dieses Ziels erschweren. Das Menschsein ist für Adler durch die subjektiv erlebte Minderwertigkeit geradezu definiert: »Menschsein heißt, sich minderwertig fühlen«, sagt er in seinem Spätwerk. Zu diesem Gefühl tragen verschiedene Faktoren bei: körperliche Schwächen, eine zu strenge oder verzärtelnde Erziehung, aber auch die jeweiligen Positionen im sozialen Gefüge der Familie und darüber hinaus – hier erweist Adler sich als Vordenker der Sozialpsychologie. Allerdings kann man nicht eins zu eins von den äußeren Gegebenheiten auf Inhalt und Intensität des Minderwertigkeitsgefühls schließen.

Das Minderwertigkeitserleben ruft nun logischerweise ein Bemühen um Ausgleich, um Kompensation, hervor. Das reicht von der rein körperlichen Ebene, auf der ein Organ die Schwäche eines anderen kompensiert, bis hin zur psychischen Ebene, auf der beispielsweise eine Minderbegabung durch die Pflege eines anderen Talentes ausgeglichen wird. Wir alle erleben uns in irgendeiner Weise als minderwertig, und die Kompensation ist der Motor unserer Leistungen und Erfolge wie auch der kulturellen Errungenschaften. Sie treibt uns vorwärts, weg vom Mangel, hin zur persönlichen Fülle.

Wenn dies aber misslingt und das Minderwertigkeitsgefühl umso stärker wird, beginnt der Betreffende überzukompensieren: Das Streben versucht auf Umwegen und durch Übertreibung zum Ziel zu kommen. Das ist dann die Neurose. Adler wählt zeitweise den Begriff des »männlichen Protests«, um die überkompensatorische Reaktion (beider Geschlechter) zu beschreiben. Eine für unsere Gesellschaft typische Form des männlichen Protests ist zum Beispiel das Statusdenken.

Bei Adler ist das überkompensierende Geltungsstreben also das, was bei Freud die Verdrängung ist: nämlich die Fehlleitung eines grundlegenden Bedürfnisses – bei Freud geht es um Triebbefriedigung, bei Adler um die Verwirklichung des eigenen Persönlichkeitsideals. Hier klingt nun ein sehr moderner Begriff an, der sich bei Adler zwar nicht im Wortlaut, aber schon der Sache nach findet: die Selbstverwirklichung. Für ihn verfolgt jeder Mensch eine individuelle, schöpferische Zielsetzung, einen Lebensplan, in dem seine persönliche Einheit gründet. In diesem Gedanken erweist sich übrigens Adlers inhaltliche Nähe zur Gestaltpsychologie (s. Kap. 6).

Um Missverständnissen vorzubeugen, gebraucht er später den Begriff des Lebensstils, in dem sich der Lebensplan manifestiert. Adler spricht auch von der Melodie, die als durchgehendes Thema das Erleben und Verhalten eines Menschen prägt – und zwar so, wie sie in den ersten Kindheitsjahren festgeschrieben worden ist. Heißt das nun aber, dass wir alle Marionetten unseres jeweiligen Lebensstils – und oft genug auch unserer eigenen Neurose – sind und nichts ändern können, selbst wenn wir es wollten? Glücklicherweise nicht, sagt Adler, und führt an dieser Stelle den wohl wichtigsten Begriff seines Denkens ein: das Gemeinschaftsgefühl.

Das Geltungsstreben als Reaktion auf die gefühlte Minderwertigkeit ist zunächst, wie man sich denken kann, ein isolierendes, egoistisches Motiv. Daneben gibt es jedoch das Gemeinschaftsgefühl, und das ist ebenfalls eine Art der Kompensation, aber eine weitaus wünschenswertere. Es entsteht, wenn das Geltungsstreben nicht in den Dienst der eigenen Person gestellt wird, sondern in den Dienst der Gemeinschaft. Dieser Begriff nun meint alle zwischenmenschlichen Beziehungsformen von der Mutter-Kind-Bindung über Freundschaften und Liebesbe-

TIEFENPSYCHOLOGISCHE ANSÄTZE

ziehungen bis hin zur Gemeinschaft aller Menschen und zur Verantwortung für die Welt. Und trotz des Wortes »Gefühl« hat Adler dabei nicht nur das Herz, sondern auch den Kopf und die Hand im Blick: Das Gemeinschaftsgefühl verwirklicht sich im Denken und Handeln.

In der Hinwendung zur Gemeinschaft sieht Adler die Möglichkeit, den eigenen Lebensplan positiv zu verändern. Entweder, indem der beträchtliche Unterschied zwischen dem eigenen Geltungsstreben und den Erfordernissen der Gemeinschaft erkannt beziehungsweise durch größere Fehlschläge erlitten wird, oder vermittelt durch Erziehung und Therapie.

In der individualpsychologischen Behandlung sitzt der Therapeut dem Patienten als Dialogpartner gegenüber. Gemeinsam wird der Lebensstil des Patienten analysiert und jenem erstmalig bewusst gemacht. Wenn der Patient erkennt, welches falsche Persönlichkeitsideal er bislang verfolgt hat, kann er das neurotische Verhalten, das ihn dorthin brachte, verstehen und ablegen. Denn die Neurose an sich ist nicht falsch, falsch ist immer nur das Ziel, in dessen Dienst sie steht. Es kommt darauf an, einen konstruktiven, auf die Gemeinschaft ausgerichteten Lebensstil zu entwickeln. Diese Neuorientierung, bei welcher der Therapeut den Patienten auch durch Ermutigung stärkt, befreit von den Verstrickungen der Vergangenheit.

Adler hat folglich ein sehr positives Menschenbild, für ihn ist die Fähigkeit zu Güte und Großzügigkeit angeboren. Seine Orientierung an der Selbstverwirklichung des Menschen wird später von der Humanistischen Psychologie aufgegriffen: Deren Mitbegründer Abraham Maslow (s. Kap. 36) setzt die Selbstverwirklichung an die Spitze einer von ihm erarbeiteten, hierarchisch aufgebauten Pyramide menschlicher Bedürfnisse. Auch sonst hat die Individualpsychologie andere Ansätze beeinflusst. Die Bedeutung des Lebenssinnes zum Beispiel kehrt in Viktor Frankls (s. Kap. 35) Logotherapie wieder und die Zielgerichtetheit des Lebensprozesses im Individuationsgedanken von C. G. Jung (s. Kap. 9). Bis heute sind Alfred Adlers Gedanken über die Grenzen der Psychologie hinaus in Pädagogik und Beratung wirksam.

Seitenblick: Auf das Geltungsstreben ist Adler auch durch die Lektüre Friedrich Nietzsches (1844–1910) aufmerksam geworden. Für den Philosophen stellt der »Wille zur Macht« den Grundtrieb im Menschen und in der Welt dar. Nietzsches Schlussfolgerungen, die vom Übermenschen träumen, widersprechen allerdings dem auf die Gemeinschaft ausgerichteten Ideal Adlers.

9 Märchen, Mythen, Archetypen
Carl Gustav Jung

Er führte die Arbeit mit Bildern in die Psychotherapie ein und eröffnete ein tieferes Verständnis für die verschiedenen Persönlichkeitstypen und für die Probleme und Anforderungen des menschlichen Lebenslaufs. Mit seiner Analytischen Psychologie hat Carl Gustav Jung eine ganz eigene Richtung innerhalb der Tiefenpsychologie begründet.

Weg

Der Pfarrerssohn Carl Gustav Jung wird 1875 in Kesswil am Bodensee geboren. Seine Kindheit erlebt er als von Ängsten und Einsamkeit überschattet. Vor dem Hintergrund dieser Erfahrung wird er später die notwendige innere Entwicklung des Menschen unter dem Stichwort »Individuation« zu einem wichtigen Bestandteil seiner Lehre machen. Eine enge Bindung besteht zur Mutter, die prophetische Fähigkeiten für sich beansprucht und ein seinerzeit modisches Interesse für Okkultismus pflegt.

Jung studiert Medizin an der Universität Basel und arbeitet nach seinem Staatsexamen als Stationsarzt am psychiatrischen Krankenhaus Burghölzli in Zürich. Dessen Leiter Eugen Bleuler (1857–1939), von dem auch der Begriff Tiefenpsychologie stammt, steht der Psychoanalyse aufgeschlossen gegenüber. Am Burghölzli führt Jung Experimente über normale und pathologische Wortassoziationen durch und entwickelt dabei seine Komplextheorie. 1903 heiratet er die Fabrikantentochter Emma Rauschenbach (1882–1955), mit der er fünf Kinder haben wird.

TIEFENPSYCHOLOGISCHE ANSÄTZE

Emma Jung wird zur lebenslangen Mitarbeiterin ihres Mannes und ist später auch als Lehranalytikerin tätig.

Nach seiner Habilitation nimmt Jung Kontakt mit Sigmund Freud auf, dessen Schriften er gelesen hat und von dem er sich wichtige Anregungen zur Behandlung seiner Patienten erhofft. Er wird zum Anhänger der Psychoanalyse und riskiert dafür auch, wegen Freuds damaliger Außenseiterposition selbst ins fachliche Abseits zu geraten. Für Freud wiederum ist Jung ein willkommener Schüler, weil er zu jener Zeit einer der wenigen nichtjüdischen Verfechter der Psychoanalyse ist. Freud fürchtet antisemitische Diffamierungen seiner Lehre, die es dann ja auch geben wird. Bevor sich die inhaltlichen Differenzen zu Jung abzeichnen, erwägt Freud sogar eine Zeit lang, das organisatorische Zentrum der Psychoanalytischen Bewegung von Wien nach Zürich zu verlegen.

Eine etwas unrühmliche Dreiecksgeschichte verbindet Freud und Jung im Fall der Russin Sabina Spielrein (1885–1941). Im Jahr 1904 als Jungs Patientin ans Burghölzli gekommen, hat Spielrein nach ihrer Entlassung in Zürich ein Medizinstudium aufgenommen, sie arbeitet an Jungs Projekten mit und wird später selbst Analytikerin. Zwischen Jung und Spielrein entwickelt sich eine Liebesbeziehung, wobei der tatsächliche Grad der Intimität unbekannt ist. Ab 1906 ersucht Jung mehrmals bei Freud um Hilfe, wobei er Spielrein als eine in ihren Therapeuten verliebte Patientin darstellt – eine Sicht, die Freud zunächst ungeprüft übernimmt. Erst als sich Spielrein selbst an den Begründer der Psychoanalyse wendet, ändert der seine Sicht und nimmt nun auch Jungs Verstrickheit wahr. Spielrein, die als Jüdin davon träumt, mit Freud und Jung das Juden- und das Christentum miteinander versöhnen zu können, wird nach ihrer Trennung von Jung zur Freudianerin. Gleichwohl bleibt sie Jung verbunden.

1909 verlässt dieser nach einem Zerwürfnis mit Bleuler das Burghölzli und eröffnet in Küsnacht am Zürichsee seine Privatpraxis. 1923, im Todesjahr seiner Mutter, wird Jung in Bollingen am oberen Zürichsee mit dem eigenhändigen Bau eines erst 1955 vollendeten Turms beginnen, der ihm lebenslang als Rückzugs- und Meditationsort dient. Im Herbst 1909 geht er mit Freud und weiteren Freud-Schülern auf eine sechswöchige Vortragsreise in die USA. Beim gegenseitigen Deuten der Träume werden in dieser Zeit erste inhaltliche Unterschiede zwischen Freud und seinem »Kronprinzen« Jung deutlich. Dennoch wirkt Jung am Aufbau der Internationalen Psychoanalytischen Vereinigung mit und wird 1910 sogar ihr Präsident. Drei Jahre später kommt es zum Bruch mit Freud. Jung tritt aus der Vereinigung aus, gibt auch seine Privatdozentur an der Universität Zürich auf und zieht sich vollkommen zurück. Er durchlebt bis 1919 eine schöpferische Krise. 1921 tritt er mit seinem Buch »Psychologische Typen« wieder an die Öffentlichkeit und entwickelt nun seine eigene tiefenpsychologische Richtung. Er beschäftigt sich ausgiebig mit alten alchemistischen Texten, mit Märchen, Mythen und Religionen, mit der Ethnologie und mit fernöstlichen Weisheitslehren. Zu diesem Zweck reist er neben seiner praktisch-therapeutischen Tätigkeit viel: nach Nordafrika, nach Arizona und Neu Mexiko, nach Kenia und Uganda sowie nach Indien. Die gesammelten Erkenntnisse fließen in sein Denken ein.

Aufgrund seiner Publikationen wird Jung zunehmend bekannt. Ab 1933 lehrt er für einige Jahre als Professor für Allgemeine Psychologie an der Universität Zürich. Eine 1944 übernommene Professur für Medizinische Psychologie an der Universität Basel hat er aus Krankheitsgründen nur kurz inne. Als er während der Zeit des Nationalsozialismus Freuds Psychoanalyse als »jüdische Irrlehre« angreift, zieht er die Kritik vieler Intellektueller auf sich.

1948 wird in Küsnacht das C. G. Jung-Institut als Ausbildungsstätte für Psychotherapie gegründet. Carl Gustav Jung stirbt 1961 hoch geehrt in Küsnacht, kurz nachdem er sein zunächst auf Englisch erschienenes Buch »Der Mensch und seine Symbole« (dt. 1968) vollendet hat.

IDEEN

Carl Gustav Jung ist neben Freud und Alfred Adler (s. Kap. 7 u. 8) einer der wichtigsten Vordenker der Tiefenpsychologie. Zur Unterscheidung von der Psychoanalyse Freuds wählt er nach dem Ende der Zusammenarbeit für sein eigenes System den Begriff »Analytische Psychologie«. In späteren Jahrzehnten nennt Jung sein Theoriegebäude auch »Komplexe Psychologie«. Tatsächlich sind die so genannten Komplexe ein wichtiger Bestandteil dieser Lehre.

Seine Komplextheorie entwickelt Jung während der Zeit am Burghölzli. Die Bewusstseinspsychologie der Ära Wilhelm Wundts (s. Kap. 3) verstand unter einem Komplex eine Gruppe von fest verbundenen Gedächtnisinhalten. Später galten auch Gefühle, weil sie sich nicht näher zergliedern ließen, als Komplexe. Bei Jung, der den Begriff in die Psychoanalyse einführt, kehren die beiden Aspekte wieder. Nach ihm besteht ein Komplex aus einem Kernstück, beispielsweise einer bestimmten Angst oder einem Bedürfnis, sowie aus sekundären Gefühlen, Gedanken, Wahrnehmungen und Erinnerungen, die aufgrund ihrer Verwandtschaft mit dem Kernstück von ihm angezogen worden sind. Je größer ein Komplex, desto mehr Energie besitzt er. Komplexe wirken abgespalten vom Bewusstsein, sie äußern sich auf zunächst unverständliche Weise und sind nach Jung die »Brenn- und Knotenpunkte« der Seele. Sie weisen stets auf notwendige Bearbeitungen hin, bringen den Menschen damit aber auch vorwärts. Damit wirken sie nicht nur negativ – es gibt auch förderliche Komplexe. Das zeigt sich beispielsweise in überraschenden schöpferischen Entwicklungen eines Menschen, die sprungartig ins Bewusstsein treten und doch schon länger im Unbewussten existiert haben müssen. Wenn allerdings ein Komplex besonders unbeeinflussbar ist, kann er sich, etwa in Form einer Zwangsidee, das ganze Leben eines Menschen unterwerfen.

Auch die »Psychologischen Typen«, die Jung 1921 in seinem ersten großen Werk nach dem Bruch mit Freud herausarbeitet, können als Komplexe gesehen werden. Seine Erkenntnisse bezieht Jung dabei nicht nur aus seiner therapeutischen Praxis, sondern auch aus eigenen geistesgeschichtlichen und literaturhistorischen Recherchen. Acht menschliche Grundtypen beschreibt er, wobei klar ist, dass diese acht idealtypische Vereinfachungen darstellen, während die individuelle Wirklichkeit vielfältiger erscheint.

Auf die Zahl acht kommt Jung durch die Erkenntnis, dass der Mensch entweder nach innen gekehrt (introvertiert) oder nach außen gekehrt (extravertiert) ist. Jede dieser beiden Gruppen unterteilt er noch einmal vierfach, gemäß den vier Grundfunktionen des bewussten Seelenlebens, die er unterscheidet: Denken, Fühlen (also die Emotionen), Empfinden und Intuieren. Die ersten beiden nennt Jung rationale Funktionen – auch das Fühlen, weil er es als Akt des Bewertens ansieht. Die letzten beiden nennt er irrationale Funktionen, weil sie nur mit der sinnlichen Wahrnehmung und ohne Wertung arbeiten. Dabei richtet sich die Empfindung nach außen und die Intuition auf dieselbe Weise nach innen, ins eigene Innere.

Auf Jungs Unterscheidung von Extra- und Introversion hat später der Persönlichkeitspsychologe Hans Jürgen Eysenck (s. Kap. 49) aufgebaut und sie durch den Gegensatz von emotionaler Stabilität und Labilität ergänzt. Anders als Jung konnte er die Persönlichkeitsmerkmale bereits mit modernen statistischen Methoden untersuchen, er untergliederte sie weiter und grenzte sie voneinander ab.

Mit der Unterscheidung der Persönlichkeitsmerkmale ist ein Grundzug der Jungschen Psychologie angesprochen: das Denken in Gegensätzen und vor allem im Prozess ihrer angestrebten Einung. Wie Freud sieht auch Jung es als Aufgabe eines jeden Menschen, zu reifen. Doch während Freud darunter die Integration verdrängter sexueller Wünsche durch ein zunehmend erstarkendes Ich versteht, erweitert Jung die Perspektive: Für ihn geht es im menschlichen Leben nicht primär um die Sexualität. Die Libido – darüber kam es zum Bruch mit Freud – versteht er nicht als sexuelle Trieb-, sondern als allgemeine Lebensenergie. Von ihr geleitet, soll der Mensch zu einem harmonischen Ganzen reifen, in dem sich die Persönlichkeit weiterentwickelt und Einseitigkeiten ausgeglichen werden.

In diesem Zusammenhang sind zwei wichtige Begriffe Jungs zu nennen: Animus und Anima. Diese so genannten Seelenbilder repräsentieren den gegengeschlechtlichen Anteil in jedem Menschen, mit dem es sich im Interesse einer voll entwickelten Persönlichkeit auseinanderzusetzen gilt: für die Frau den Animus, für den Mann die Anima. Denn psychisch gesehen ist der Mensch doppelgeschlechtlich. Wie die Lebensbilder beim Einzelnen konkret aussehen, das wird durch die Erfahrungen mit Vater und Mutter und durch weitere soziokulturelle Bedingungen beeinflusst. Auch der so genannte Schatten ist ein wichtiger Begriff im System der zu einenden Gegensätzlichkeit: Er steht für die noch nicht gelebte Seite eines Menschen, also beispielsweise gemäß der Typenlehre beim Extravertierten für die Introversion und umgekehrt. Der Schatten repräsentiert aber auch die unangenehmen Seiten der Persönlichkeit, also die, welche man sich selbst nicht gern eingesteht und lieber im Dunkeln lassen würde.

Animus, Anima und der Schatten führen zum Kern der Jungschen Psychologie: zur Archetypenlehre. Denn sie sind archetypische Leitbilder. Unter diesem Begriff versteht man allen Menschen gemeinsame Symbole oder Urbilder, die im Unbewussten wirken und von hier aus unser Selbstverständnis, unser Wahrnehmen und Handeln bestimmen. Sie begegnen einem in Mythen und Märchen, in Träumen, aber auch in Tagträumen und künstlerischen Werken. Obgleich Urbilder, sind sie doch keine konkreten Vorstellungen, die der Mensch ererbt, sondern eher Dispositionen, Empfänglichkeiten für Phantasien, die sich dann, abhängig von der individuellen Prägung, in der Seele und im Leben konkret ausbilden.

Jung kann den Archetypus religiös als »geistiges Ziel« und gleichzeitig biologisch als »Instinkt« beschreiben – so weit gefasst ist der Begriff. Seine Füllung findet sich in der Unmenge des geistes- und religionsgeschichtlichen Materials, das Jung heranzieht. Denn neben den drei genannten Archetypen gibt es zahlreiche weitere, die zusammen alle Bereiche menschlichen Daseins umfassen: Gott, Heiland, jungfräuliche Mutter, Baum, Berg, Riese, Zwerg und viele mehr. Jung spricht auch von einem Gottes-Archetypus, was jedoch nicht als Beweis für die Existenz Gottes zu verstehen ist. Seine Aufgeschlossenheit für religiöse Aussagen zeigt sich auch darin, dass Jung gern den in der Schulpsychologie unüblichen, weil religiös aufgeladenen Begriff der Seele verwendet.

Die Archetypenlehre führt bis in die unterste Schicht der Seele. Die alte Vorstellung von Bewusstseinsschichten hatte schon Freud mit der Dreiheit von Bewusstem, Vorbewusstem und Unbewusstem aufgegriffen, sie dann aber wegen ihres statischen Charakters durch die Dynamik der drei Instanzen Es, Ich und Über-Ich ergänzt. Auf jeden Fall ist dieser Aufbau lediglich als Modell und nicht als reales Abbild der Psyche zu verstehen.

Nach Jung gibt es fünf pyramidenartig aufeinander ruhende Schichten, und zwar, von oben angefangen: erstens das Ich, zweitens das Bewusstsein, drittens das persönliche Unbewusste, das dem Freudschen Unbewussten entspricht, viertens ein überindividuelles, so genanntes kollektives Unbewusstes, das bewusst gemacht werden kann, und fünftes ein ebensolches, das sich aber nicht bewusst machen lässt. Das kollektive Unbewusste teilen alle Menschen und Völker als gemeinsames seelisches Fundament; es enthält die Archetypen.

Besonders wichtig sind die archetypischen Leitbilder der Großen Mutter und des Alten Weisen. Nach Jung stehen sie für die Entwicklungsstufe, die der Mensch in der zweiten Lebenshälfte erreichen soll, für die Hinwendung zum Geistigen, während in der ersten Lebenshälfte die Auseinandersetzung mit dem Seelenbild und dem Schatten wichtiger erscheint. Interessant ist: Für Jung reicht die Jugendzeit bis zur Lebensmitte. Aus den Wirren der Pubertät weisen die Ideale des beruflichen Erfolgs und der Familiengründung den Weg. Ab der Lebensmitte geht es dann um den Erwerb eines neuen Bewusstseins, um ein kulturelles Ziel. Gerade bei dieser Neuorientierung sieht die Analytische Psychologie ihre therapeutische Aufgabe.

Den lebenslangen Reifungsprozess, der von den aufsteigenden und zur Verwirklichung drängenden archetypischen Bildern geleitet ist und in dessen Verlauf die individuelle Persönlichkeit errungen und immer neu bewahrt werden muss, nennt Jung Individuation – Selbstwerdung. Er begreift ihn als zielgerichtet. Auch das unterscheidet ihn von Freud, der die Psyche kausal determiniert sieht. Ziel der Individuation ist das Selbst, das nicht mit dem Ich verwechselt werden darf – dieses ist lediglich das Zentrum des Bewusstseins, gleichsam dessen auf sich selbst bezogener Teil. Das Selbst hingegen steht für die Einheit und Gesamtheit der Persönlichkeit und gilt ebenfalls als Archetypus. Jung sieht es beispielsweise im indischen Mandala symbolisiert, das er ausführlich erforscht und interpretiert.

Überhaupt macht die Arbeit mit Bildern – individuellen und kollektiven – einen wichtigen Teil der therapeutischen Arbeit nach Jung aus. Wie bei Freud ist es Ziel der Therapie, mit Hilfe des Unbewussten einen bislang nicht gelösten Konflikt zu bewältigen. Doch während Freud die Neurose aus dem Kon-

TIEFENPSYCHOLOGISCHE ANSÄTZE

flikt zwischen Trieb und Abwehr erklärt, sieht Jung sie weiter gefasst. Für ihn ist sie das Resultat des Konflikts zwischen individuellen Bedürfnissen und der geforderten Anpassung, ein störender Komplex, der jedoch wichtig zu sein scheint, weil er auf Unerledigtes hinweist: auf Einseitigkeiten, die ausgeglichen, und auf Entwicklungsstufen, die erreicht werden wollen.

Auch die Methoden unterscheiden sich. An die Stelle der freien Assoziation nach Freud tritt hier die erweiternde Deutung mit Hilfe der Archetypen. Denn die universellen Bilder, die der Menschheit in ihren religiösen und künstlerischen Erzeugnissen zur Verfügung stehen, sind durch das kollektive Unbewusste mit den Bildern identisch, die am Grund der individuellen Seele schlummern und in der persönlichen Lebensgestaltung Wirklichkeit werden wollen. Der Patient soll folglich auch versuchen, in seinem Inneren gegenständliche Bilder entstehen zu lassen, um mit ihrer Hilfe seine Situation und seine Träume zu deuten. Im therapeutischen Malen und anderen künstlerischen Ausdrucksformen wird mit dem imaginierten Material gearbeitet.

Durch diese methodische Vielfalt hat Jung die Psychotherapie entscheidend bereichert und ihre Nähe zu den Geisteswissenschaften und zur Kultur gestärkt, er hat allerdings auch der Esoterik die Tür geöffnet. Der Therapeut etwa erscheint nach Jung in archetypischen Rollen – nicht nur als Vater oder Mutter, sondern auch als Heiler, Hexer, Riese oder Alchemist.

Die oft gestellte Frage, wer »Recht« habe, Freud oder Jung, ist letztlich müßig. Während man Freud sein deterministisches, am naturwissenschaftlich-mechanistischen Denken orientiertes Menschenbild vorwerfen kann, ist Jung durch seinen Mystizismus angreifbar. Doch beide haben auf ihre Weise das Selbstverständnis des Menschen verändert, in beiden therapeutischen Richtungen kann man sich verstanden und begleitet fühlen. Mit der von ihm angeregten psychologischen Auswertung von Bildern und Mythen, mit seiner Typenlehre und der Deutung des menschlichen Lebenslaufs gehört Carl Gustav Jung zu den wichtigsten Vordenkern der Tiefenpsychologie.

Anekdote: Eine Legende in Jungs Herkunftsfamilie besagte, dass C. G. Jungs gleichnamiger Urgroßvater väterlicherseits (1794–1864) ein unehelicher Sohn Goethes gewesen sei. Als Urgroßmutter war kurzzei-

tig sogar Goethes Altersliebe Marianne von Willemer (1784–1860) im Gespräch, bis klar wurde, dass dies wegen des geringen Altersunterschieds ausgeschlossen war. Zwischen Jungs echter Urgroßmutter und Goethe ließ sich keine Beziehung nachweisen.

10 Abschied von der Kindheitsidylle
Melanie Klein

Die Kinderanalytikerin Melanie Klein verstand ihre nicht unumstrittenen Theorien als konsequente Weiterentwicklung der Freudschen Lehre. Mit ihnen begründete sie eine eigene psychoanalytische Richtung. Bahnbrechend war ihre Erkenntnis, dass die spätere Wahrnehmung der Welt von den frühesten kindlichen Beziehungen abhängt.

Weg

Wie viele andere Psychoanalytiker stammt auch Melanie Klein aus jüdischem Elternhaus. 1882 als Melanie Reizes in Wien geboren, studiert sie hier Kunstgeschichte und Geschichte, eine Wahl, die sie später oft bereuen wird. Sie heiratet den Industriechemiker Arthur Klein und bekommt mit ihm drei Kinder.

Nach der Geburt des zweiten Kindes erkrankt Klein an Depressionen. Ein Sanatoriumsaufenthalt in der Schweiz bringt keine bleibende Besserung. Vor dem Ersten Weltkrieg wechselt die Familie aus beruflichem Grund nach Budapest. Hier beginnt Klein eine Psychoanalyse bei Sándor Ferenczi (1873–1933), einem engen Vertrauten Sigmund Freuds (s. Kap. 7) und Pionier der Psychoanalyse in Ungarn. Von Ferenczi gefördert, tritt sie der Ungarischen Psychoanalytischen Gesellschaft bei. 1921 wechselt die Familie nach Berlin, und Klein beginnt eine Lehranalyse bei Karl Abraham (1877–1925). Drei Jahre später trennt sich das Ehepaar. Nun baut sich Melanie Klein eine eigene Praxis als Kinderanalytikerin auf. Teilweise ist es in Berlin regelrecht schick, die eigenen Kinder zu ihr in Analyse zu geben.

Bei der Ausarbeitung ihrer Theorien, die sie als konsequente Weiterentwicklung von Freuds Gedanken versteht, wird Klein von Ferenczi und Abraham unterstützt. Sonst stößt sie in den internationalen Zentren der Psychoanalyse jedoch eher auf Skepsis, ausgenommen in London. Dorthin holt sie 1926 Ernest Jones (1879–1958), der Vorreiter der Freudianer in England und spätere Freud-Biograf, um seine Familie von ihr behandeln zu lassen. Fortan lebt und arbeitet Melanie Klein in London.

Schon bald wird sie innerhalb der Britischen Psychoanalytischen Gesellschaft zu einer beherrschenden Figur. 1932 veröffentlicht sie ihr Buch »Die Psychoanalyse des Kindes«. Ihre Ansichten zur kindlichen Entwicklung und zum Stellenwert der Psychoanalyse in der Kindheit unterscheiden sich sehr von den Aussagen Anna Freuds (s. Kap. 13). Diese beansprucht ihrerseits, als Kinderanalytikerin die Lehre ihres Vaters angemessen weiterentwickelt zu haben. Vor allem nach der Emigration der Freud-Familie nach England 1938 führt der inhaltliche Konflikt zu heftigen Richtungskämpfen in der Britischen Psychoanalytischen Gesellschaft.

Melanie Klein stirbt 1960 in London. Bis heute nimmt sie durch ihre Theorien zur Kinderpsychoanalyse einen bedeutenden Platz in der Nachfolgegeneration Sigmund Freuds ein. Innerhalb der Psychoanalyse bilden die Kleinianer eine eigene, ausdifferenzierte Schulrichtung.

IDEEN

Nach Freud gründen psychische Probleme in frühkindlichen Erfahrungen. Trotzdem arbeiten er und seine männlichen Mitstreiter nur wenig mit Kindern, sondern stützen sich vorwiegend auf indirekte Quellen. In diese Lücke stoßen die zur Psychoanalyse hinzugekommenen Frauen, allen voran Freuds Tochter Anna und Melanie Klein. Die beiden beschränken sich nicht darauf, Kinder zu beobachten und das Material dann an die männlichen Kollegen weiterzureichen, sie forschen selbst.

Im Unterschied zu Sigmund Freud führt Melanie Klein psychische Probleme nicht erst auf eine fehlgeschlagene Verarbeitung von Konflikten des vierten bis fünften Lebensjahres zurück. Für Klein, die den Freudschen Ödipuskomplex bereits auf das erste Lebensjahr datiert, bildet sich – darin widerspricht sie Anna Freud – schon viel früher eine Form des Über-Ichs.

Es wird ausgelöst durch die Erfahrung, Bezugspersonen nicht nur zu lieben, sondern sie aufgrund des ebenfalls angeborenen Todestriebs und der damit zusammenhängenden aggressiven Impulse auch zu hassen. Liebe bedeutet Einung, Hass bedeutet Zerstückelung. Schon das zweieinhalbjährige Kind leidet unter seinen aggressiven, sadistischen Phantasien. Das betrifft besonders die Mädchen, die laut Klein eine unbewusste Kenntnis von der Vagina besitzen und der Mutter ihre erwachsene Weiblichkeit und die Möglichkeit der Schwangerschaft neiden.

Wie Karen Horney (s. Kap. 11) widerlegt Melanie Klein also die Theorie vom angeborenen weiblichen Masochismus, aber mit einer anderen Begründung. Horney verweist auf den soziokulturellen Ursprung weiblicher Minderwertigkeitsgefühle. Klein hingegen führt die angeborene Destruktivität kleiner Kinder und die dazugehörigen Strafängste als Begründung an. Bei ihr ist das Universum des Kleinkinds voller Düsternis und Schrecken über die eigene Zerstörungswut, unabhängig davon, wie liebevoll die Mutter auch sein mag. Das Bild einer schuldlosen, angstfreien frühesten Kindheit wird zur Illusion. Falls man jedoch die Hintergründe der sadistischen Phantasien aufdeckt, verlieren sie ihre Macht, und das Ich wird gegen die strafende Übermacht des Über-Ichs gestärkt.

Im kindlichen Spiel entdeckt Melanie Klein die Basis für ihre Technik der Kinderanalyse: Wie der Erwachsene in der freien Assoziation, in der Traumdeutung und in der Übertragungsbeziehung zum Analytiker seine verdrängten Konflikte aufarbeitet, so ist all dies auch im kindlichen Spiel gegeben, wenn es nur richtig begleitet und gedeutet wird. Denn im Spiel verschlüsselt das Kind seine Wünsche, Phantasien und Konflikte.

Nach Ansicht von Klein wird die oben beschriebene früheste Erfahrung, Bezugspersonen zu lieben und zu hassen, für das Kind zur Grundlage seiner Wahrnehmung der Welt. Dies ist die so genannte Objektbeziehungstheorie. Bezugspersonen werden in der Psychoanalyse »Objekte« genannt. Das bedeutet nicht etwa, dass sie zum Gegenstand werden, wie es der alltägliche Sinn des Wortes »Objekt« nahelegt. Vielmehr bezieht sich der psychoanalytische Begriff auf den Wortsinn des lateinischen obiectus – vorliegend: Er meint das menschliche Gegenüber in einer Beziehung. Die durch Erfahrungen mit einer Bezugsperson entstandenen Bilder von diesem Menschen werden verinnerlicht, sie werden zu »inneren Objekten«, wie Klein sagt. Die Objektbeziehungstheorie von Melanie Klein ist in die Psychoanalyse eingegangen und hat weitere Theoriebildungen angeregt.

Seitenblick: Eine dritte, unabhängige Richtung zwischen den Schulen Anna Freuds und Melanie Kleins geht auf den englischen Kinderarzt und Kinderanalytiker Donald Winnicott (1896–1971) zurück. Er stützt sich auf über 60.000 Fälle, die er als Arzt im Kinderkrankenhaus Paddington und in seiner eigenen Praxis untersucht und behandelt hat. Nach Winnicott bildet ein Säugling zunächst eine untrennbare Zweierbindung (Dyade) mit der Mutter. Wenn die Dyade sich auflöst, ersetzen so genannte Übergangsobjekte, beispielsweise Teddys, dem Kind die abwesende Mutter. Das Kind muss erkennen und akzeptieren, dass es von ihm getrennte, selbstständige Menschen mit eigenen Interessen und Rechten gibt. Während für Melanie Klein kleine Kinder die äußere Realität hauptsächlich als Abbild ihres eigenen Innenlebens wahrnehmen, beschreibt Winnicott einen »intermediären Erfahrungsbereich«, einen Zwischenbereich also, der weder der äußeren noch der inneren Realität eindeutig zuzurechnen ist. Dieser »potenzielle Raum« ist der Ort des Spiels, der Kreativität und der Kultur.

11 Die »sanfte Rebellin der Psychoanalyse«

Karen Horney

Sie war Freuds Opponentin in den Gründerjahren der Psychoanalyse. Karen Horneys Kampf gegen deren patriarchale Sicht auf die Frau hat ihr jedoch bei Feministinnen nicht nur Zustimmung eingetragen. Nach ihrer Emigration in die USA wurde sie eine Hauptvertreterin der Neopsychoanalyse.

Weg

Die Hamburger Kapitänstochter Karen Horney steht für einen Frauentyp, den es in der Psychoanalyse theoretisch gar nicht gibt: Sie ist eine »Muttertochter«, hat sich von ihrem strengen, frömmelnden Vater abgewandt und eng an ihre heitere, künstlerisch interessierte Mutter angeschlossen. 1885 als Karen Wackels geboren, studiert sie Medizin, wobei die Mutter sie begleitet und unterstützt. Sie heiratet den Stinnes-Manager Oskar Horney, mit dem sie drei Töchter bekommt. Doch Ehe und Familienleben gestalten sich alles andere als einfach. Karen Horney erkrankt an Depressionen und beginnt 1911 eine Analyse bei Karl Abraham (1877–1925). Der ist ein Schüler Sigmund Freuds (s. Kap. 7) und dabei, die Psychoanalyse in Berlin institutionell zu verankern.

Schon bald befasst sich Horney, die mittlerweile in eigener Praxis arbeitet, auch beruflich mit der Psychoanalyse und stößt zur Berliner Analytischen Gesellschaft. Sie absolviert eine Lehranalyse bei dem Freudianer Hanns Sachs (1881–1947) und wird selbst Lehranalytikerin, Dozentin und Therapeutin im Psychoanalytischen Institut der Berliner Gesellschaft. Allerdings sucht sie nie den persönlichen Kontakt zu Freud. Sie übt auch inhaltliche Kritik an dessen Lehre. Denn sie, die »Muttertochter«, sieht bei Freud die Rolle der Mutter zu wenig gewürdigt und die Weiblichkeit überhaupt missverstanden. Die wachsenden Meinungsunterschiede werden in Kongressvorträgen und Veröffentlichungen ausgetragen, ohne dass Freud, der mit abgefallenen »Söhnen« offener zu streiten pflegt, seine Kontrahentin auch nur beim Namen nennt. Horney hält sich indessen an andere Außenseiter wie den Arzt und Schriftsteller Georg Groddeck (1866–1934), den Urvater der psychosomatischen Medizin.

1932 erkennt sie in dem Angebot, in Chicago ein psychoanalytisches Institut mit aufzubauen, ihre Chance auf einen beruflichen und privaten Neuanfang. Ihre Ehe ist bereits 1926 zerbrochen. In den USA bezieht Karen Horney soziokulturelle Faktoren stärker in die Sicht des Menschen ein. 1939 erscheint ihr Buch »New Ways in Psychoanalysis« (dt. »Neue Wege in der Psychoanalyse«, 1951), und 1941 tritt sie aus der New Yorker Psychoanalytischen Gesellschaft aus. Sie gründet die Association for the Advancement of Psychoanalysis und unterrichtet an der New School for Social Research in New York. In ihrem letzten Lebensjahr weckt eine Japanreise ihr Interesse für den

Zen-Buddhismus. Die »sanfte Rebellin der Psychoanalyse", wie ihr Biograf Jack L. Rubins sie nennt, stirbt 1952 in New York.

Ideen

Wie »sanft« Karen Horney wirklich gewesen ist, mag umstritten bleiben. Fest steht, dass sie in der Frühzeit der Psychoanalyse deren Gründervater Freud als einzige prominente Kollegin mit abweichenden Theorien die Stirn geboten hat – noch dazu mit solchen, die zwar in feministischen Kreisen nicht nur für Begeisterung gesorgt haben, aber dort gleichwohl immer noch diskutiert werden.

Karen Horney hat sich bis zuletzt als Psychoanalytikerin verstanden, sie wird den Neopsychoanalytikern zugerechnet. Das bedeutet: Sie hält an Freuds Lehre vom Unbewussten und von der Herleitung psychischer Probleme aus ungenügend verarbeiteten Konflikten fest, ebenso daran, dass Träume und Phantasien Symbole für unbewusste Inhalte sind. Auch für sie besitzt die frühe Kindheit ausschlaggebende Bedeutung für die spätere seelische Gesundheit des Menschen. Horney übernimmt aber nicht Freuds Theorien vom Penisneid des Mädchens und vom Ödipuskomplex, und sie interpretiert auch die Libido nicht ausschließlich sexuell.

Am unterschiedlichen Verständnis von Weiblichkeit scheiden sich zunächst die Geister zwischen ihr und Freud. Klarsichtig beschreibt Horney die Freudsche Psychoanalyse als patriarchal geprägtes Lehrgebäude, dessen Aussagen über die Frau verdächtig viel Ähnlichkeit mit Jungenphantasien haben. Das betrifft vor allem die zentrale Rolle des Phallus und den vermeintlichen mädchenhaften Neid auf den Penis – kurz, die Vorstellung von der Frau als »kastriertem« und daher defizitärem Mann. In Wirklichkeit, so Horney, verbirgt sich hinter der Phallozentriertheit des Mannes ein unbewusster Neid auf die Gebärfähigkeit der Frau. Angespornt durch dieses Defizit, hat der Mann im Lauf der Menschheit seine kulturelle Produktivität gesteigert – hier begegnet uns die Freudsche Theorie von der Sublimation wieder. Die Frau aber beherrscht der Mann nun in einer Mischung aus Verehrung und Unterdrückung, woran sich auch die Frauen anpassen. Deshalb verleugnen schon kleine

Mädchen das Wissen um ihre eigenen Geschlechtsorgane, und deshalb neigen so viele Frauen zu masochistischen Verhaltensweisen. Hinter Letzteren, so schlussfolgert Horney, steckt folglich keine biologische Minderwertigkeit, sondern der Einfluss sozialer und kultureller Faktoren.

Wegen Horneys Mutes, der patriarchalen Ausrichtung der Psychoanalyse schon früh entgegenzutreten, ist ihr Ansatz teilweise begeistert aufgenommen worden. Feministische Kritikerinnen werfen ihr allerdings vor, mit ihrer Argumentation eben doch wieder einem Biologismus Vorschub zu leisten, einer Festschreibung der Frau auf ihre vermeintliche »wahre« natürliche Weiblichkeit.

Nach ihrer Emigration in die USA betont Horney, nicht zuletzt durch den Austausch mit Erich Fromm (s. Kap. 15), stärker die Rolle der sozialen und kulturellen Faktoren für die Prägung eines Menschen. Auch diesen Ansatz teilt sie mit anderen Neopsychoanalytikern wie etwa dem amerikanischen Psychiater Harry Stack Sullivan (1892–1949). Dessen so genannte Interpersonale Theorie erklärt die Entwicklung der Persönlichkeit durch dauerhafte Muster von immer wiederkehrenden zwischenmenschlichen Situationen.

Karen Horney sieht das Streben nach Geborgenheit als zentrale Triebkraft an, die ebenso stark ist wie das Streben nach Befriedigung. In der Familie muss das Kind Sicherheit und Vertrauen statt Unsicherheit und Angst erwerben, denn diese frühe Grundausrichtung ist später nur schwer zu korrigieren. Neurosen entstehen nach Horney dadurch, dass eine früh erworbene Grundangst abgewehrt werden muss. Dies geschieht ebenso innerpsychisch wie nach außen, im Umgang mit anderen Menschen. Normale Bedürfnisse nach Liebe und Anerkennung, aber auch nach Macht und Leistung äußern sich, wenn sie neurotisch überformt sind, durch fehlangepasstes Verhalten: zum Beispiel durch übermäßige Folgsamkeit oder, im Gegenteil, durch aggressive Selbstüberhebung. Was normal ist, hängt jedoch immer auch von den jeweiligen kulturellen Maßstäben ab.

Im tiefenpsychologischen Gespräch soll der Patient den Hintergrund seiner neurotischen Verhaltensweisen erkennen, damit die dahinter stehende Angst ihre Macht verliert. Mit dem Gedanken, dass der Patient in der Therapie Freude an der eigenen

Selbstverwirklichung gewinnen soll, steht Karen Horney, die frühe Opponentin Sigmund Freuds, auch der Humanistischen Psychologie nahe.

Seitenblick: Karen Horneys älteste Tochter war Brigitte Horney (1911–1988). Sie nahm schon früh Schauspielunterricht und lernte Ausdruckstanz bei der legendären Mary Wigman (1886–1973). Sie war im Theater ebenso zu sehen wie in zahlreichen Ufa-Filmen und, seit Ende der 1960er-Jahre, auch im Fernsehen. Mit ihrem herben Äußeren, ihrer Damenhaftigkeit und Nonchalance verkörperte Brigitte Horney viele ehrgeizige, selbstbewusste Frauengestalten.

12 Die Theorie vom »gehemmten Menschen«

Harald Schultz-Hencke

Die Isolierung der deutschen Psychoanalyse während der Zeit des Nationalsozialismus hat das Werk des Berliner Arztes und Psychoanalytikers Harald Schultz-Hencke geprägt. Seine Neoanalyse stellt eine ähnliche Weiterentwicklung der Freudschen Lehre dar wie die zeitgleich in den USA entstandenen neopsychoanalytischen Ansätze.

Weg

Harald Schultz-Hencke wird 1892 in Berlin geboren. Seine Mutter soll eine nichteheliche Tochter des englischen Königs Edward VII. gewesen sein. Von ihr, einer der ersten Handschriftendeuterinnen Berlins, wird sein psychologisches Interesse geweckt. Schultz-Hencke begeistert sich jedoch auch für Naturwissenschaften: Sein Urgroßvater hatte einst die Planetoiden Astraea und Hebe entdeckt.

Schultz-Hencke studiert Medizin, Philosophie und Psychiatrie in Freiburg. 1922 beginnt er seine Lehranalyse am Berliner Psychoanalytischen Institut, hier arbeitet er später auch als Dozent. Nach der Machtergreifung durch die Nationalsozialisten werden die vielen jüdischen Protagonisten der Psychoanalyse in Deutschland in die Emigration gezwungen beziehungsweise ermordet. Die wenigen nichtjüdischen Vertreter betreiben mehr oder weniger freiwillig eine Selbstgleichschaltung. 1934 gehört Harald Schultz-Hencke zu den Begründern der Deutschen Allgemeinen Ärztlichen Gesellschaft für Psychotherapie. Sie steht unter Leitung von Matthias Heinrich Göring, einem entfernten Verwandten des Reichsmarschalls, ebenso wie das »Deutsche Institut für psychologische Forschung und Psychotherapie«, in dem 1936 alle therapeutischen Richtungen gleichgeschaltet werden. Zum Nationalsozialismus hält Schultz-Hencke gleichwohl politisch Distanz. Nach Zeugenberichten sagt er Matthias Heinrich Göring während einer Sitzung, er sei kein Nationalsozialist und werde nie einer sein. 1942/43 ist er als Oberarzt im Lazarett tätig.

Harald Schultz-Hencke, der schon früh abweichende Standpunkte zu Sigmund Freuds Lehre (s. Kap. 7) eingenommen hatte, formuliert in der wissenschaftlichen Isolation während des Nationalsozialismus seine Richtung der Neoanalyse aus. Die in den USA sich herausbildenden neopsychoanalytischen Theorien, wie sie etwa von Karen Horney (s. Kap. 11) vertreten werden, kann er erst nach Kriegsende zur Kenntnis nehmen. Dann enttäuschen die inhaltlichen Unterschiede zu seinem Ansatz jede Hoffnung auf einen Zusammenschluss innerhalb der Internationalen Psychoanalytischen Vereinigung. Ohnehin haben die Neopsychoanalytiker keine eigene Schule gebildet.

Innerhalb der wiedergegründeten Deutschen Psychoanalytischen Gesellschaft (DPG) kommt es um 1950 zur Spaltung zwischen den Neoanalytikern und einer »orthodoxen« Richtung, welche die inhaltliche Rückkehr zu Freud verficht. Die Freudianer werden als deutsche Zweiggesellschaft der Internationalen Psychoanalytischen Vereinigung (IVP) anerkannt. Der Flügel um Schultz-Hencke organisiert sich später international mit Gruppen um Erich Fromm und andere Wissenschaftler.

In Berlin baut Schultz-Hencke das von ihm nach Kriegsende mitbegründete Zentralinstitut für psychogene Erkrankungen der Versicherungsanstalt Berlin zu einer Lehr-, Forschungs- und Therapiestätte aus. Auf eine Professur an der Humboldt-Universität verzichtet er, weil er dafür in den Ostteil der Stadt übersiedeln müsste. Er stirbt, erst 60-jährig, 1953 in Berlin.

TIEFENPSYCHOLOGISCHE ANSÄTZE

IDEEN

Das 1940 erschienene Hauptwerk von Harald Schultz-Hencke trägt den Titel »Der gehemmte Mensch«. Sein Autor sieht, anders als Sigmund Freud, den Ursprung der Neurose nicht darin, dass Triebwünsche abgewehrt werden, etwa in der Verdrängung. Nach Schultz-Hencke entsteht eine Neurose, wenn eine von drei grundlegenden menschlichen Bestrebungen gehemmt wird. Er bestreitet die Freudsche Vorherrschaft des Sexualtriebes und stellt dem »Liebesstreben«, wie er es nennt, zwei andere Bedürfnisse zur Seite: das Besitz- und das Geltungsstreben. Die drei Bedürfnisse unterteilt er in sechs weitere Antriebe, deren Reihenfolge in etwa parallel zur Freudschen Phasenlehre verläuft.

Je nachdem, in welcher frühkindlichen Phase die Hemmung einsetzt, nimmt die Neurose unterschiedliche Gestalt an. Während jedoch Freud die Abwehr als innerpsychischen Vorgang begreift, versteht Schultz-Hencke die Hemmung als Folge einer zu harten oder zu verwöhnenden Erziehung. Folglich spielen für ihn »äußere« erzieherische und sozialpsychologische Faktoren eine größere Rolle bei der Persönlichkeitsentwicklung. Diesen Ansatz teilt er mit anderen Vertretern der Neopsychoanalyse wie etwa Karen Horney.

Die Traumdeutung nimmt einen wichtigen Stellenwert bei Schultz-Hencke ein. Im Traum zeigt sich für ihn das, was durch die Hemmung unterdrückt worden ist. Er gebraucht in seinem Buch von 1940 sogar Freuds Bild vom Traum als dem Königsweg zum Unbewussten.

Mit dem Konzept des Geltungsstrebens greift Harald Schultz-Hencke Gedanken Alfred Adlers (s. Kap. 8) wieder auf. Überhaupt versteht er seine Lehre als »Amalgamisierung« der drei großen tiefenpsychologischen Systeme von Freud, Adler und C. G. Jung (s. Kap. 9). Seinen eigenen, originären Beitrag dazu hat er als gering bewertet – was natürlich eine Untertreibung war.

Anekdote: Harald Schultz-Hencke muss nach übereinstimmenden Berichten ein brillanter Dozent gewesen sein. Als wissenschaftlicher Autor war er wegen seines umständlichen Stils allerdings weniger beliebt. Der Jungianer Gustav-Richard Heyer (1890–1967) sagte einmal:

»Lieber eine Schachtel Schwefelhölzer fressen als zehn Seiten Schultz-Hencke lesen!«

13 Mehr als nur Vaters Tochter

ANNA FREUD

Nicht nur als Nachfolgerin ihres Vaters ist Anna Freud eine der wichtigsten Gestalten in der zweiten Psychoanalytiker-Generation. Die Pädagogin und Mitbegründerin der Kinderpsychoanalyse sah deren Aufgabe darin, ins Stocken geratene oder fehllaufende Entwicklungsprozesse behutsam wieder in Gang zu bringen.

WEG

Anna Freud wird 1895 als sechstes und jüngstes Kind von Martha und Sigmund Freud in Wien geboren. Mit 15 Jahren legt sie eine glänzende Matura ab. Sie wird zur Lehrerin ausgebildet und unterrichtet bis 1920 an ihrer einstigen Schule. Schon früh interessiert sie sich für die Psychoanalyse (s. Kap. 7). 1918–1921 und 1924 wird sie von ihrem eigenen Vater analysiert. Selbst wenn damals die Ausbildungsbedingungen für Analytiker noch nicht so eindeutig geregelt sind wie heute, ist dies ungewöhnlich. Geht es in einer Analyse doch immer auch um ungelöste Konflikte, die sich aus der frühkindlichen Elternbeziehung ergeben: aus der begehrenden Liebe zum gegengeschlechtlichen Elternteil und der daraus erwachsenden Mischung von Liebe und Hass gegenüber dem gleichgeschlechtlichen Elternteil.

Dass Freud selbst sich der Problematik bewusst gewesen ist, wird in manchen seiner Briefe deutlich. Einerseits freut er sich, in Anna eine »Cordelia« gefunden zu haben: eine Tochter, die ihm treu ist wie die jüngste Tochter des Shakespeareschen Königs Lear ihrem Vater. Andererseits erkennt er natürlich den Preis, der mit dieser engen Bindung an den Vater verbunden ist. Tatsächlich wird Anna Freud niemals heiraten, sondern 1928 mit ihrer amerikanischen Freundin Dorothy Burlingham, einer allein erziehenden Mutter von vier Kindern, eine platonische

Lebens- und Arbeitsgemeinschaft eingehen, die bis zum Tod Burlinghams 1979 andauert.

Ab 1918 nimmt Anna Freud an den Sitzungen der Wiener Psychoanalytischen Gesellschaft teil, in die sie 1922 offiziell aufgenommen wird. Ein Jahr später eröffnet sie in der elterlichen Wohnung in der Berggasse eine eigene psychoanalytische Praxis. Ihr besonderes Arbeitsfeld ist die Kinderpsychoanalyse und Pädagogik, wozu sie mehrere Schriften verfasst, darunter 1927 die »Einführung in die Technik der Kinderanalyse«. Sie gründet das Lehrinstitut der Wiener Psychoanalytischen Vereinigung und engagiert sich in der Internationalen Psychoanalytischen Vereinigung, deren Vorstand sie bis 1949 angehört. Besonders nach Freuds Krebserkrankung 1923 wird sie zur wichtigsten Mitarbeiterin ihres Vaters. Für Freud ist sie nun »die treue Anna-Antigone« – nach jener Frauengestalt der griechischen Mythologie, die ihren erblindeten Vater Ödipus in selbstloser Liebe ins Exil begleitet.

1936 erscheint, als Festgabe zu Sigmund Freuds 80. Geburtstag, ihr Buch »Das Ich und die Abwehrmechanismen«. Zwei Jahre später emigriert Anna Freud mit der Familie und Dorothy Burlingham aus dem nationalsozialistisch besetzten Österreich, nachdem sie selbst kurzzeitig von der Gestapo gefangen genommen und verhört worden ist. In London arbeitet sie fortan als Lehranalytikerin und gibt nach dem Tod ihres Vaters 1939 dessen Gesammelte Werke heraus. Gemeinsam mit Burlingham eröffnet sie 1941 ein Kriegskinderheim, das ab 1952 zu einer psychosomatischen Kinderklinik mit Mütterberatungsstätte und einem Ausbildungsinstitut für Kinderpsychoanalytiker ausgebaut wird. Hier forscht und lehrt sie bis ins hohe Alter. 1982 stirbt Anna Freud in London.

IDEEN

Anna Freud ist zum einen als inhaltliche Sachwalterin und Nachfolgerin Sigmund Freuds bedeutsam. Hierfür steht vor allem ihr Buch »Das Ich und die Abwehrmechanismen« von 1936, das manche Forscher als ihr Hauptwerk bezeichnen. Sie legt darin eine Systematik der verschiedenen Spielarten vor, mit denen das Ich den Triebforderungen des Es begegnet, um

ANNA FREUD

nicht mit den Forderungen des Über-Ichs in Konflikt zu geraten. Die bekanntesten Formen dieser so genannten Abwehr sind die Verdrängung und die Sublimation (s. Kap. 7). Anna Freud zeigt, wie die verschiedenen Abwehrmechanismen einander – je nach aktuellem Lebensthema – im Lauf der menschlichen Entwicklung ablösen und wie sich auf diese Weise das Ich als etwas Konstantes herausbildet, das sich dennoch ständig wandelt.

Ihre entwicklungspsychologischen Erkenntnisse integriert Anna Freud in die Kinderpsychoanalyse, als deren Begründerin sie, neben Melanie Klein (s. Kap. 10), anzusehen ist. Wie Melanie Klein arbeitet Anna Freud, die ausgebildete Pädagogin, direkt mit Kindern, anstatt sich wie ihr Vater auf Berichte und Erinnerungen zu stützen. Und wie die Kollegin sieht auch sie im gemeinsamen Spielen und Basteln den therapeutischen Zugangsweg zum Kind.

Anders als Klein begreift Freud jedoch kindliche Verhaltensstörungen nicht als Ausdruck des unumgänglichen Konfliktes zwischen frühkindlicher Zerstörungswut und dem strafenden Über-Ich. Für Anna Freud signalisieren solche Störungen vielmehr, dass der normale kindliche Reifungsprozess fehlläuft oder ins Stocken geraten ist. Ihn gilt es mittels der Psychoanalyse wieder in Gang zu bringen, und zwar behutsam: Während Klein im Spiel die direkten Äußerungen des Unbewussten sucht und anspricht, arbeitet Freud mehr mit den bewussten Wahrnehmungen ihrer kleinen Patienten und kombiniert erzieherische mit analytischen Vorgehensweisen. Das bedeutet aber auch, dass beispielsweise obszöne Äußerungen, die aus analytischer Sicht Arbeitsmaterial darstellen, aus erzieherischer Sicht kritisch bewertet werden müssen. Tatsächlich ist Anna Freuds Arbeitsweise nach Aussage einstiger Patienten sehr auf die Sublimierung ausgerichtet und damit in gewisser Weise puritanisch gewesen. Sie selbst kritisiert umgekehrt die sehr viel radikalere psychoanalytische Deutung kindlicher Äußerungen bei Melanie Klein.

Die Unterschiede zwischen Freud und Klein haben die Britische Psychoanalytische Gesellschaft gespalten. Jedoch ist es, anders als zwischen Sigmund Freud und dessen »abtrünnigen« Weggefährten, nie zum offenen Bruch zwischen den Frauen gekommen.

Anekdote: Wie sehr Sigmund Freud trotz seiner Sorgen um ein erfülltes Leben für Anna an der Lieblingstochter festgehalten hat, illustriert ein Briefwechsel mit seinem späteren Biografen Ernest Jones (1879–1958). Der Pionier der Psychoanalyse in England schien sich für die 17 Jahre jüngere Anna zu interessieren. Anlässlich eines Englandbesuchs von Anna im Sommer 1914 warnte Freud nicht nur die damals 18-Jährige eindringlich vor einer Verbindung mit Jones, sondern schrieb auch an diesen selbst einen Brief. Darin sprach er seiner Tochter für den damaligen Zeitpunkt jegliches sexuelle Verlangen und jedes Interesse an Männern ab. Jones verstand und zog sich zurück, nicht ohne in seiner Antwort an Freud – überaus höflich und eingepackt in ein Kompliment – auf das Problematische einer solch engen Vaterbindung anzuspielen.

14 Bioenergie und Charakterpanzer
Wilhelm Reich

Mit seiner programmatischen Verknüpfung von sexueller Befreiung und sozialistischer Revolution gilt Wilhelm Reich als Außenseiter der Psychoanalyse. Doch seine Erkenntnisse zu den körperlichen Erscheinungsformen der Neurose haben wesentlich zur Begründung der Körpertherapie beigetragen.

Weg

Wilhelm Reich wird als Sohn einer jüdischen Familie 1897 in Dobrzynika in der heutigen Ukraine geboren. Der Selbstmord der Mutter überschattet seine Jugend. Nach dem Ersten Weltkrieg, in dem man ihn zum Militär einzieht, studiert er Medizin in Wien, wo er noch als Student 1920 in die Psychoanalytische Gesellschaft aufgenommen wird. Schnell gilt der 1922 Promovierte als einer der begabtesten, aber auch eigenwilligsten Schüler Sigmund Freuds. Anders als sein Lehrer ergänzt Reich die psychoanalytische Erklärung seelischer Leiden durch politische Rückschlüsse: Er versteht die Neurose als Resultat einer bürgerlichen Zwangsmoral, einer »gesellschaftlichen Sexualunordnung«, engagiert sich folgerichtig in der Sexualaufklärung für Arbeiter und Angestellte und tritt der KPD bei.

1930 wechselt Reich nach Berlin, wo er den Deutschen Reichsverband für proletarische Sexualpolitik (Sexpol) gründet. 1933 wird er aus der KPD und 1934 aus der Psychoanalytischen Gesellschaft ausgeschlossen – in beiden Organisationen gilt er mittlerweile als untragbarer Abweichler. Noch im selben Jahr verlässt er Nazi-Deutschland. Nach Zwischenstationen lässt er sich in den USA nieder. Seit seiner Emigration ist er eng mit dem englischen Pädagogen Alexander S. Neill (1883–1973) befreundet, dem Gründer des antiautoritären Internats in Summerhill.

Ab 1939 lehrt Reich an der New School for Social Research in New York, 1942 geht er nach Maine. Seine Theorien und Aktivitäten werden nun zunehmend merkwürdig. Er richtet ein Labor und ein Observatorium ein und versucht das von ihm entdeckte »Orgon« – eine kosmische Lebensenergie – durch einen selbst konstruierten Akkumulator für therapeutische Zwecke zu speichern. Einem staatlichen Verbot, mit dem Akkumulator Handel zu treiben, widersetzt er sich, er wird daraufhin verhaftet und 1956 zu zwei Jahren Gefängnis verurteilt. 1957 stirbt Wilhelm Reich im Gefängnis in Lewisburg, Pennsylvania. Seine Bücher werden verbrannt, seine Geräte zerstört.

IDEEN

Wilhelm Reich setzt bei Freuds Triebtheorie (s. Kap. 7) an. Nach seinem eigenen Verständnis hat er diese Theorie überhaupt erst konsequent zu Ende gedacht. Freud zufolge entsteht die Neurose, wenn – im erweiterten Sinn sexuelle – Triebe nicht befriedigt, sondern abgewehrt werden, was bedeutet, dass die entsprechende Energie, die Libido, nicht fließen kann.

Für Reich geht nun diese Sexualverdrängung als gesellschaftliche Fehlentwicklung mit der Bildung von Privateigentum und Klassen einher. Sie ist demnach nicht etwa die Bedingung für kulturelle und wissenschaftliche Arbeit, wie Freud es in seiner Theorie von der Sublimierung sagt, sondern für die Entfremdung dieser Arbeit im Rahmen einer ungerechten Gesellschaftsordnung. Hier besteht ein wesentlicher Unterschied zu Freud, der die Sublimierung ganz unabhängig von gesellschaftlichen

Tiefenpsychologische Ansätze

Verhältnissen als konstruktive, nichtsexuelle Verarbeitung der Triebenergie begreift.

Das Kriterium für eine gelungene Triebabfuhr, also für die psychische Gesundheit des Menschen, sieht Reich nun in der so genannten Orgastischen Potenz. Der Begriff meint nicht einfach, einen Orgasmus haben zu können, auch wenn das Reich oft unterstellt worden ist. Er steht vielmehr allgemein für die Fähigkeit, sich ganz gehen zu lassen, sich den Strömungen der biologischen Energie (Bioenergie) hingeben zu können – was durch die unwillkürlichen muskulären Kontraktionen und die anschließende Entspannung des Orgasmus beschrieben wird.

Das Gegenteil der Orgastischen Potenz, so Reich, sind Angst und innere Verkrampfung, also die Unfähigkeit zur vollständigen Energieabfuhr. »Charakterpanzer« nennt er die neurotischen Symptome der Orgastischen Impotenz, die er auf repressive Erziehung zurückführt. In seiner »Charakteranalyse« von 1933 unterscheidet er dabei sechs verschiedene Haupttypen. Später verortet er die neurotische Störung auch körperlich: in muskulären Verspannungen und Verhärtungen, die sich zum Beispiel in flacher Atmung äußern. Massagen und Körperarbeit bilden daher einen wichtigen Bestandteil der Therapie nach Reich.

»Vegetotherapie« nennt er selbst diese Heilmethode. Sie soll Blockaden beseitigen und die vegetative Lebensenergie wieder zum Fließen bringen. Dabei steigen nahezu automatisch die Gefühle und Erinnerungen auf, die mit der Entstehungssituation der Neurose verbunden sind. Mit diesem Ansatz gehört Reich zu den Verfechtern der psychosomatischen Medizin.

In seiner späteren, nahezu sektiererischen Phase begreift Reich die Lebensenergie als eine Art physikalischer Naturkraft, die er »Orgon« nennt und in allem Lebendigen wirken sieht. Mit Hilfe seines Orgon-Akkumulators versucht er sie für therapeutische Zwecke zu speichern, was ihm die erwähnte gerichtliche Verurteilung einträgt. Deshalb und wegen mancher bizarrer Ideen und Experimente, etwa zur Wetterbeeinflussung und zu angeblichen außerirdischen Phänomenen, gilt er allgemein als obskurer Außenseiter der Psychoanalyse, seine späten Ansichten teilen bis heute nur wenige eingefleischte Reichianer. Doch wird ihm eine pauschale Ausgrenzung nicht gerecht. Denn manche frühen Aspekte seiner Theorien, etwa die zum »Charakterpanzer«, sind in die Psychotherapie eingegangen, weshalb Wilhelm Reich zu den Begründern der körperorientierten Behandlungsformen zu rechnen ist. Eine kurzzeitige Renaissance hat seine programmatische Verknüpfung von sexueller Befreiung und sozialistischer Revolution in der Studentenbewegung der 68er-Jahre erfahren.

Ausblick: Auf Reichs Ideen baut vor allem der 1910 geborene Alexander Lowen auf. 1940 lernte er, damals noch Rechtsanwalt, Reich in New York kennen. Zwölf Jahre lang arbeiteten die beiden gemeinsam, Lowen machte eine Lehranalyse bei Reich und studierte zwischenzeitlich Medizin in Genf. Er fügte zu Reichs sechs Charaktertypen zwei weitere hinzu und entwickelte auf der Grundlage von dessen Vegetotherapie die Bioenergetik. Therapeuten, die bioenergetisch arbeiten, schenken der Haltung und den Signalen des Körpers mindestens ebenso viel Aufmerksamkeit wie den Worten. Durch Berührungen und in zahlreichen Übungen zur Körperhaltung, aber auch zur Atmung, werden Spannungen gelöst und abgewehrte Gefühle bewusst gemacht. So können die zugrunde liegenden Konflikte bearbeitet und bewältigt werden.

Anekdote: Zu Freuds 70. Geburtstag überreichte Wilhelm Reich dem verehrten Lehrer sein Manuskript »Die Funktion des Orgasmus«. Freuds erste Reaktion lautete: »So dick?« Nach genauer Betrachtung fand er das Werk zwei Monate später dann aber doch »wertvoll«.

15 PROTEST EINES HUMANISTEN
ERICH FROMM

Als Soziologe und Psychoanalytiker forschte Erich Fromm nach den Verbindungen zwischen Gesellschaft und Psyche, nach den krank machenden ebenso wie nach den förderlichen. Seine Analyse des Habens und des Seins hat ihn zum Vordenker der Friedens- und Umweltschutzbewegung gemacht.

WEG

Erich Fromm wird im Jahr 1900 als Kind strenggläubiger jüdischer Eltern in Frankfurt am Main geboren. Er will ursprünglich Schriftgelehrter werden, kommt aber während seines Studiums der Soziologie, Psychologie und Philosophie in Heidelberg mit der Psychoanalyse in Kontakt, was seine Pläne ändert: Nach der Promotion im Fach Soziologie absolviert er eine Lehranalyse in Berlin.

Ab 1930 arbeitet Fromm am neu gegründeten Frankfurter Institut für Sozialforschung. Die hier betriebene Kritische Theorie der so genannten Frankfurter Schule untersucht die Entfremdung des Einzelnen in einer von Ökonomie, Technik und Verwaltung beherrschten Welt. Auf den Grundlagen von Psychoanalyse und Marxismus forscht man nach den Bedingungen einer gerechteren Gesellschaft, in welcher der Mensch nicht auf seinen materiellen Wert als Arbeitskraft und Konsument reduziert wird. Als Psychoanalytiker hat Fromm maßgeblichen Anteil am Zustandekommen der Kritischen Theorie.

Nach der Machtergreifung durch die Nationalsozialisten emigriert er 1933 in die USA, ebenso wie die anderen Mitbegründer des Frankfurter Instituts, das in Deutschland erst 1950 wieder neu gegründet werden wird. Ende der 1930er-Jahre trennt Fromm sich vom Institut, 1949 siedelt er nach Mexiko-City über, wo er bis zu seiner Emeritierung 1965 eine Professur innehat. Lehraufträge führen ihn regelmäßig in die USA und andere Staaten. Zeitweise existiert eine enge Verbindung zu Neopsychoanalytikern wie Karen Horney (s. Kap. 11). Auch der Humanistischen Psychologie steht er inhaltlich nahe. Er ist zudem Mitbegründer der wichtigsten amerikanischen Friedensbewegung »SANE«, die für eine Beendigung des atomaren Wettrüstens und des Vietnamkriegs kämpft.

Wenngleich er kein Schriftgelehrter geworden ist, bleibt Erich Fromm dem Buch doch lebenslang verbunden: Er verfasst rund 20 eigene Werke, die teilweise mehrfache Millionenauflagen erreichen und in viele Sprachen übersetzt werden. Bestseller sind vor allem das 1956 erschienene »The Art of Loving« (dt. »Die Kunst des Liebens«, 1956) und 1976 »To Have or to Be?« (dt. »Haben oder Sein«, 1976). Seinen Lebensabend verbringt

Fromm in Locarno, wo er 1980 stirbt. Posthum wird ihm 1981 die Goethe-Plakette seiner Geburtsstadt Frankfurt am Main verliehen.

IDEEN

Erich Fromm versteht sich zeitlebens als Psychoanalytiker, wenn auch nicht als orthodoxer Freudianer. Wie Sigmund Freud (s. Kap. 7) sieht er den Menschen von Wünschen getrieben, allerdings nicht von libidinös-sexuellen. Er erkennt stattdessen das Bedürfnis nach Beziehung zu anderen und zur Welt, nach Verwurzelung, Identität und Selbsttranszendenz. Letzteres bedeutet, durch Kreativität die eigenen Grenzen zu erweitern und so die Zufälligkeit und Begrenztheit des Daseins immer wieder zu überwinden. In seiner programmatischen Verknüpfung von Psychologie, Spiritualität und Ethik ist Fromm von den alttestamentlichen Propheten und den jüdischen Gelehrten, aber auch vom christlichen Mystiker Meister Eckehart (um 1260–1327/29) und vom Buddhismus inspiriert.

Obgleich außerdem ein Bewunderer von Karl Marx (1818–1883), wird Fromm niemals zum orthodoxen Marxisten. Er sucht die Erkenntnisse von Marx und von Freud zu verknüpfen, um so die spezifische Situation des Menschen in der modernen Industrie- und Konsumgesellschaft zu verstehen: Die Seele des Einzelnen ist für ihn immer schon geprägt durch die sozioökonomischen Verhältnisse und durch die hiervon diktierten, in der Erziehung vermittelten Werte und Normen – samt der daraus erwachsenden Störungen, die ebenfalls bereits in der Familie weitergegeben werden. Gesellschafts-Charakter nennt Fromm diese verinnerlichten Prägungsmuster. Er unterscheidet zwischen fördernden und hemmenden, produktiven und nicht-produktiven Orientierungen des Gesellschafts-Charakters. Berühmt geworden und nach wie vor aktuell ist seine Beschreibung des modernen entfremdeten Marketing-Charakters in »Haben oder Sein«: ein Mensch, der sich selbst, entsprechend dem Konsumdenken, nur noch durch seinen Tauschwert definiert und dementsprechend rein verstandesmäßig, je nach Bedarf und Befehl, »funktioniert«, ohne wirkliche Gefühle und eine eigene Identität auszubilden.

Tiefenpsychologische Ansätze

Wie aber können nun die seelischen Grundlagen einer neuen, gesünderen Gesellschaft aussehen, in der die oben genannten menschlichen Bedürfnisse angemessen befriedigt werden? Der entfremdeten Existenzweise des Habens setzt Fromm den produktiven Modus des Seins entgegen, bei dem sich der Mensch nicht durch seinen Besitz und seinen Tauschwert definiert, sondern durch seine Bezogenheit auf andere, durch Interesse, Liebe und Solidarität mit der Umwelt. Nur wenn das Sein Vorrang vor dem Haben bekommt, wird es möglich sein, das Wachstum auf ein gesundes, umweltverträgliches Maß zu regulieren, wissenschaftlich-technische Errungenschaften in den Dienst des Menschen zu stellen statt umgekehrt und ein Leben im Einklang mit sich selbst zu führen. Dass dafür eine neue, kritische Einstellung zum Konsum nötig ist, versteht sich von selbst. Denn unbegrenzter Konsum fördert die unproduktive Haltung des Habens und somit die entfremdete, psychisch zerrüttende Seinsweise als Tauschobjekt auf dem öffentlichen Markt.

Als Sprecher eines von ihm so bezeichneten »humanistischen Protests« wird Erich Fromm zum wichtigen Gewährsmann für die Friedens- und Umweltschutzbewegung der 1980er-Jahre. Seine Gedanken haben, mehr als ein Vierteljahrhundert nach ihrer Formulierung, in Zeiten von Massenarbeitslosigkeit und Hartz IV nichts von ihrer Aktualität verloren.

__Übrigens:__ Erich Fromms Bücherliebe wird bei seinen Reisegepflogenheiten besonders augenfällig: Zu Gastvorlesungen in New York fuhren er und seine Frau stets im Pullman-Zug, auch wenn sie für eine Strecke fünf Tage benötigten. Und immer waren zwei Abteile reserviert – das zweite nutzte Fromm unterwegs als Bibliothek.

16 Unterwegs zur eigenen Identität
Erik H. Erikson

Der Psychoanalytiker und Entwicklungspsychologe Erik Homburger Erikson hat mit seinem Modell der acht Lebensphasen Entscheidendes zum Verständnis der menschlichen

Identitätsfindung beigetragen. Seine Biografien Gandhis und Luthers sind Meisterwerke der psychoanalytischen Literatur.

WEG

Als Erik Erikson 1902 bei Frankfurt am Main geboren wird, haben sich seine Eltern – beide sind Dänen – bereits getrennt. Seine Mutter heiratet später den Karlsruher Kinderarzt Theodor Homburger. Erikson will zunächst Künstler werden, er besucht verschiedene Kunstakademien. Durch einen Freund gelangt er 1927 nach Wien. Hier unterrichtet er Kunst, Werken, Geografie und Geschichte an der Privatschule von Dorothy Burlingham, einer Analysandin von Sigmund Freud (s. Kap. 7) und engen Freundin von dessen Tochter Anna (s. Kap. 13). Er unterzieht sich einer Analyse bei Anna Freud und hört psychoanalytische Vorlesungen.

Nach der Machtergreifung durch die Nationalsozialisten emigriert er mit seiner jungen Familie über Dänemark in die USA. Hier arbeitet Erikson als Kinderanalytiker und wird später trotz eines fehlenden akademischen Grades Professor für Entwicklungspsychologie und für Psychiatrie, zuletzt in Harvard. In den USA entwickelt Erikson sein berühmt gewordenes Stufenmodell der psychosozialen Entwicklung. Er bezieht ethnologische Forschungen mit ein, betreibt etwa Studien zur Kindererziehung in einem Sioux-Reservat. 1950 erscheint sein grundlegendes Buch »Childhood and Society« (dt. »Kindheit und Gesellschaft«, 1956).

Seine Erkenntnisse wendet Erikson auch auf berühmte Persönlichkeiten an: In seiner 1958 erschienenen Biografie »Young Man Luther – A Study in Psychoanalysis and History« (dt. »Der junge Mann Luther«, 1958) zeichnet Erikson mit historischen, soziologischen und psychoanalytischen Methoden die Kindheits- und Jugendkonflikte nach, in deren Bewältigung sich Luthers Persönlichkeit formte. 1969 deutet er in seinem psychoanalytischen Porträt »Gandhi's Truth« (dt. »Gandhis Wahrheit«, 1971), das er unter dem Eindruck einer Indienreise verfasst, Gandhis Konzept des gewaltlosen Widerstandes aus psychoanalytischer Sicht. 1970 erhält er dafür den Pulitzerpreis und den National Book Award.

TIEFENPSYCHOLOGISCHE ANSÄTZE

Erik H. Erikson, einer der bekanntesten Psychoanalytiker der USA, stirbt 1994 in Harwich/Massachusetts.

IDEEN

Erikson gehört zu den so genannten Neopsychoanalytikern. Deren Vertreter bauen auf der Psychoanalyse Sigmund Freuds (s. Kap. 7) auf, entwickeln sie aber jeweils in eigene Richtungen weiter.

Erikson setzt bei Freuds frühkindlicher Phasenlehre an und schreibt sie unter stärkerer Berücksichtigung sozialpsychologischer Faktoren fort. Auch C. G. Jungs (s. Kap. 9) Beschreibung des Individuationsprozesses hat ihn beeinflusst. In der Entwicklung des eigenen Ichs, sagt Erikson, steht der Mensch zwischen den Trieben und den Anforderungen der Umwelt. Daraus ergeben sich, abhängig von der Lebensphase, verschiedene Konflikte und Krisen, die es zu gegebener Zeit zu bewältigen gilt. Im Verlauf dieses Prozesses soll das Ich zu einer Identität finden, die ihm in den Wechselfällen des Lebens Stabilität und Kontinuität garantiert. Unerledigte Konflikte führen hingegen zur Stagnation und zu Problemen in den nachfolgenden Lebensabschnitten.

Erikson unterscheidet folgende Phasen:

0 bis 1,5 Jahre: Durch die erlebte Nähe zu fürsorglichen Personen muss der Säugling ein grundlegendes Gefühl der Sicherheit erwerben: das Urvertrauen. Gelingt dies nicht, begleiten ihn fortan Unsicherheit und Angst.

1,5 bis 3 Jahre: Das Kleinkind lernt laufen und sprechen und seine Ausscheidungen zu kontrollieren. Dabei muss es ein Gefühl der Autonomie und Kompetenz sowie die Gewissheit erwerben, dass es seinen eigenen Körper beherrschen kann. Starke Einschränkungen oder Überforderungen erzeugen in dieser Phase bleibende Scham und Selbstzweifel.

3 bis 6 Jahre: Nun entwickelt das Kind zunehmend aus sich heraus Aktivitäten, es dringt mit allen Sinnen in die Welt vor und erweitert stetig seinen Handlungsspielraum. Wird es darin ermutigt, so erwirbt es sich fürs Leben das Vertrauen in die eigene Initiative und Kreativität. Andernfalls stellen sich Schuldgefühle ein, weil sich das Kind als unerlaubter Eindringling in die Erwachsenenwelt empfindet.

6 Jahre bis Pubertät: Während dieser Jahre – nach Freud die Latenzzeit, in der die sexuellen Triebe ruhen – entwickelt das Kind seine geistigen, sozialen und motorischen Fähigkeiten systematisch weiter. Es erwirbt sich so die Gewissheit, etwas leisten zu können. Misslingt dies, so stellen sich Versagensängste und Minderwertigkeitsgefühle ein.

Adoleszenz: In der Jugend probiert der Mensch viele Rollen aus, er ist verwirrt darüber, wer er eigentlich ist (Identitätsdiffusion). Diese Phase muss damit enden, dass ein in sich stimmiges Selbstbild gefunden wird, eine eigene Identität.

Frühes Erwachsenenalter: In dieser Phase geht der Mensch tiefe Beziehungen zu anderen ein. Nähe und Intimität statt Isolation lautet folglich die Aufgabe.

Mittleres Erwachsenenalter: Nachdem die Grundpfeiler in Partnerschaft und Beruf gesetzt sind, wird sich der Mensch nun auch anderen Zielen zuwenden. Er soll über die eigene Person und die Gegenwart hinaus Verantwortung für Familie und Gesellschaft übernehmen. Erikson prägt für diese Phase den Begriff der Generativität (vom lateinischen generare – erzeugen). Wer jetzt immer noch mit den Konflikten aus früheren Phasen beschäftig ist, droht in seiner Entwicklung zu stagnieren und zum Ich-bezogenen Hedonisten ohne tragfähige Zukunftsperspektive zu werden. Die aber ist notwendig, um die Krise der letzten Lebensphase zu bewältigen.

Seniorenalter: In dieser Phase sollte der Mensch versöhnt auf das eigene Leben blicken und das eigene Muster darin erkennen können. Ich-Integrität lautet hier das Stichwort, weil nun die verschiedenen Lebensthemen trotz mancher Brüche in ein großes Ganzes integriert werden. Gelingt dies nicht, so stellen sich leicht Verzweiflung und ein Gefühl der Sinnlosigkeit ein.

TIEFENPSYCHOLOGISCHE ANSÄTZE

Mit seinem Stufenmodell hat Erik H. Erikson Entscheidendes zum Verständnis der verschiedenen Lebensabschnitte geleistet. Seine Beschreibung der Chancen und Risiken jedes Entwicklungsschrittes macht deutlich, wie wichtig ein guter und reflektierter Umgang mit Kindern und Jugendlichen ist. Eriksons Erkenntnisse über die zweite Lebenshälfte erscheinen in unserer zunehmend älteren Gesellschaft wichtiger denn je.

Übrigens: 1950, während der McCarthy-Ära, schied Erik H. Erikson aus prinzipiellen Gründen aus der Universität von Kalifornien aus: Er weigerte sich, zusätzlich zum Amtseid zu schwören, dass er nicht Mitglied der Kommunistischen Partei sei. Dieser Schwur wurde damals von den Dozenten verlangt. Er sei zwar kein Kommunist, so Erikson, könne jedoch derlei Unterwerfungsriten nicht hinnehmen.

17 DER »GLANZ IM AUGE DER MUTTER«
HEINZ KOHUT

Mit seiner Neuinterpretation des Narzissmus hat Heinz Kohut eine eigene psychoanalytische Richtung begründet: die Selbstpsychologie. Er sah sich jedoch stets in der Tradition Sigmund Freuds. Dass dessen orthodoxe Schüler ihn zuletzt schnitten, hat er nie verwunden.

WEG

Heinz Kohut wird 1913 in Wien geboren. Nach einer musisch geprägten Kindheit studiert er Medizin. Er beginnt eine Analyse bei August Aichhorn (1878–1949), einem Wiener Heilpädagogen, der die Verbindung zwischen Psychoanalyse und Pädagogik fördert. Nach der Annektion Österreichs durch die Deutschen 1938 beendet Kohut schnellstens sein Medizinstudium, bevor ihn die Nazis als jüdischen Studenten von der Universität weisen. Dann emigriert er über England in die USA, nach Chicago.

Hier kommt er von der Neurologie über die Psychiatrie zur Psychoanalyse. Er wird Dozent und Lehranalytiker und schließlich, ab den 1960er-Jahren, Vizepräsident der Internationalen Psychoanalytischen Vereinigung. Seine Theorien zur Selbstpsychologie, die er in den 1960er- und 1970er-Jahren entwickelt, versteht er selbst als Erweiterung, nicht als Widerspruch zu den Lehren Sigmund Freuds (s. Kap. 7). Sie führen jedoch zunehmend dazu, dass »Mr. Psychoanalyse«, wie er zuvor scherzhaft genannt worden ist, in eine verbandspolitische Außenseiterposition gerät.

Andererseits faszinieren seine Gedanken so viele Kollegen in aller Welt, dass die ab 1978 jährlich stattfindenden Konferenzen zur Selbstpsychologie schnell mehr als 1000 Teilnehmer anziehen. Kohuts Werke werden in viele Sprachen übersetzt. Gleichwohl sieht er sich selbst nicht als Begründer einer neuen Schule. Dass einstige Freunde und berufliche Weggefährten ihn wegen der inhaltlichen Differenzen ignorieren, trifft ihn trotz aller internationalen Anerkennung tief. 1981 stirbt Heinz Kohut in Chicago.

IDEEN

1971 veröffentlicht Kohut sein erstes Buch »The Analysis of the Self« (dt. »Narzissmus«, 1973). Sechs Jahre später erscheint »The Restoration of the Self« (dt. »Die Heilung des Selbst«, 1979). Die Titelbegriffe führen mitten hinein in seine Gedanken. Denn durch die Erforschung des Narzissmus ist Kohut zu seiner Selbstpsychologie gelangt.

Die entsprechende Theorie findet sich bereits bei Freud. Der Begriff ist von einer Figur aus der griechischen Mythologie abgeleitet: Weil der Jüngling Narkissos die Liebe der Nymphe Echo verschmäht, muss er sich zur Strafe in sein eigenes Spiegelbild verlieben, als er sich durstig über eine Quelle beugt. Unfähig, sich fortzurühren, bleibt er bei der Quelle und verschmachtet. Die Narzisse trägt bis heute seinen Namen.

Freud hat seine Narzissmustheorie 1914 formuliert, also bevor er sein berühmtes Drei-Instanzen-Modell von Es, Ich und Über-Ich entwickelte. Das trägt dazu bei, dass sein Narzissmus-Konzept nach Meinung mancher Forscher vielschichtig und teilweise geradezu widersprüchlich erscheint. Grob gesagt, hält Freud eine narzisstische Phase für eine normale Entwicklungsstufe in der frühesten Kindheit: In dieser Zeit richtet das Klein-kind seine Libido auf sich selbst statt auf äußere »Objekte« (ge-meint sind Bezugspersonen). Dies ist der primäre Narzissmus. Beim sekundären Narzissmus hingegen zieht das Ich, etwa in einer Krisensituation, die Libido von den Objekten ab und zu-rück auf sich selbst, es fällt also auf eine eigentlich überholte Entwicklungsstufe zurück.

Kohut teilt nun die Auffassung, dass es sich bei einer narziss-tischen Störung um einen psychischen »Rückfall« handele. Er hinterfragt Freuds Erklärung des Narzissmus im Rahmen des Triebkonzepts auch nicht grundsätzlich, stellt aber eine zweite, gleichberechtigte Theorie daneben, die den Narzissmus ganz anders erklärt. Kohut misst dem Phänomen an sich nämlich ei-nen sehr wichtigen Stellenwert bei der seelischen Entwicklung des Menschen zu. Er widerspricht hier bewusst dem abendlän-dischen Wertesystem, das den Altruismus hoch schätzt und al-les Interesse an der eigenen Person als Egoismus verurteilt. Eine narzisstische Störung, so sagt er, kann überhaupt erst entstehen, wenn in der frühen Kindheit der gesunde Narzissmus behin-dert worden ist. Und den beschreibt Kohut nun ganz anders als Freud: nicht als libidinöse Selbstliebe, sondern, etwas verkürzt gesagt, als Selbstwerdung durch die Erfahrung, angesprochen und angenommen zu werden.

Hier fällt der zweite wichtige Begriff bei Kohut: der des Selbst. Das Selbst ist die Instanz, durch die sich der Mensch als erlebend und handelnd erfährt, als in sich zusammenhängendes (kohärentes) und von der Außenwelt unterschiedenes Wesen. Das Selbst repräsentiert die eigene Person. Beim Neugeborenen ist es noch nicht ausgebildet, es erlebt sich noch als eins mit der Mutter. Doch schon bald löst sich der Säugling aus der Sicher-heit spendenden Einheit. Jetzt braucht er den liebevollen Blick und die bejahende Ansprache der Mutter, um die Unsicherheit des Getrennt- und Für-sich-Seins zu überwinden und ein eige-nes Selbst aufzubauen. Kohut verwendet in seinem Narzissmus-Buch die bekannt gewordene Metapher vom »Glanz im Auge der Mutter«, der dem Kind als Spiegel für sein noch unsicheres, gerade erst entstehendes und deshalb nach Bestätigung suchen-des Selbst dient. Das, so sagt Kohut, ist nicht nur gesunder, son-dern überlebensnotwendiger Narzissmus.

86

Hat ein Mensch aber aus verschiedenen Gründen in frühester Kindheit dauerhaft keine Selbst-Bestätigung bekommen, so bleibt er an diesem Mangel haften und versucht ihn später auf andere Weise zu stillen. Sein Selbst ist nicht in sich geschlossen, stabil und funktionsfähig, sondern in Fragmente zerlegt. Hier spricht Kohut von einer narzisstischen Störung, die sich darin zeigt, dass der Patient die fehlende Stärkung des Selbst in seiner Umwelt sucht und einfordert. Dem Analytiker kommt daher die Aufgabe zu, bei aller professionellen Distanz empathisch und annehmend mit dem Patienten umzugehen und ihm möglichst zu der Erfahrung zu verhelfen, vom Gegenüber gespiegelt zu werden. Durch diesen Prozess kann das Selbst des Patienten zu jener Geschlossenheit finden, die einst versäumt wurde und die nötig ist, damit ein Mensch ein produktives, sinnerfülltes Leben führen und auch Krisenzeiten ohne inneren »Zerfall« überstehen kann.

Doch natürlich erschöpft sich eine Analyse auch bei Kohut nicht im Verstandenwerden. Ganz wie bei Freud muss das Deuten und Durcharbeiten des seelischen Materials hinzukommen. Warmherzigkeit allein, so hat Kohut einmal gesagt, heilt nicht. Aber sie ist notwendig, um geheilt zu werden.

Seitenblick: Einmal in seinem Leben hat Heinz Kohut Sigmund Freud persönlich gesehen: bei dessen Emigration aus dem nationalsozialistisch besetzten Wien. August Aichhorn erzählte ihm von Freuds bevorstehender Abreise nach Paris. So lief Kohut, damals noch Student, zum Wiener Westbahnhof und sah den alten Mann allein in einem Eisenbahnabteil sitzen. Als der Zug anfuhr, tippte Kohut an seine Mütze. Überrascht erwiderte Freud den Gruß.

18 Das Unbewusste als Sprache
Jacques Lacan

Durch ihn nahm die Psychoanalyse in Frankreich ihren ganz eigenen Weg. Jacques Lacan verknüpfte Freuds Lehre mit sprachwissenschaftlichen Theorien. Für ihn, der beansprucht, ein radikaler Freudianer zu sein, ist das Unbewusste wie eine Sprache strukturiert.

WEG

Der Mann, der in Frankreich die Schriften Sigmund Freuds durch seine Interpretation radikalisiert, stammt aus einer katholischen Familie. Jacques-Marie Émile Lacan wird 1901 in Paris geboren. Er besucht eine Jesuitenschule, studiert nach dem Abschluss Medizin und später Psychiatrie. 1927 beginnt er seine klinische Ausbildung zum Psychiater, 1932 wird er mit einer Arbeit zum Thema Paranoia promoviert.

Lacan ist als Neurologe und Psychiater in verschiedenen Kliniken tätig. In den 1930er-Jahren absolviert er eine Lehranalyse. 1936 erregt er auf dem Internationalen Psychoanalyse-Kongress in Marienbad mit einem Vortrag über das so genannte Spiegelstadium Aufsehen. Darin beschreibt er, wie das Kind zwischen dem sechsten und dem 18. Lebensmonat erstmals im Spiegel ein vollständiges Bild von sich selbst erkennt und was daraus für die psychische Entwicklung folgt. 1938 tritt Lacan der Société Psychanalytique de Paris (SPP) bei. Während der Besetzung Frankreichs durch die Nationalsozialisten arbeitet er an einem Militärkrankenhaus. Nach dem Zweiten Weltkrieg wird er neben seiner wissenschaftlichen und therapeutischen Tätigkeit Lehranalytiker und Supervisor bei der SSP. Zu seinen Analysanden gehören zahlreiche französische Intellektuelle.

Innerhalb der SSP ist Lacan allerdings bald umstritten, weil er in der Praxis zunehmend unkonventionelle Methoden anwendet. Zum Beispiel variiert er die Sitzungsdauer nach eigenen Vorstellungen und bleibt dabei auch mal deutlich unter der vorgeschriebenen Stunde oder Dreiviertelstunde. Auch mit der Internationalen Psychoanalytischen Vereinigung wird es später langwierige Auseinandersetzungen über Lacans Stil geben. 1953 wird Lacan Präsident der SSP, er tritt jedoch wenige Monate später mit mehreren Kollegen aus der Organisation aus und gründet eine eigene Vereinigung, die sich später noch einmal aufspaltet: 1964 ruft Lacan die École Française de Psychanalyse ins Leben, die kurz darauf in École Freudienne de Paris (EFP) umbenannt wird. Die EFP entwickelt sich zur maßgeblichen psychoanalytischen Organisation in Frankreich.

Ebenfalls 1953 findet das erste von Lacans öffentlichen Seminaren über Freud statt. Die Reihe wird 27 Jahre lang vor stetig wachsendem Publikum fortgesetzt. 1966 erscheint eine Sammlung von Lacans wichtigsten Aufsätzen und Vorträgen. Ihr Verfasser selbst ging jedoch davon aus, dass sie kaum lesbar seien. Bis in seine letzten Jahre ist Lacan wissenschaftlich und praktisch tätig. Im Januar 1980 verkündet der Wissenschaftler brieflich und durch eine von ihm unterzeichnete Mitteilung in der Tageszeitung »Le Monde« die Auflösung der EFP und fragt deren Mitglieder, wer mit ihm weiterarbeiten wolle. Er bekommt daraufhin innerhalb einer Woche über tausend Zuschriften und gründet im Februar die Organisation »La Cause Freudienne«. 1981 stirbt Jacques Lacan in Paris.

Ideen

Jacques Lacan verbindet in seinem Ansatz die Psychoanalyse (s. Kap. 7) mit philosophischen und sprachwissenschaftlichen Themenstellungen. Er sieht sich zeitlebens als Freudianer, ja er beansprucht, Freud erst konsequent zu Ende gedacht zu haben.

Als Ausgangspunkt kann der erwähnte Vortrag von 1936 gelten. Er trägt den Titel »Le stade du miroir comme formateur de la fonction du Je« (dt. »Das Spiegelstadium als Bildner der Ichfunktion«). Lacan setzt bei dem Blick in den Spiegel an, der erstmals zwischen dem sechsten und dem 18. Lebensmonat erfolgt. Konnte das Kind bis dahin nur Teile von sich selbst erblicken, so erfährt es sich nun erstmals als vollständig – aber nur im Spiegel, das heißt also, in Gestalt eines anderen. Das Begehren (désir) nach diesem anderen wird zum Grundthema des Ich, das erst durch diese Begegnung im Spiegel entsteht. In der imaginären, also vorgestellten Identifizierung mit dem anderen erfährt das Begehren seine Erfüllung. Doch weil die Identifizierung eben imaginär ist, bleibt letztlich ein Mangel, der das Begehren nach unerreichbarer Einheit begleitet und aufrechterhält. Hier siedelt Lacan auch die Entstehung psychischer Störungen an, als Ausdruck eines missglückten Umgangs mit dem Mangel und dem Begehren.

Das Imaginäre bildet einen von drei Bereichen des Psychischen. Der zweite Bereich ist das Symbolische. Er entsteht durch den Spracherwerb. Wenn das Kind lernt, sich verbal auszudrücken, unterwirft es sich der Sprache, die als Ordnung auf-

TIEFENPSYCHOLOGISCHE ANSÄTZE

einander bezogener Zeichen eine eigene, ursprüngliche Realität bildet. Sie ist die einzige Art von Wirklichkeit, die der Mensch überhaupt erfährt. Er tritt in sie ein, indem er sprechen lernt. Der Sprache können wir nicht entkommen, sie ist nicht etwa nur unser Schlüssel zur Welt, vielmehr besteht daraus unsere innere und äußere Realität. »Das Unbewusste ist wie eine Sprache strukturiert« – diese Aussage gehört zu den bekanntesten von Lacan.

Unter Sprache ist aber mehr zu verstehen als nur der verbale Bereich. Zur Ordnung des Symbolischen gehört auch die Konfrontation mit dem Willen des Anderen. Zuerst mit den Wünschen der Mutter, dann auch mit denen des Vaters – hier begegnen wir dem Freudschen Ödipuskonflikt –, mit Normen, Ordnungen, Hierarchien, kurz, mit dem »Namen« und dem »Gesetz« des »Vaters«.

Den dritten Bereich des Psychischen bildet das Reale. Darunter ist alles zu verstehen, was nicht imaginär und auch nicht sprachlich ist. Hierzu gehören befremdliche Träume und Abgründe der Sexualität, der Gewalt und des Todes, die nicht in die Ordnung des Symbolischen überführt werden können. Das Reale ist sozusagen der unfassbare Grund, der unter der Sprache liegt.

Für sein Verständnis von Sprache greift Lacan auf die so genannte strukturale Linguistik des Sprachwissenschaftlers Ferdinand de Saussure (1857–1913) zurück. De Saussure unterscheidet zwischen den miteinander zu einer Struktur verknüpften sprachlichen Zeichen (Signifikanten) und dem, was diese Zeichen besagen (Signifikate). Für ihn erhalten die Zeichen ihre Bedeutung durch die Beziehungen, die sie innerhalb des sprachlichen Systems zueinander haben. Lacan geht noch weiter: Für ihn ist es prinzipiell unmöglich, die Signifikanten als Vermittler zu den Signifikaten zu nutzen. Wir gelangen nicht durch Worte zu den dahinter liegenden Bedeutungen, sondern wir bleiben an die verbale Ebene gebunden. Die Signifikanten stellen ein in sich geschlossenes System dar, sie bilden die einzig zugängliche Oberfläche des Textes, der Sprache, ja unserer ganzen Wirklichkeit.

Imaginäres, Symbolisches und Reales sieht Lacan in der Psyche ineinander verschlungen wie die drei Ringe des Borromäischen Knotens. Diese Ringe haben ihren Namen von der italienischen Familie der Borromäer, die sie in ihrem Wappen tragen. Borromäische Ringe sind so ineinander verschlungen, dass das Gebilde auseinanderfällt, wenn nur einer von ihnen herausgelöst wird.

Innerhalb der traditionellen Psychoanalyse sind die Meinungen über Jacques Lacan gespalten. Die einen teilen seine Selbsteinschätzung als radikaler Freudianer, die anderen sehen ihn nahezu als Ketzer und Sektierer. Die Wirkung des Franzosen reicht jedoch weit über die eigene Zunft hinaus. Auf die Literaturwissenschaft hat er durch sein Verständnis von Sprache und Text großen Einfluss ausgeübt: Wenn die Sprache etwas Autonomes ist, das sich dem Autor nicht unterwirft, dann erübrigen sich alle Interpretationen, die nach dem Urheber des Textes fragen und nach dem, was er sagen wollte. Der Poststrukturalismus, eine Richtung, die auf jegliche Suche nach Sinn und Wahrheit zugunsten eines spielerisch-pluralistischen Umgangs mit Bedeutungen verzichtet, ist ohne Jacques Lacan nicht denkbar.

Eine Generation jünger als Lacan und ebenfalls ein führender Psychoanalytiker in Frankreich ist Jean Laplanche (geb. 1924). Der emeritierte Sorbonne-Professor sieht das Unbewusste anders als Freud. Für Laplanche ist es nicht etwas, das der Mensch aus sich heraus entwickelt, sondern ein »fremdes« Anderes, das in der frühesten Begegnung des Säuglings mit seinen Pflegepersonen entsteht und das der Mensch von da an in sich trägt. Die Bezugspersonen, so Laplanche, geben verbale und nonverbale Zeichen, die unbewusst mit sexuellen Bedeutungen verknüpft sind. Der Säugling muss diese Zeichen übersetzen, was ihm nicht restlos gelingt. Die verbleibenden rätselhaften Reste stellen die »Urverführung« dar und werden verdrängt. Laplanche knüpft mit dem Begriff der Urverführung an Freuds frühe Theorie an, dass die Neurosen seiner Patienten durch verdrängte, aber tatsächlich erlebte sexuelle Verführungen in der Kindheit entstanden seien. Freud hatte seine Verführungstheorie angesichts der entsetzten Reaktion aus dem zeitgenössischen Bürgertum 1897 aufgegeben. Fortan machte er frühkindliche Phantasien und die hierdurch erzeugten und verdrängten Konflikte für die Entstehung von Neurosen verantwortlich.

Tiefenpsychologische Ansätze

Anekdote: Wie wichtig es Lacan war, als Freudianer verstanden zu werden, zeigt sich an einer Bemerkung, die er auf einem Kongress im Sommer 1980 im venezolanischen Caracas machte. Im Zusammenhang mit der Neugründung der »Cause Freudienne« sagte er zu seinen Anhängern: »Es steht Ihnen frei, Lacanianer zu sein, wenn Sie möchten. Ich bin Freudianer.«

IV.

LERN- UND KOGNITIONS-PSYCHOLOGISCHE ANSÄTZE

LERN- UND KOGNITIONSPSYCHOLOGISCHE ANSÄTZE

19 DIE HUNDE UND DER GLOCKENTON
IWAN P. PAWLOW

Fast nebenbei entdeckte der russische Physiologe in seinem berühmten Hundeversuch den Zusammenhang von Reiz und erlerntem Reflex. Iwan Petrowitsch Pawlows Theorie der klassischen Konditionierung erklärt die Psyche rein materiell als Tätigkeit höher entwickelter Nerven, als Verhalten. Sie wird zur Grundlage der behavioristischen Psychologie.

WEG

Iwan Petrowitsch Pawlow wird 1849 in Rjasan als ältestes von zehn Kindern eines russisch-orthodoxen Geistlichen geboren. Er studiert Medizin und Naturwissenschaften in St. Petersburg, Leipzig und Breslau. 1884 wird er Dozent für Physiologie an der Militärärztlichen Akademie in St. Petersburg. Ab 1890 lehrt er als Professor für Pharmakologie und von 1895 bis 1925 als Professor für Physiologie in St. Petersburg.

Pawlow forscht in den 1890er-Jahren über die Physiologie der Verdauung, speziell über die Drüsensekrete. Dafür erhält er, als vierter Wissenschaftler überhaupt, 1904 den Nobelpreis für Physiologie und Medizin. Für die Psychologie wird jedoch eine Entdeckung bedeutsam, die er quasi nebenbei macht, beim Füttern der Hunde, die ihm bei seinen Forschungen als Versuchstiere dienen. Er beobachtet nämlich, dass die Hunde schon anfangen zu sabbern, wenn sie nur seine Schritte hören. Pawlow beginnt zu experimentieren, schlägt jedes Mal unmittelbar vor dem Füttern eine Glocke an – und tatsächlich läuft den Hunden bald schon allein beim Glockenklang der Speichel im Maul zusammen, auch wenn sie danach überhaupt nicht gefüttert werden.

Ausgehend von dieser Beobachtung erforscht Pawlow, wie solche Reiz-Reaktionsmuster erlernt werden. Konditionierung nennt er diesen Lernprozess. Sein Ziel ist es, psychische Phänomene mit Hilfe der Konditionierung ausschließlich physiologisch, also materiell zu erklären. Mit diesem materialistischen

94

Programm wird er auch nach der Oktoberrevolution von 1917 von den Machthabern weiter unterstützt. Denn sein Ansatz passt zur Theorie des Dialektischen Materialismus, wonach der Mensch und sein Bewusstsein ein Produkt der äußeren Verhältnisse sind – und demnach veränderbar, wenn die Verhältnisse verändert werden. Pawlow selbst hat zwar die russische Revolution begrüßt, er kritisierte jedoch die bolschewistische Herrschaft öffentlich wegen ihrer Zwangsmethoden und der fortbestehenden Misswirtschaft.

Parallel zu Russland nimmt die Lernpsychologie in den USA ihren Aufschwung. So erregt Pawlow mit seinen Forschungen zur Konditionierung vor allem jenseits des Atlantiks Aufsehen. Allerdings hat sein amerikanischer Kollege Edward Lee Thorndike (s. Kap. 20) den Russen mit einschlägigen wissenschaftlichen Veröffentlichungen sogar um einige Jahre überholt, was Pawlow freimütig anerkennt. Er selbst hat zahlreiche Auszeichnungen empfangen, darunter 1912 die Ehrendoktorwürde in Cambridge und 1915 die Aufnahme in die Französische Ehrenlegion.

In seinen späten Jahren forscht Pawlow vor allem über die Großhirnrinde. Ausgangspunkt ist hier die so genannte experimentelle Neurose: eine nachhaltige Verwirrung, die er bei der Konditionierung seiner Versuchstiere absichtlich herbeigeführt hat. Bis in sein 86. Lebensjahr hinein arbeitet er täglich im Labor mit seinen Hunden. Iwan Petrowitsch Pawlow stirbt 1936 in St. Petersburg, das zu jener Zeit Leningrad heißt. Sein Todesjahr fällt in die blutige Ära des Stalinismus mit seinen Schauprozessen und millionenfachen Morden.

Ideen

Pawlows klassisches Experiment mit den Hunden und der Glocke findet 1905 statt. Bereits in seiner Nobelpreisrede ein Jahr zuvor verwendet er jedoch Kernbegriffe der Konditionierung: Er unterscheidet zwischen einem unbedingten Reflex, beispielsweise einem unwillkürlichen Lidschlag, wenn etwas ins Auge gerät, und einem bedingten Reflex. Der ist, anders als der erste, nicht angeboren, sondern erworben, erlernt. Der Begriff »bedingt« verweist darauf, dass der ursprüngliche, angeborene Reiz durch einen anderen ersetzt worden ist.

LERN- UND KOGNITIONSPSYCHOLOGISCHE ANSÄTZE

In Pawlows Hundeexperiment von 1905 ist das Futter der unbedingte Reiz. Auf ihn reagieren die Hunde mit Sabbern – dieser unbedingte Reflex ist angeboren. Der Glockenton, der kausal nichts mit dem Futter zu tun hat, ist ein bedingter Reiz. Der Speichelfluss, mit dem die Hunde auf den Glockenton reagieren, gilt also ebenfalls als bedingter Reflex. Je häufiger die Glocke direkt vor der Fütterung geläutet wird, desto fester ist der Zusammenhang zwischen konditioniertem Reiz und konditioniertem Reflex. Pawlow sagt: Das Tier ist konditioniert.

Eine Konditionierung kann auch wieder gelöscht werden: Dazu wird der konditionierte Reiz (Glockenton) ebenfalls wiederholt dargeboten, nun aber immer ohne den unkonditionierten Reiz (Futter). Irgendwann sabbern die Hunde nicht mehr, wenn die Glocke klingt. Die Konditionierung ist jedoch nicht unwiderruflich verschwunden, denn nach einer gewissen Pause reagieren die Hunde auf die Glocke wieder mit Speichelfluss. Dies ist die so genannte Spontanerholung.

Pawlow weitet sein Experiment noch aus, indem er anhand von Gongtönen zeigt: Auch Reize, die dem ursprünglichen bedingten Reiz ähnlich sind wie ein Gongton dem Glockenton, lösen den bedingten Reflex aus. Dieses Phänomen heißt Reizgeneralisierung. Es ist auch bei Menschen bekannt: Wer in einer bestimmten Situation etwas Ängstigendes erlebt hat, wird sich vermutlich wieder fürchten, wenn er etwas annähernd Ähnliches erlebt – es muss nicht haargenau das Gleiche sein.

Bedingte Konditionierungen treten häufig auf, auch wenn sie nicht angeboren sind. Wiederum am Beispiel von Hundewelpen zeigt sich: Sie sabbern nicht von Anfang an beim Anblick von rohem Fleisch, denn sie lernen erst von den Eltern, dass rohes Fleisch lecker ist. Aber lernen müssen sie es, um später selbstständig Nahrung finden zu können. Mit Hilfe der bedingten Konditionierung erwerben Lebewesen also Verhaltensweisen, die nötig sind, um in der Welt zurechtzukommen.

In der Anwendung auf den Menschen liegt nun für Pawlow der eigentliche Wert seiner Erkenntnisse. Damit begibt sich der Physiologe auf das Feld der experimentellen Psychologie, und das ist bis dahin vor allem von den so genannten Bewusstseinspsychologen wie Wilhelm Wundt (s. Kap. 3) beherrscht worden. Sie haben versucht, durch Selbstbeobachtung (Introspektion) den

IWAN P. PAWLOW

Zusammenhang von Reiz und Sinneswahrnehmung zu erhellen, indem sie die Versuchspersonen über ihre Eindrücke, Empfindungen und Gefühle berichten ließen. Das menschliche Bewusstsein sahen sie als Grundlage und zugleich als Ergebnis aller Wahrnehmungsvorgänge, die wechselseitig zusammenwirken.

Pawlow nun, ganz Materialist, reduziert die Psyche auf das reflexhafte, reagierende Verhalten. Im Zusammenhang von Reiz und Reflex, sei er nun angeboren oder erlernt, liegt für ihn die Erklärung allen tierischen und auch allen menschlichen Verhaltens. Dabei versteht er sich nach wie vor als Physiologe, wenn er betont, dass ihn vor allem die innerliche Seite der Konditionierung interessiere, die Tätigkeit der höher entwickelten Nerven. Darin liegt eine Anspielung: Den amerikanischen Kollegen nämlich scheint diese naturwissenschaftliche Seite der Lerntheorie eher gleichgültig zu sein.

Die Konditionierung, die Pawlow anhand seines Hundeexperiments bahnbrechend beschrieben hat, wird später klassische Konditionierung genannt – zur Unterscheidung von der etwas anderen Konditionierung, wie Edward Lee Thorndike (s. Kap. 20) sie nahezu zeitgleich mit Pawlow entwickelt und kurz vor ihm publiziert hat. Sie wird zur wichtigsten Theorie des Behaviorismus (vom englischen behavior – Verhalten). Diese Richtung, die alle psychische Tätigkeit als Verhalten begreift und erforscht, entwickelt sich ausgehend von Pawlows und Thorndikes Arbeiten. Den Begriff des Behaviorismus verwendet 1913 dessen eigentlicher Begründer erstmals programmatisch: John Broadus Watson (s. Kap. 21), der sich vor allem auf die Forschungen von Iwan Petrowitsch Pawlow stützt.

Seitenblick: Zur selben Zeit wie Pawlow war der Psychiater und Neurologe Wladimir Michailowitsch Bechterew (1857–1927) an der St. Petersburger Akademie tätig. Er erforschte das zentrale Nervensystem und beschrieb die nach ihm benannte Bechterewsche Krankheit, eine chronische Rheumaerkrankung der Wirbelsäule. Nachdem er von Pawlows »Physiologie der höheren Nerventätigkeit« erfuhr, arbeitete er mit ihm zusammen. Von Bechterew stammt der Begriff Reflexologie oder auch Psychoreflexologie als Bezeichnung für die sich selbst so verstehende »Objektive Psychologie« in der Tradition Pawlows, die subjektive Bewusstseinsvorgänge ausschließt.

97

20 Das Gesetz von Versuch und Irrtum

Edward L. Thorndike

Wenige Jahre vor Iwan P. Pawlow veröffentlichte Edward Lee Thorndike seine Erkenntnisse über tierisches Lernen, die er in Versuchen mit Katzen gewonnen hatte. Thorndikes instrumentelle Konditionierung betrachtet nicht die Reflexe, sondern das Zusammenspiel von Versuch und Irrtum und den daraus entstehenden Lernprozess.

Weg

Als Sohn eines methodistischen Geistlichen wird Edward Lee Thorndike im Jahr 1874 in Williamsburg, Massachusetts, geboren. Er studiert Psychologie und Pädagogik an der Wesleyan University in Connecticut und 1895/96 an der Harvard University in Boston. Hier ist der Philosoph und Psychologe William James (1842–1910) sein akademischer Lehrer, ein älterer Bruder des berühmten Schriftstellers Henry James.

William James betreibt in Harvard einen Experimentierraum, einen Vorläufer jener psychologischen Laboratorien, deren erstes Wilhelm Wundt (s. Kap. 3) im Jahr 1879 in Leipzig einrichtet. Als Professor für Physiologie, Psychologie und später für Philosophie in Harvard begründet James den so genannten Pragmatismus. Die vor allem im angelsächsischen Raum beheimatete philosophische Richtung fragt nicht nach einem etwaigen metaphysischen Wesen der Dinge. Vielmehr sieht sie alle geistigen Vorstellungen, Anschauungen und Begriffe untrennbar verbunden mit dem Handeln des betreffenden Menschen. Diese Verknüpfung, mit der er Ansätze der Gestaltpsychologie wie auch des Behaviorismus vorwegnimmt, erlaubt James, menschliches Denken und Tun nach einem einheitlichen Prinzip zu begreifen.

Auch die Psychologie, deren akademische Selbstständigkeit er vorantreibt, versteht er im Sinne des Pragmatismus und definiert sie als Erforschung der Bewusstseinszustände. Im »stream of consciousness« (Bewusstseinsstrom) sieht er die Einheit der psychischen Phänomene von den Sinneswahrnehmungen bis hin zu den abstraktesten Gedanken verwirklicht.

Bei James' Schüler Thorndike kehrt nun der pragmatistische Ansatz wieder: Am tierischen Lernen erforscht Thorndike den Zusammenhang von Wissen und Verhalten. 1898 wird er an der New Yorker Columbia University promoviert und im Jahr darauf ans Teacher College Columbia berufen. Von 1904 bis zu seiner Emeritierung 1940 lehrt er als Professor an der Columbia University, zuletzt als Dekan der Psychologischen Fakultät. Edward Lee Thorndike stirbt 1949 in Montrose, New York.

IDEEN

Ein paar Jahre, bevor in St. Petersburg Iwan P. Pawlow (s. Kap. 19) mit hungrigen Hunden arbeitet, wählt Edward L. Thorndike in Harvard hungrige Katzen zu seinen Versuchstieren. Er setzt sie in einen so genannten Problemkäfig: ein Gehäuse, das von innen nur durch einen bestimmten Mechanismus zu öffnen ist. Die Katzen tigern völlig planlos in ihrem Käfig hin und her, versuchen allerlei mit den Pfoten, bis sie durch einen Zufall die einzig richtige Bewegung machen. Der Käfig öffnet sich, der Weg nach draußen und zum Fressnapf ist frei. Werden die Katzen anschließend wieder in den Käfig gesetzt, so wenden sie die erfolgreiche Bewegung irgendwann wieder an – und in der Folge immer rascher. Sie lernen also, und zwar durch »Versuch und Irrtum«, wie Thorndike sagt. In seinem 1911 erschienen Buch »Animal intelligence« spricht er auch vom »Gesetz des Effekts«, also der Wirksamkeit, des Erfolgs.

Ein Verhalten ist demnach von dem Erfolg beeinflusst, den der Handelnde anstrebt. Diese pragmatistische Schlussfolgerung erweist Thorndike als getreuen Schüler von William James. 1898 veröffentlicht er seine Versuchsergebnisse und kommt damit Iwan Pawlow um wenige Jahre zuvor, was dieser auch anerkennt. Pawlows und Thorndikes Erkenntnisse ähneln einander, sind aber thematisch nicht deckungsgleich. Beide erforschen zwar die Verbindung zwischen einem Sinnesreiz und der nachfolgenden Reaktion. Thorndike nennt seinen Ansatz denn auch Konnektionismus, vom englischen connection – Verbindung.

LERN- UND KOGNITIONSPSYCHOLOGISCHE ANSÄTZE

Im Detail aber gibt es wichtige Unterschiede. Pawlow konzentriert sich auf das reflexhafte Verhalten (Speichelfluss beim Glockenton), das er seinen Hunden durch planmäßig gesetzte Reize (Glockenton vor dem Füttern) antrainiert. Thorndike hingegen interessiert, wie seine Katzen lernen, und zwar nicht durch Reflexe, sondern durch Erfolg und Einüben: Sie sortieren für sich die Situation, indem sie unwichtige Reize wie etwa das Licht oder den Geruch des Käfigs ausblenden und so immer sicherer auf den einzig wichtigen Reiz stoßen, hier auf den Türriegel. Ebenso gehen die Tiere auf der Verhaltensebene vor: Sie geben unwirksame Handlungen schrittweise zugunsten der einzig richtigen auf und schieben die Sperre zurück. »Analyse« und »Selektion« nennt Thorndike diese Prinzipien und zeigt damit, dass individuelles Lernen vergleichbar der evolutionären Auslese funktioniert: Was erfolgreich ist, setzt sich durch. Dabei ist eben auch das Üben wichtig. Wären die Katzen nur ein- oder zweimal in den Käfig gesetzt worden, so hätten sie das Käfigöffnen nicht wirklich gelernt.

Zurück zum Experiment: Die Futterschüssel außerhalb des Käfigs motivierte die Katzen, ins Freie zu gelangen. Daraus schließt Thorndike, dass Belohnung den Lernerfolg verstärkt und Bestrafung ihn abschwächt, wobei der erste Effekt größer ist als der zweite. Damit führte er eine lustorientierte (hedonistische) Betrachtungsweise in die Lernpsychologie und später auch in die Pädagogik ein. Mit dem Verstärkungseffekt wird dann vor allen Dingen Burrhus Frederic Skinner (s. Kap. 22) arbeiten.

Die Behavioristen um John Broadus Watson (s. Kap. 21) greifen Thorndikes Forschungen auf. Sie beziehen sich jedoch stärker auf Pawlow als auf ihn, weil Thorndike ihrer Meinung nach mit dem Erfolgsbegriff doch wieder einen subjektiven, von außen nicht messbaren Faktor in die Verhaltensforschung eingebracht hat. Schließlich könne ein Lebewesen nur im eigenen Erleben, also in der Selbstbeobachtung (Introspektion) beurteilen, was ein Erfolg überhaupt ist. Allerdings gibt es später ein Nachfolgemodell von Thorndikes Problembox: die Skinner-Box. Skinners Forschungen werden in Kapitel 22 näher dargestellt.

Übrigens: Pawlows Vorgehen wird klassische Konditionierung genannt. Im Unterschied dazu heißt Thorndikes Vorgehen instrumentelle Konditionierung. Diese begriffliche Unterscheidung wird allerdings erst 1940 vorgenommen.

21 BEHAVIORISTISCHE UTOPIE
JOHN B. WATSON

Er definierte die Psychologie als Vorhersage und Kontrolle von Verhalten. Mit diesem Programm begründete John Broadus Watson die psychologische Schule des Behaviorismus, die auch in der Pädagogik sehr einflussreich wurde. Auf behavioristischer Grundlage formulierte Watson später utopische Gesellschaftsentwürfe.

WEG

John Broadus Watson wird 1879 als Sohn einer armen Farmerfamilie bei Greenville, South Carolina, geboren. Seine Mutter will, dass sich ihr Sohn zum Prediger ausbilden lässt. Kurz nach seinem Examen stirbt sie, und Watson beginnt im Jahr 1900 an der University of Chicago ein Graduiertenstudium mit den Schwerpunkten Philosophie und später Psychologie. 1903 schließt er mit der Promotion ab, leitet zunächst das Tier-Labor an der Universität und wird 1908 als Professor für Psychologie an die John Hopkins University in Baltimore berufen.

In den Folgejahren erlebt er seinen wissenschaftlichen Aufstieg als Begründer des Behaviorismus. 1913 erscheint sein programmatischer Aufsatz »Psychology as the Behaviorist views it« (dt. »Psychologie, wie sie der Behaviorist sieht«, 1930). Er wird Präsident der American Psychological Assoiciation und gibt mehrere Fachzeitschriften heraus. 1919 folgt das Lehrbuch «Psychology from the standpoint of a behaviorist« und 1925 »Behaviorism« (dt. »Der Behaviorismus«, 1930).

Zu diesem Zeitpunkt ist Watsons akademische Karriere bereits beendet. Einer der Gründe dafür war die Scheidung von seiner ersten Frau am 24. Dezember 1920 und die Heirat mit seiner Assistentin Rosalie Rayner (1900–1935) zwei Wochen später. Rayner ist 1919 auch Watsons Mitarbeiterin in seinem berühmtesten Experiment gewesen, in dem einem Kleinkind eine Phobie antrainiert wurde.

Watson wendet sich nun dem populärwissenschaftlichen Bereich zu, er schreibt für Illustrierte wie »Harper's Magazine« und macht eine viel beachtete Karriere in der Werbung. Nach dem frühen Tod seiner zweiten Frau zieht er sich auf seine Farm in Westpoint zurück. 1957 soll er eine Auszeichnung der American Psychological Association erhalten. Watson reist nach New York, bleibt dann jedoch im Hotelzimmer und lässt sich bei der Preisverleihung von seinem Sohn vertreten. Im darauf folgenden Jahr stirbt er in New York.

Ideen

Watson setzt bei Iwan P. Pawlow (s. Kap. 19) an, weit mehr als bei seinem eigenen Landsmann Edward L. Thorndike (s. Kap. 20). Pawlows Methode der Konditionierung möchte er auf die psychologische Erforschung des Menschen übertragen. Die Selbstbeobachtung (Introspektion) in der Tradition Wilhelm Wundts (s. Kap. 3), wie sie die experimentelle Psychologie seinerzeit auch in den USA betreibt, lehnt er ab, denn sie lässt die Versuchspersonen selbst über ihre Sinneswahrnehmungen und Gefühle berichten. Watson hält dagegen: Nicht verwässert durch subjektive Faktoren, sondern objektiv und damit streng von außen müsse der Mensch betrachtet werden, als »black box«, deren Inhalt unerkennbar bleibt. Denn Psychologie, so formuliert er es in seinem Manifest von 1913, ist ausschließlich die Vorhersage und Kontrolle von Verhalten. Ausgehend von englischen Wort für Verhalten – behavior – gebraucht er diesen Begriff erstmals programmatisch und formuliert damit das Motto der von ihm begründeten psychologischen Schule: Behaviorismus.

Dabei hegt Watson durchaus Sympathie für einen der subjektivsten psychologischen Ansätze überhaupt: für die Psychoanalyse (s. Kap. 7), die längst auch in den USA Anhänger gewonnen hatte. Ihr freier Umgang mit Tabus beeindruckt ihn. Doch ist er davon überzeugt, dass die Erfolge der Psychoanalyse sich mit behavioristischen Mitteln noch weit übertreffen lassen. Diesem

JOHN B. WATSON

Ziel dient auch das bekannte Experiment, das Watson gemeinsam mit Rosalie Rayner 1919 vornimmt und filmisch festhält: Einem elf Monate alten Jungen, »Little Albert«, wird mit den Mitteln Pawlowscher Konditionierung eine Phobie antrainiert. Watson erinnert damit an einen kindlichen Patienten Freuds: Der kleine Hans litt unter einer Pferdephobie, die Freud psychoanalytisch als Ausdruck einer unbewussten Angst des Jungen vor dem Vater gedeutet hatte.

Nach Watson müssen für die Erklärung einer Phobie keine unüberprüfbaren Annahmen wie der Ödipus-Komplex herangezogen werden. Ängste entstehen für ihn einzig aus Lernerfahrungen, wie er anhand des kleinen Albert demonstrieren will. Albert zeigt zunächst keinerlei Angst vor weißen Ratten. Doch dann erschreckt man ihn, während man ihm eine Ratte zeigt, indem man mit einem Hammer auf eine Eisenplatte schlägt. Nach kurzer Zeit reagiert Albert auch ohne Krach ängstlich auf die Ratte und auf andere pelztragende Tiere, sogar auf einen Pelzmantel. Watson überträgt hier eins zu eins den Pawlowschen Versuch mit den Hunden, dem Futter und der Glocke (s. Kap. 19) auf den Menschen.

Das Experiment mit dem kleinen Albert ist heute nicht nur wegen seiner offensichtlichen Grausamkeit umstritten, sondern auch wegen seines ungenügenden wissenschaftlichen Standards. Doch der Behaviorismus, wie Watson ihn 1913 und 1919 formuliert, wird für Jahrzehnte zur maßgeblichen Schulrichtung in der amerikanischen Psychologie, und er entwickelt dabei dann auch seine experimentellen Kriterien stetig weiter. Dieser Erfolg erklärt sich nicht zuletzt aus dem Optimismus, zu dem der Behaviorismus zu berechtigen scheint. Watsons Schlussfolgerung, dass menschliches Verhalten (und Denken als Spielart des Verhaltens) durch äußere Umstände nicht nur beeinflusst, sondern sogar kontrolliert werden könne, erzeugt vor allem in den USA einen starken pädagogischen Fortschrittsglauben: Das Ideal der Chancengleichheit für jeden Menschen scheint endlich wissenschaftlich untermauert zu sein.

Freilich: Wenn nur die Umstände verändert werden müssen, damit jemand sich zuverlässig in die gewünschte Richtung entwickelt, dann ist alles denkbar – und der perfekte Mensch kein unerfüllbarer Traum mehr. Watsons spätere populärwissenschaftliche Aufsätze entwerfen denn auch das beklemmende Bild einer behavioristischen Utopie, unbarmherzig, kalt und dabei überraschend konservativ, was etwa die Rolle der Frau betrifft. Berühmt geworden ist seine Äußerung von 1913, man möge ihm ein Dutzend gesunder Kinder überlassen, und er werde aus ihnen ganz nach Wunsch die besten Künstler oder die verworfensten Diebe machen – einzig durch die Bedingungen, die er ihnen zur Verfügung stelle.

Dieser Machbarkeitsglaube ist mittlerweile wissenschaftlich überholt. Heute geht eine große Mehrheit der Forscher davon aus, dass beides die Entwicklung eines Menschen bestimmt: vererbte Anlagen ebenso wie äußere Einflüsse und prägende Erfahrungen. Für die meisten Wesenszüge des Menschen wird das Verhältnis sogar auf 50:50 beziffert.

Übrigens: Watsons ambivalentes, von Sympathie und Konkurrenz geprägtes Verhältnis zur Psychoanalyse gründet in eigenen Erlebnissen: Sein Graduiertenstudium finanzierte er mit Keller- und Hausmeisterjobs. Dabei überarbeitete er sich und erlitt einen Nervenzusammenbruch. Die Erfahrung weckte sein Interesse für die Psychoanalyse, speziell für deren Verständnis der Neurose.

22 KLUGE RATTEN IN DER BOX
BURRHUS F. SKINNER

Mit der nach ihm benannten Box belegte Burrhus Frederic Skinner, dass Lebewesen in ihrem Verhalten von den tatsächlichen, aber auch von den vermeintlichen Folgen ihrer Handlungen beeinflusst werden. Das von ihm entwickelte operante Konditionieren wurde die einflussreichste Theorie und Methode des Behaviorismus.

WEG

Burrhus Frederic Skinner wird 1904 in Susquehanna, Pennsylvania, als Sohn eines Rechtsanwalts geboren. Er studiert Literatur in New York und will Schriftsteller werden. Dann jedoch liest er Werke von John B. Watson (s. Kap. 21) und von Iwan P. Pawlow (s. Kap. 19), dem er 1929 persönlich begegnen wird. Daraufhin beginnt er in Harvard ein Graduiertenstudium der Psychologie, das er 1931 mit der Promotion abschließt. In der Folge wird er zum einflussreichsten Theoretiker des Behaviorismus.

1931 heiratet Skinner. Die jüngere seiner beiden Töchter zieht er in einer so genannten Baby-Box auf, einem Kinderzimmer, das stark an ein psychologisches Labor erinnert. Das Gerücht, sie sei psychisch krank und trage ihrem Vater diese Kindheit nach, weist diese Tochter später ausdrücklich zurück.

1936 geht Skinner als Dozent für Psychologie an die University of Minnesota, 1945 an die Indiana University. Drei Jahre später kehrt er nach Harvard zurück. Hier lehrt er bis zu seiner Emeritierung 1974. Im Jahr 1948 erscheint sein einziger Roman »Walden Two« (dt. »Futurum Zwei«, 1948), in dem er die Vision einer aggressionsfreien Gesellschaft auf der Grundlage behavioristischer Menschenformung literarisch behandelt. Anders als im zeitgleich erscheinenden »1984« von George Orwell erscheint der totalitäre Staat in Skinners Utopie als ideale Gesellschaft glücklicher und ausschließlich guter Menschen. Doch bleibt offen, wer denn in solch einem Staat festlegen darf, nach welchen Werten und Kriterien die Menschen geformt werden sollen.

Burrhus F. Skinner forscht und veröffentlicht bis kurz vor seinem Tod. 1990 stirbt er in Cambridge, Massachusetts.

Ideen

In den Jahren 1927 und 1928 werden Pawlows Werke ins Englische übersetzt. Dies ist der Startschuss für die zweite Generation von Behavioristen. Die Erkenntnisse von Pawlow, Watson und Edward L. Thorndike (s. Kap. 20) werden in vier große Lerntheorien gefasst. Die bedeutendste stammt von Clark Hull (1884–1952), einem Behavioristen an der Yale University, der auch psychoanalytische Gedanken in seinen Ansatz integriert. Wie Thorndike geht Hull davon aus, dass die Verbindung zwischen einem Reiz und der darauf folgenden Reaktion umso sicherer erlernt wird, je angenehmer der Erfolg dieser Reaktion ist. Das Lernen lässt sich also verstärken, wenn durch die erlernte Aktion ein Bedürfnis befriedigt wird: Thorndikes hungrige Katzen waren sehr motiviert, den Käfig zu öffnen und ins Freie zu gelangen, weil draußen eine Futterschüssel als positive Verstärkung lockte.

Hull schließt daraus, dass es neben dem äußeren, dem Auslösereiz (Käfig und Tür), auch einen inneren Reiz gibt, einen Triebreiz (den Hunger). Den Trieb, einen Begriff aus der Psychoanalyse, versteht Hull freilich streng physiologisch und schlussfolgert: Wenn Tiere und Menschen handeln, reagieren sie auf ein Zusammenspiel verschiedener Faktoren wie Auslösereiz, Verstärker, bereits erlernte Gewohnheit, Triebreiz etc. Von der jeweiligen Stärke dieser Faktoren hängt ab, wie nachhaltig eine Verhaltensweise erlernt wird, sagt Hull und kleidet diese Theorie in eine mathematische Formel. Weil sie beansprucht, allgemeingültige Gesetze zu formulieren, wird die Formel im Rahmen des Behaviorismus als bedeutender Fortschritt begrüßt.

Skinner setzt nun bei Hull und der positiven Verstärkung an, sucht aber nach einer einfacheren Theorie. Zu diesem Zweck fragt er, wie das Verhalten der Versuchstiere von den Bedingungen beeinflusst wird, die als Folge dieses Verhaltens auftreten und wieder als Reiz auf das Tier zurückwirken. Er konstruiert dafür die berühmte Skinner-Box, einen Laborkäfig für Ratten und Tauben mit verschiedenen Hebeln oder Scheiben. Die Tiere können sich Futter verschaffen, indem sie die Hebel betätigen oder auf die Scheiben picken. Um alle »unwissenschaftlichen« Behauptungen über mögliche innere Vorgänge in seinen Versuchstieren auszuschließen, stellt Skinner den Hunger der Tiere, also den Triebreiz, durch vorherigen Nahrungsentzug her. Nun ist die komplette Versuchskette äußerlich sichtbar und messbar.

Das Ergebnis: Obgleich die Tiere keinen Auslösereiz von außen bekommen haben (sie wissen nichts von dem Futter), betätigen sie den Hebel immer öfter, nachdem sie dafür einmal unerwartet mit Futter belohnt worden sind. Das Futter dient also als positive Verstärkung dafür, die an sich sinnlose Hebel- oder Pickbewegung durchzuführen. Ein solches Verhalten, das zwar wirksam ist, aber spontan und nicht als Folge eines Reizes auftritt, nennt Skinner operantes Verhalten, vom englischen operant – wirksam. Der Lernprozess, mit dem einem Lebewesen ein solches Verhalten durch nachfolgende positive Verstärkungen antrainiert wird, heißt folglich operantes Konditionieren, im Unterschied zum klassischen Konditionieren nach Pawlow (s. Kap. 19).

Mit dem Zusammenspiel von operantem Verhalten und bekräftigendem Nachfolgereiz legt Skinner ein wesentlich einfacheres Modell zur Verhaltensforschung vor als Hull. Es beinhaltet zudem, wie der utopische Roman des Forschers zeigt, erhebliche pädagogische Möglichkeiten. Tatsächlich ist das Prinzip der Verstärkung von Kindern durch Belohnung in Gestalt der so genannten token economy (Gutschein-Ökonomie) bis heute populär. Dabei werden Leistungen durch Spielmarken oder andere Zeichen positiv verstärkt. Ab einer gewissen Anzahl können diese tokens in eine Belohnung eingetauscht werden. Wichtig: Anfangs werden die tokens sehr oft gegeben (kontinuierliche Verstärkung), aber die Häufigkeit nimmt ab (intermittierende Verstärkung), damit der Empfänger nicht gleichgültig gegenüber der Belohnung wird.

Es gibt jedoch nicht nur eine positive, sondern auch eine negative Verstärkung. Sie besteht nicht etwa in Bestrafung, sondern darin, dass eine befürchtete Strafe wegfällt. Eine weitere Spielart ist die operante Löschung: wenn auf eine Aktion gar keine Verstärkung erfolgt, weder eine positive noch eine negative. Eltern wenden diese Variante an, um ein provozierendes Kind zur Ruhe zu bringen, indem sie dessen Verhalten einfach ignorieren – freilich wirkt das nur, wenn das Kind normalerweise Zuwendung bekommt.

Skinners Erkenntnisse fließen auch in die Klinische Psychologie ein, also in den Bereich, der sich mit psychischen Störungen, mit deren Diagnostik, Behandlung und Vorbeugung befasst. Überhaupt bauen auf den Lerntheorien des Behaviorismus die frühen Formen der Verhaltenstherapie auf. Sie setzen am Zusammenhang zwischen der Situation (dem Reiz) und dem hierdurch ausgelösten Verhalten an und arbeiten vor allem mit der Verhaltensänderung (Verhaltensmodifikation). Ihre Anfänge reichen in die Zeit vor Skinner zurück: Bereits 1924 hatte die amerikanische Psychologin Mary Cover Jones (1897–1987) einen Jungen namens Peter von seiner Phobie geheilt, indem sie ihn mit dem Objekt konfrontierte, das seine Ängste auslöste – dies waren übrigens pelzige Tiere und Gegenstände, eine merkwürdige Parallele zur Leidensgeschichte des kleinen Albert bei John B. Watson (s. Kap. 21). Jones wird deshalb auch gern als »Mutter der Verhaltenstherapie« bezeichnet.

Die Sensibilisierung wendet der Südafrikaner Joseph Wolpe (1915–1997) später nach einem Stufensystem an und kombiniert sie mit einer tiefen Muskelentspannung. Bei der so genannten systematischen Desensibilisierung wird der Patient schrittweise mit dem Angst auslösenden Reiz konfrontiert und so an ihn gewöhnt. Das entspricht dann übrigens der negativen Verstärkung bei Skinner. Ein Beispiel: Wenn ein Patient mit Höhenangst mehrfach erlebt, dass er einen Turmaufstieg ohne Schaden übersteht, wird die Angst nachlassen. Umgekehrt wird erwünschtes Verhalten eines Patienten nach dem token-System positiv verstärkt – nicht, weil man den Menschen für unmündig hält, sondern weil man auf die neurophysiologischen Auswirkungen der positiven Verstärkung hofft. In der frühen Verhaltenstherapie behandelt man den Menschen also streng nach behavioristischen Prinzipien als »black box«: Man bezieht sich allein auf die äußerlich feststellbaren Reaktionen und nicht auf das Innere des Patienten, über das man angeblich wissenschaftlich nichts aussagen kann.

In den 1960er- und 1970er-Jahren weicht allerdings dieser strenge Ansatz einer vielfältigeren Betrachtungsweise: Heute setzen die Verhaltenstherapeuten und Lernpsychologen auch auf die Arbeit mit den Wahrnehmungen, Gedanken und Gefühlen des Patienten sowie mit dessen Begabungen und Neigungen (siehe Kap. 26 u. 27). Zu dieser Rückbesinnung auf das Bewusstsein und Denken des Menschen haben drei Wissenschaftler beigetragen, die sich zwar intensiv mit dem Lernen befasst haben, dabei aber Gegenpole zum Behaviorismus beziehungsweise zu seiner russischen Variante, der Reflexologie, bilden: der Entwicklungspsychologe Jean Piaget, der Pädagoge und Psychologe Lew S. Wygotski und der Linguist Noam Chomsky. Um sie geht es in den folgenden drei Kapiteln, bevor dann die kognitiven Verhaltenstherapien dargestellt werden.

Übrigens: Skinners Versuchstiere zeigten unter bestimmten Bedingungen auch ein Verhalten, das dem Aberglauben beim Menschen ähnelt. Wenn der Mechanismus der Box so eingestellt war, dass un-

abhängig von den Aktionen der Insassen alle paar Minuten Futter kam, reagierten die Tiere so, als ob sie selbst diese Futtergabe ausgelöst hätten: Sie behielten im Folgenden genau die Bewegung bei, die sie zufällig in dem Moment ausgeführt hatten, als das Futter zum ersten Mal kam.

Anekdote: *Das Vertrauen, das Burrhus F. Skinner in die Lernfähigkeit seiner Tauben setzte, war sehr groß. Während des Zweiten Weltkriegs, nachdem die Deutschen England aus der Luft angegriffen hatten, versuchte er Tauben so zu dressieren, dass sie mit ihren Pickbewegungen ballistische Raketen bis zum Einschlagsort auf Kurs halten sollten. Das amerikanische Militär entschied sich dann allerdings doch dafür, radargestützte Fernlenksysteme für die Raketen zu entwickeln.*

23 Geist und Wirklichkeit

Jean Piaget

Ein halbes Jahrhundert lang hat der »Gigant der Entwicklungspsychologie« das Denken, Problemlösen und Schlussfolgern von Kindern erforscht. Jean Piagets Theorien zur Entwicklung des menschlichen, vor allem des kindlichen Geistes sind auch für die Pädagogik bis heute wegweisend.

Weg

Als Sohn eines Historikers wird Jean Piaget im Jahr 1896 im schweizerischen Neuchâtel geboren. Schon früh interessiert er sich für Naturwissenschaften, veröffentlicht 11-jährig seinen ersten Beitrag in einer Fachzeitschrift. Er studiert Biologie bis zur Promotion und danach Psychologie bei Eugen Bleuler in Zürich. Hier befasst er sich mit Freud und C. G. Jung und geht dann zum weiteren Psychologiestudium nach Paris, wo er unter anderem im psychologischen Labor des Intelligenzforschers Alfred Binet (s. Kap. 44) arbeitet. Dabei entdeckt er sein lebenslanges Forschungsgebiet: die Entwicklung und den Aufbau des menschlichen, vor allem des kindlichen Denkens und Erkennens.

LERN- UND KOGNITIONSPSYCHOLOGISCHE ANSÄTZE

1921 unterzieht sich Piaget mehr interessehalber einer acht-
monatigen Analyse in Genf bei der einstigen Mitarbeiterin von
C. G. Jung, der Freudianerin Sabina Spielrein (s. Kap. 9). Genf
wird, neben Neuchâtel und der Pariser Sorbonne, zu seiner
hauptsächlichen Wirkungsstätte. Hier lehrt er ab 1929 als Professor für Psychologie und Soziologie. Er leitet jahrzehntelang
das Bureau International d'Éducation und als Co-Direktor das
psychologische Institut der Universität Genf.

Seine entwicklungspsychologischen Einsichten und seine
Theorien zum Aufbau der menschlichen Erkenntnis gewinnt
Piaget durch die praktische Arbeit mit Kindern, nicht zuletzt
durch die Langzeitbeobachtung seiner beiden Töchter und sei-
nes Sohnes, die für die Leser bald gute Bekannte werden. Die
Zahl seiner Veröffentlichungen ist immens, man schätzt das
Gesamtwerk auf 30.000 Druckseiten. Es ist in 17 Sprachen über-
setzt worden.

Piagets wichtigste Mitarbeiterin und Nachfolgerin am Genfer Lehrstuhl ist Bärbel Inhelder (1913–1997). Mit ihr verfasst
er gemeinsam das 1966 erschienene Buch »La psychologie de
l'enfant« (dt. »Die Psychologie des Kindes«, 1972). Es resümiert
die vierzigjährige gemeinsame Forschungsarbeit zur genetischen Psychologie (dieser Begriff meint die Entwicklungspsychologie, umfasst also mehr als nur die Beschäftigung mit den
ererbten Anlagen des Menschen).

Hervorzuheben ist Piagets interdisziplinärer Ansatz: An
einem von ihm begründeten Forschungszentrum in Genf arbeiten Philosophen, Mathematiker, Naturwissenschaftler, Lingu-
isten und Psychologen gemeinsam an erkenntnistheoretischen
Fragestellungen. Hier finden jährliche Symposien statt, deren
Ergebnisse in 37 Bänden niedergelegt sind. Mit über 30 Ehrendoktorwürden wird Jean Piaget im Lauf seines Lebens ausgezeichnet. Sie beziehen sich vor allem auf seine entwicklungspsychologischen Forschungen.

Auch nach seiner Emeritierung 1971 arbeitet er an seinen
Themen weiter. Jean Piaget stirbt 1980 in Genf – in der Stadt
seines jahrzehntelangen Wirkens, die auch der von ihm begründeten »Genfer Schule« den Namen gegeben hat.

Ideen

Jean Piaget ist der Pionier der kognitiven Entwicklungsforschung. »Kognitiv« bedeutet geistige Prozesse und Fähigkeiten betreffend (vom lateinischen cognitio – Erkenntnis). Damit sind gemeint: Denken, Erkennen, Wahrnehmen, Wissen, Erinnern, Verallgemeinern.

Der Mensch, so sagt Piaget, baut sich ab dem Säuglingsalter unterschiedliche kognitive Strukturen auf. Diese Strukturen dienen im menschlichen Geist als Stellvertreter der äußeren Wirklichkeit, sie repräsentieren sie mental. Der Mensch nimmt also nicht die Wirklichkeit an sich wahr (seit Immanuel Kant eine ziemlich unbestrittene Erkenntnis), sondern stets vermittelt durch die eigenen, jeweils aktuellen kognitiven Strukturen.

Mit dieser Auffassung gehört Jean Piaget zu den geistigen Ahnherren des so genannten Konstruktivismus. Diese interdisziplinäre Denkrichtung nimmt an, dass der Mensch die Wirklichkeit immer so sieht, wie er sie in seinem eigenen Wahrnehmen und Handeln erbaut, eben »konstruiert«. Der bekannteste Konstruktivist im deutschsprachigen Raum ist Paul Watzlawick (s. Kap. 41). Mit seiner Lehre von den kognitiven Strukturen bezieht sich Piaget auf die Theorien des Strukturalismus. Diese Denkrichtung wurde maßgeblich von dem Sprachwissenschaftler Ferdinand de Saussure (1857–1913) begründet, der ebenfalls in Genf ansässig war. Nach de Saussure bilden die Zeichen einer Sprache zusammen ein System. Ihre Bedeutung bekommen die Zeichen durch die Beziehungen, die sie innerhalb dieses Systems zueinander haben. De Saussure fasst Sprache also als Struktur auf, die im Wandel der Zeiten und in Wechselwirkung mit unterschiedlichen Einflüssen auf- und umgebaut wird – eine Sicht, die Piaget auf den menschlichen Geist überträgt.

Die kognitiven Strukturen entstehen nach Piaget durch die Wechselbeziehung des Individuums mit der Umwelt und entsprechen immer den mentalen Fähigkeiten der jeweiligen Entwicklungsphase. Vier Phasen unterscheidet Piaget in der frühkindlichen Entwicklung.

0 bis 2 Jahre: Das Kind entwickelt die so genannte sensumotorische (das bedeutet auf die Sinne und die Bewegung bezogene) Intelligenz. Sie bildet sich aus mentalen Strukturen, die

Aktionen wie das Greifen oder Saugen steuern und zu immer komplexeren Handlungen kombinieren. Nach einigen Monaten ist das Kind schrittweise in der Lage, mentale Vorstellungen von Dingen auszubilden, die es nicht anfassen und nicht einmal sehen kann. Es weiß nun, dass die Dinge unabhängig von ihm existieren. Diese Einsicht wird Objektpermanenz genannt.

2 bis 7 Jahre: In der präoperativen Phase verbessert das Kind seine Fähigkeit, die Existenz von Dingen anzunehmen, auch wenn es sie gerade nicht sieht: Es entwickelt die Sprache, innere Bilder und symbolische Spiele. Mit ihrer Hilfe verleiht es den real abwesenden Dingen eine andere Art des Daseins – eben eine mentale. Piaget nimmt außerdem an, dass Kinder sich in diesen Jahren nicht in die Perspektive anderer Menschen hineinversetzen können – den dafür gewählten Begriff Egozentrismus kritisiert er später selbst. Diese letzte These gilt neueren Erkenntnissen zufolge ohnehin nicht uneingeschränkt. Kinder können beispielsweise ihre Kommunikation sehr wohl an verschiedene Gegenüber anpassen, sie sprechen nämlich mit Jüngeren anders als mit Gleichaltrigen oder Älteren.

8 bis 10 Jahre: In der Phase des konkret-operatorischen Denkens lernt das Kind, schlussfolgernd und logisch zu überlegen. Es ist dabei jedoch an die konkrete Erfahrung gebunden, weil das abstrakte Denken sich jetzt erst langsam entwickelt.

Ab 11 Jahre: Nun ist das Denken nicht mehr an die konkrete Anschauung gefesselt. Es wird abstrakt und kann auch ethische und philosophische Themen fassen. Der Adoleszente vermag außerdem abstrakte Schlussfolgerungen zu ziehen und in Hypothesen zu denken.

Der Entwicklungsfortschritt wird nach Piaget so ausbalanciert, dass die kognitiven Strukturen, die das Kind bildet, dem jeweiligen Grad an Erfahrungen entsprechen, die es mit der Welt macht (Prinzip der Äquilibration). Dabei deutet es die von außen eingehenden Informationen so, dass sie zu seinen bislang ausgebildeten kognitiven Strukturen passen und in sie eingeordnet werden können (Assimilation). Es entwickelt aber auch seine bisherigen Strukturen weiter, um neue Informationen umfassender aufnehmen zu können (Akkomodation). Piaget stellte auch fest, dass mit den kognitiven Strukturen die moralische Urteilskraft wächst. Ein kleineres Kind hält jemanden, der un-

JEAN PIAGET

gewollt zehn Gläser zerschlägt, für »unartiger« als jemanden, der absichtlich eines kaputt macht. Je älter das Kind wird und je besser sich seine kognitiven Fähigkeiten ausbilden, desto mehr beurteilt es eine Handlung nach der guten oder schlechten Absicht des Handelnden.

Aus all dem folgt: Wie gut ein Mensch etwas begreift, hängt von seiner Entwicklung ab. Ein sechsjähriges Kind kann anderes und Schwierigeres lernen als ein vierjähriges. Das mag banal klingen, hat aber große Bedeutung, weil Pädagogen die altersbedingten Grenzen eines lernenden Kindes folglich akzeptieren und es bei seinen Entwicklungsschritten unterstützen müssen. Dem Menschen, so sagt Piaget, ist das Bedürfnis angeboren, sich aktiv mit seiner Umwelt auseinanderzusetzen, und das Kind soll vor allem lernen, zu lernen und sich zu entfalten, denn diese Fähigkeit ist zeitlebens wichtig.

Jean Piaget wird nicht umsonst »Gigant der Entwicklungspsychologie« genannt. Während er jedoch die Ursachen des Reifungsprozesses vor allem beim Kind sieht, betont man heute auch die Bedeutung sozialer Interaktionen. Die Grundlagen hierfür stammen vor allem vom russischen Psychologen Lew Wygotski (s. Kap. 24). Piaget selbst fragt sich im Alter, ob die Fähigkeit zu »formalen Operationen«, die er als maßgeblich für den Fortschritt im Denken angesehen hat, nicht zu sehr an der abendländischen Formung des Kindes, zumal in der Schule, orientiert gewesen ist. Tatsächlich wären in anderen Kulturen vielleicht ganz andere, zum Beispiel handwerkliche Fähigkeiten die Kriterien für eine gelungene kindliche Entwicklung.

Jean Piagets kognitive Entwicklungslehre gilt als umfassendste empirisch abgesicherte entwicklungspsychologische Theorie des 20. Jahrhunderts. Sie gibt Anlass für unzählige weitere Untersuchungen. Nicht zuletzt markiert sie einen wissenschaftlichen Gegenpol zum Behaviorismus, wie er zu jener Zeit vor allem in der amerikanischen Psychologie vorherrscht (s. Kap 21 u. 22). Die geistigen Strukturen des Menschen zu betrachten und festzustellen, dass sie sich im Informationsaustausch mit der Umwelt bilden, das bedeutet aus streng behavioristischer Sicht, die Grenzen des Mess- und Beweisbaren zu überschreiten und damit unwissenschaftlich zu werden. In der Psychologie

113

setzt sich jedoch, gestützt vor allem auf Piaget, unter dem Stichwort »Kognitive Wende« in den 1960er- und 1970er-Jahren genau dieser umfassendere Ansatz durch.

Anekdote: Piaget ging es wie jedem Psychologen, der Entwicklungsphasen unterscheidet: Man nagelte ihn gern auf die Altersangaben fest, nicht zuletzt, um ihn dann empirisch zu »widerlegen«. In »Die Psychologie des Kindes« stellt er deshalb leicht genervt »ein für allemal« fest, dass Altersangaben immer nur ungefähr und durchschnittlich gemeint seien.

24 Lernen durch Bezugspersonen
Lew S. Wygotski

Welche Rolle spielt das soziale und kulturelle Umfeld bei der Ausbildung geistiger Fähigkeiten? Mit dieser Frage setzt Lew Semjonowitsch Wygotski bei der Entwicklungspsychologie Jean Piagets an, kommt aber zu etwas anderen Ergebnissen als jener. In der Sowjetunion wird er damit zu einem Hauptvertreter der so genannten Kulturhistorischen Schule.

Weg

Lew Semjonowitsch Wygotski wird 1896 im weißrussischen Orsha geboren. Als Student absolviert er in Moskau ein breit gefächertes Programm: Linguistik, Psychologie, Soziologie, Philosophie und Kunst. Anschließend ist er zunächst als Kunstkritiker und Lehrer tätig. Über die Frage, wodurch Kunstwerke im Betrachter Gefühle auslösen, kommt er zur Psychologie. In Gomel bei Tschernobyl richtet er an einer Schule ein kleines psychologisches Labor ein. Nach einem Vortrag auf einem neuropsychologischen Kongress in Leningrad 1924 wird er an die Moskauer Staatsuniversität berufen.

Hier übernimmt Wygotski mehrere Professuren und veröffentlicht zahlreiche Bücher. Er bearbeitet so unterschiedliche Themen wie Psychologie, Pädagogik, wissenschaftliche Methodenlehre und Pädologie. Diese Fachrichtung befasst sich mit der kindlichen Entwicklung und verbindet dabei Themen und Methoden aus Psychologie und Pädagogik. Sie ist aus der amerikanischen und der westeuropäischen Entwicklungspsychologie hervorgegangen und erlangt in der frühen Sowjetunion zeitweilig große Bedeutung. Einer ihrer Vertreter ist Lew Wygotski, der Pädologie lehrt und die Zeitschrift »Pädologie« herausgibt. Die unterschiedlichen Fachrichtungen, in denen er tätig ist, stellen für ihn ein großes Ganzes dar, ihre Erkenntnisse sollen sich gegenseitig ergänzen. Mit diesem Ansatz gehört er zur Kulturhistorischen Schule in der Sowjetunion. Gemeinsam mit zwei Kollegen bildet Wygotski die »Troika«, das Dreigespann der Kulturhistorischen Schule.

1934 verstirbt der vielseitige Wissenschaftler erst 37-jährig an Tuberkulose, im selben Jahr erscheint posthum seine bekannteste Aufsatzsammlung »Denken und Sprechen«.

IDEEN

Wygotski erweitert die psychologische Perspektive. In der Sowjetunion herrscht bis dahin noch die Reflexologie nach Iwan P. Pawlow (s. Kap. 19) vor. Ebenso wie die amerikanischen Behavioristen um John B. Watson (s. Kap. 21) betrachtet sie den Menschen ausschließlich nach seinem äußerlichen Verhalten. Die Kulturhistorische Schule setzt sich davon ab. Damit beginnt in der Sowjetunion, früher als im Westen, die Rückkehr zu einer Psychologie, die auch Geist und Bewusstsein des Menschen einbezieht.

Diese Schule kehrt aber weder zur Vorstellung Wilhelm Wundts (s. Kap. 3) zurück, das Bewusstsein bestehe aus miteinander verbundenen Wahrnehmungsvorgängen, noch schließt sie sich der entgegengesetzten Position an, der verstehenden Psychologie nach Wilhelm Dilthey (s. Kap. 4). Das Anliegen der Kulturhistoriker ist es, die experimentelle Verhaltensforschung zu erweitern: Auch die soziokulturellen Einflüsse, denen der Mensch während seiner Entwicklung ausgesetzt ist, sollen mitbetrachtet werden. Denn wenn Verhalten sich als Reflex oder Reaktion auf Reize ausbildet, dann müssen zu diesen Reizen doch auch die Einflüsse gezählt werden, die von anderen Menschen und von kulturellen Errungenschaften ausgehen.

LERN- UND KOGNITIONSPSYCHOLOGISCHE ANSÄTZE

Mit dieser Fragestellung setzt Wygotski bei der kognitiven Entwicklungspsychologie des gleichaltrigen Jean Piaget (s. Kap. 23) an, die ihn sehr inspiriert hat. Auch den Russen interessiert, wie ein Kind seine kognitiven Fertigkeiten ausbildet. Piaget erklärt diesen Entwicklungsprozess vor allem aus den mitgebrachten Anlagen, die sich in einem gut geförderten Kind mit fortschreitendem Alter entfalten. Wenngleich das Kind alle Informationen in stetigem Austausch aus seiner Umwelt bezieht, so steht für Piaget doch der mentale Reifungsprozess im Vordergrund. Wygotski hingegen fragt stärker danach, wie das soziale und kulturelle Umfeld in Form von Reizen auf das fortschreitende Lernen des Einzelnen zurückwirkt. Dabei stellt er fest, dass Kinder ihr Wissen aus ihrem sozialen Umfeld übernehmen und verinnerlichen (internalisieren).

Nach Wygotski entfaltet ein Kind seine geistigen Fähigkeiten in engem Kontakt mit einer wichtigen Bezugsperson. Diese teilt ihre Fähigkeiten mit dem Kind, das sie sich dann schrittweise zu eigen macht. Welche Entwicklungschancen ein Kind hat, hängt also stark von seinen Betreuungspersonen und deren Fertigkeiten ab – eine mittlerweile unbestrittene Erkenntnis. Wygotski zieht daraus die praktische Schlussfolgerung, dass gerade schwächer begabte und geistig behinderte Kinder nicht abgesondert werden dürfen, sondern mit normal begabten Kindern zusammen lernen sollen. Auch dieser Gedanke hat bis heute nichts von seiner Aktualität verloren.

Interessant ist, was Wygotski und Piaget zum Verhältnis von Denken und Sprechen feststellen. Während nach Piaget Denken, Sprechen und Handeln verschiedene Ausprägungen derselben geistigen Fähigkeiten sind, begreift Wygotski Denken und Sprechen als zwei völlig verschiedene Funktionen, die sich aber gegenseitig positiv beeinflussen. Ihm zufolge wandelt ein Kind, wenn es Sprechen gelernt hat, seine bereits zuvor gespeicherten Erinnerungen und sein Wissen mit Hilfe dieser neuen Fähigkeit grundlegend um. Der Geist des Menschen reorganisiert sich überhaupt immer wieder, wobei besonders die frühe Jugend wichtig ist: Dann nämlich erwirbt sich der Betreffende wissenschaftliche Konzepte, die ihm erlauben, souveräner mit eingehenden Informationen umzugehen, sie logisch zu ordnen. Ein wissenschaftliches Konzept ist zum Beispiel der Begriff »Säugetier«. Wer versteht, was er bedeutet, hat mit diesem Wissen das geeignete Instrumentarium, um die verschiedensten Tiere zu begreifen.

Auch hier lohnt der Vergleich mit Piaget: Der Genfer erklärt die Fähigkeit zur Logik und zur Abstraktion aus den Anlagen, die dem Menschen innewohnen und sich bei geeigneter Förderung entfalten. Wygotski hingegen führt diese Fähigkeit auf erworbene wissenschaftliche Konzepte zurück. In ihnen sieht er die unerlässliche Voraussetzung dafür, geistig nicht nur leistungsfähig, sondern auch gesund zu bleiben. Von der Pädagogik über die Entwicklungspsychologie bis hin zur Psychiatrie schlägt er hier einen jener weiten Bögen, die für diesen interdisziplinär denkenden Mann so charakteristisch sind.

Ausblick: Zwei Jahre nach Lew S. Wygotskis Tod wird die Pädologie in der Sowjetunion offiziell verboten. Für mehrere Jahrzehnte bleiben die Arbeiten des Wissenschaftlers unveröffentlicht. Bis heute ist längst nicht alles bekannt, was er geschrieben hat.

25 Eine angeborene Universal-
grammatik
Avram Noam Chomsky

Mit seiner Theorie, dass dem Menschen die Fähigkeit zur Grammatik angeboren sei, bezieht der amerikanische Sprachwissenschaftler Avram Noam Chomsky eine Gegenposition zum Behaviorismus. Er gehört zu den Wegbereitern der kognitiven Wende in der Psychologie.

Weg

Als Sohn eines jüdischen Gelehrten wird Avram Noam Chomsky 1928 in Philadelphia, Pennsylvania, geboren. In seiner Jugend hat er Kontakt zu anarchistischen Zirkeln, er befasst sich mit dem Bürgerkrieg und der sozialen Revolution in Spanien und entdeckt den Anarcho-Syndikalismus für sich. Diese politische Bewegung strebt die Überwindung jeglicher politischen

Herrschaft durch eine klassen- und staatenlose Kollektivordnung auf gewerkschaftlicher Basis an.

1945 beginnt Chomsky, Philosophie und Linguistik an der University of Pennsylvania und später in Harvard zu studieren. Ins Jahr 1953 fällt ein Kibbuz-Aufenthalt in Israel. 1955 wird Chomsky an der University of Pennsylvania promoviert und Assistenzprofessor am Massachusetts Institute of Technology (MIT) in Cambridge, Massachusetts. Seit 1961 lehrt er hier als Professor für Linguistik und Philosophie. Seine Arbeiten, die über die Grenzen der Sprachwissenschaften hinaus in die Psychologie und andere Disziplinen reichen, machen ihn schon bald zum wichtigsten und vielfach ausgezeichneten Theoretiker seiner Fachrichtung.

Daneben wird Noam Chomsky durch sein politisches Engagement bekannt. Er gilt als einer der bedeutendsten intellektuellen Kritiker der Weltpolitik, zumal der Außenpolitik der USA, und der kapitalistischen Globalisierung. Einen Schwerpunkt legt er in diesem Zusammenhang auf die seiner Ansicht nach beschwichtigende und verharmlosende Funktion der Medien.

IDEEN

Mit Noam Chomsky setzt sich die Reihe der Wissenschaftler fort, die das Phänomen des menschlichen Lernens anders als die Verhaltenstheoretiker behandeln – nämlich aus kognitiver Sicht, also unter Berücksichtung geistiger Strukturen und Inhalte. Die Behavioristen in der Tradition von John B. Watson (s. Kap. 21) und Burrhus F. Skinner (s. Kap. 22) betrachten Mensch und Tier als »black box«: Sie erklären, grob gesagt, jedes lebendige Verhalten – auch das Sprechen – als Lernprozess durch das Zusammenspiel von Reiz und Reaktion. Dagegen betrachten andere Psychologen das Innere des Menschen, seine geistigen Fähigkeiten und deren Entwicklung, im stetigen Austausch mit der Umwelt, so etwa Jean Piaget (s. Kap. 23), der Begründer der kognitiven Entwicklungspsychologie, und Lew S. Wygotski (s. Kap. 24), ein Vertreter der sowjetischen Kulturhistorischen Schule.

Piaget und Wygotski machen Entwicklungsfortschritte nicht zuletzt am Spracherwerb des Kindes fest. Hier kommt nun der

Linguist Noam Chomsky ins Spiel, der 1959 Skinners Buch »Verbal Behavior« kritisch bespricht und eine Gegenposition zum Behaviorismus einnimmt. Er sagt, dass der Mensch mit der Fähigkeit, Sprachen zu verstehen und zu lernen, geboren wird und allgemeine Sprachformen folglich biologisch verankert sein müssen. Das macht er unter anderem daran fest, dass keinem Kind seine Muttersprache unter Anwendung aller grammatischen Regeln vollständig vorgesprochen wird. Trotzdem ist es irgendwann in der Lage, selbstständig Sätze zu bilden, die es so niemals zuvor gehört hat. Das Kind muss also Hirnstrukturen besitzen, die es befähigen, selbst Sprachregeln zu entwickeln und auf seinen wachsenden Wortschatz anzuwenden. Ein Begriff für diese angeborenen Strukturen ist die Universalgrammatik.

Mit seiner Theorie bezieht Chomsky Stellung auf einem geradezu verminten Terrain der Psychologie. Denn die Frage, ob es so etwas wie angeborene geistige Inhalte gibt, ist in der Vergangenheit ebenso vehement bejaht wie verneint worden. Die Bewusstseinspsychologen in der Tradition Wilhelm Wundts (s. Kap. 3) vermuteten, gespeicherte und miteinander verknüpfte Wahrnehmungen seien die kleinsten Einheiten des Bewusstseins. Die Gestaltpsychologen (s. Kap. 6) votierten für größere »Gestalten« als naturgegebene, leitende Zielvorstellungen des menschlichen Wahrnehmens und Handelns. Sigmund Freud (s. Kap 7) sprach vom individuellen, Carl Gustav Jung (s. Kap 9) vom kollektiven Unbewussten und von der Dynamik, mit der die dort gespeicherten Motive im Bewusstsein wirken. Dann traten die Behavioristen auf den Plan, lehnten all dies als unbeweisbare Spekulation ab und erklärten lebendiges Verhalten als äußerliche Reaktion auf äußere Reize (s. Kap. 21 u. 22). Dagegen gingen Entwicklungspsychologen wie Jean Piaget von kognitiven Strukturen aus, die sich im Geist des Menschen als innere Abbilder seiner erlebten Wirklichkeit bilden.

Mit der sprachwissenschaftlich-psychologischen Theorie von der angeborenen Universalgrammatik trägt Chomsky nun, ebenso wie Jean Piaget, dazu bei, dass die behavioristische Vorherrschaft, die bis dahin in der amerikanischen Psychologie besteht, einer vielschichtigeren Betrachtungsweise Platz macht. Diese Neuorientierung ist unter dem Namen »kognitive

Wende« in die Psychologiegeschichte eingegangen. Zu ihr haben neben der kognitiven Entwicklungspsychologie auch die Gestaltpsychologie (s. Kap. 6) und die Humanistische Psychologie (s. Kap. 31 u. 36) beigetragen, deren Vertreter meist aus Nazi-Deutschland in die USA emigriert waren. Nun beginnt, an den Lehrstühlen und in der Praxis, die Zeit der kognitiven Therapien, der Lerntheorien und der humanistischen Ansätze. Ihnen allen ist gemeinsam, dass sie die Inhalte unterschiedlicher älterer Schulen integrieren.

Übrigens: In Deutschland hat Noam Chomsky 1996 die Helmholtz-Medaille der Berlin-Brandenburgischen Akademie der Wissenschaften und 2004 den Carl-von-Ossietzky-Preis für Zeitgeschichte und Politik der Stadt Oldenburg erhalten. Mit dem zweiten Preis wird ausdrücklich Chomskys Lebenswerk als politischer Analytiker und Medienkritiker gewürdigt.

26 Die Kraft der Einsicht
Albert Ellis

Mit seinem Ansatz, die selbstschädigenden Gedanken des Patienten zu betrachten, gehört Albert Ellis zu den Protagonisten der kognitiven Wende, also der Rückbesinnung auf das Denken und Fühlen in der Abkehr vom Behaviorismus. Seine Rational-Emotive Verhaltenstherapie (REVT) setzt stark auf die verändernde Kraft der Einsicht.

Weg

Eigentlich will er ja Schriftsteller werden. Als Sohn jüdischer Einwanderer 1913 in Pittsburgh, Pennsylvania, geboren und in New York aufgewachsen, arbeitet Albert Ellis jedoch zunächst als Geschäftsmann. Für seine zahlreichen Texte findet er keinen Verleger. 30-jährig beginnt er Psychologie zu studieren, ist beraterisch tätig und unterzieht sich schließlich einer Lehranalyse.

Als Psychoanalytiker arbeitet Ellis allerdings nur kurz: Die Ergebnisse stellen ihn nicht zufrieden. Anfang der 1950er-Jahre

setzt er sich zunächst für eine Weiterentwicklung des psychoanalytischen Ansatzes ein. Er fordert größere Anstrengungen
hinsichtlich der Theoriebildung und der methodischen Überprüfbarkeit. Schließlich wendet Ellis sich von der Psychoanalyse ab und orientiert sich statt am Unbewussten an der Wahrnehmung des Patienten und an dessen Verhalten – ein Vorgehen,
das er mit Carl Rogers teilt, dem Begründer der Gesprächspsychotherapie (s. Kap. 34).

Im Rückgriff auf eigene praktische Erfahrungen entwickelt
Ellis nun die so genannte Rationale Therapie. Sie setzt bei den
geistigen Funktionen des Menschen an, indem sie psychische
Probleme als Ergebnis falscher und beeinträchtigender Ideen
und Schlussfolgerungen begreift. Anfang der 1960er-Jahre be-
nennt Ellis seinen Ansatz in Rational-Emotive Therapie (RET)
um, nachdem er neben den kognitiven auch die emotionalen
Vorgänge stärker in den Blick genommen hat. Mittlerweile hat er
sie in Rational-Emotive Verhaltenstherapie (REVT) umbenannt.
Dieser Bezeichnung folgt auch der vorliegende Text.

In der amerikanischen Psychologie ist die REVT zu Beginn in
einer Außenseiterposition. »Zu simpel, um wirklich zu funktionieren«, lautet der Haupteinwand. Zu den wenigen Befürwor-
tern gehört der Persönlichkeitsforscher Hans Jürgen Eysenck
(s. Kap. 49), der für die Verbreitung von Ellis' Ansatz eintritt.
Und langsam setzt sich die REVT schließlich durch. 1962 erscheint Ellis' Buch »Reason and emotion in psychotherapy« (dt.
»Grundlagen und Methoden der rational-emotiven Verhaltenstherapie«, 1977), 16 Jahre später folgt das Handbuch der RET
(dt. »Praxis der rational-emotiven Therapie«, 1979). Da kann Ellis seinen Ansatz bereits als etabliert betrachten. In den 1970er-
Jahren ist die REVT auch in Deutschland verbreitet.

Die Zuordnung der REVT zu einer psychologischen Schule
ist kompliziert. Ihr Schöpfer hat sie lediglich als den Verhaltenstherapien »verwandt« bezeichnet. Den reinen Behaviorismus
lehnt Ellis wegen dessen Beschränkung auf das äußerlich Beobachtbare ohnehin ab, er gehört damit zu der zeitgleich ein-
setzenden Abkehrbewegung von jener Schulrichtung, die unter
dem Namen kognitive Wende in die Psychologiegeschichte
eingegangen ist. Ellis hat sich aber auch stets dagegen gewehrt,
dass die REVT zu den kognitiven Verhaltenstherapien gezählt

wird. Allerdings setzt seine Methode ebenso bei den gedanklichen Funktionen des Menschen an wie jene, weshalb sie ihnen doch meistens zugeordnet wird. Vor allem zur kognitiven Therapie nach Aaron T. Beck (s. Kap. 27) bestehen – bei einigen grundsätzlichen Unterschieden – in methodischer Hinsicht deutliche Ähnlichkeiten.

IDEEN

»Menschen werden nicht durch die Dinge an sich beunruhigt, sondern durch die Meinungen, die sie darüber haben.« Dieser Ausspruch des griechischen Stoikers Epiktet (ca. 50–130 n. Chr.) fasst den Ausgangspunkt der REVT wie auch anderer kognitiver Verhaltenstherapien zusammen. Er bestätigt sich im Alltag dadurch, dass Menschen auf die gleiche Erfahrung ganz unterschiedlich reagieren können. Das Scheitern einer Liebesbeziehung zum Beispiel wird vom einen als Katastrophe und totale Infragestellung des eigenen Wertes erlebt. Der andere reagiert darauf zwar auch mit Trauer, aber ohne abgrundtiefe Selbstzweifel.

Ellis beschreibt die Kette, die vom Ereignis zur Reaktion führt, nach einem A-B-C-Schema. A steht für die aktivierende Erfahrung (activating element), also in diesem Fall die Trennung vom Partner. C ist die Schlussfolgerung (consequence). Zwischen den beiden steht als Bindeglied B eine irrationale Einschätzung (irrational belief, iB). In diesem Fall könnte iB lauten: »Die Trennung ist ein Zeichen dafür, dass ich grundsätzlich beziehungsunfähig bin. Mit mir kann es einfach niemand aushalten.«

Ellis formuliert zwölf irrationale Ideen als Grundkategorien, denen er immer wieder bei seinen Patienten begegnet. Zu ihnen gehört etwa die Überzeugung, dass man von jedem Menschen gemocht werden oder dass man in allen Bereichen möglichst perfekt sein müsse. Diese Ideen führt Ellis einerseits auf eine ererbte Veranlagung zurück und andererseits auf eine frühe Prägung durch Familie und Gesellschaft.

Oft hängt sich an ein primäres A-B-C-Schema ein sekundäres, das mehr bewusst ist als das primäre. Dann ist es sinnvoll, in der Therapie damit zu beginnen. Im Fall des Trennungsbeispiels könnte dies ein klammerndes Verhalten in der nächsten

Beziehung sein, mit dem dahinter stehenden Glaubenssatz: »Ich drohe bald wieder verlassen zu werden und muss alles tun, um das zu verhindern.«

Die REVT setzt nun bei der Klärung von A an. Denn unter dem unbewussten Einfluss von B wird oft schon A falsch bewertet. Sorgfältig betrachtet der Therapeut die Gedanken und Gefühle, die A im Patienten hervorruft. Es wird darauf geachtet, Gedanken von Gefühlen zu unterscheiden und auch Gefühle richtig zu benennen. Wut ist zum Beispiel Wut und nicht Trauer – auch wenn Trauer weniger gefährlich auf Mitmenschen wirkt und daher oft als unbewusst gewählte Maskierung für eine dahinterstehende Wut dient.

Dem Patienten sind meist nur A und C bewusst. Im sokratischen Dialog soll er deshalb die Existenz von iB erkennen und durch rationale Widerlegungen zugleich das Irrige daran. Sokratisch bedeutet: Der Patient kommt von selbst darauf, und der Therapeut, der ihm wie ein Lehrer gegenübersteht, geleitet ihn durch geschickte Interventionen zu dieser Erkenntnis. Für diese Etappe des Disputierens und Debattierens, Diskriminierens (im Sinne von Unterscheiden) und Definierens steht ein D, welches das A-B-C-Schema ergänzt.

Immer wieder soll der Patient auch im Alltag selbst nach B forschen, wenn er zwischen A und C hängt und leidet. Mit Hilfe von Gegenindoktrinationen, also Sätzen, die er sich im kritischen Moment selbst vorsagt, soll er vermeiden, wieder in die Falle von iB zu geraten. Gearbeitet wird aber nicht nur mit Argumenten, sondern auch auf der Gefühlsebene, etwa mit Fantasieübungen und mit inneren Bildern, die sich der Patient in Krisensituationen vergegenwärtigen soll. Die Bandbreite möglicher Interventionen ist sehr groß, sie umfasst auch humorvolle Aussagen, bei denen die iBs ins Lächerliche gezogen werden.

Das A-B-C-Schema soll übrigens weniger als Nacheinander denn als Ineinander begriffen werden: Immer wieder wird man im Lauf der Therapie zu A zurückkehren, und immer wieder wird man irrationale Ideen aufdecken. Letztlich kommt es auf das Geschick und die Erfahrung des Therapeuten an, damit er gemeinsam mit dem Patienten dessen spezifische irrationale Ideen und Glaubenssätze aufdecken kann. Kritiker merken an, dass die Definition dessen, was denn irrational ist, bei Ellis nicht eindeutig sei. Außerdem bräuchten Menschen ein gewisses Maß an Irrationalität, um das Leben bewältigen zu können, und es werde zudem nicht wirklich klar, wie der Wechsel von iB zu realistischen Gedanken zu schaffen wäre.

Gleichwohl ist die Wirksamkeit der REVT als Einzel- und Gruppentherapiemethode bei Ängsten und Depressionen, bei Partnerschaftsproblemen und psychosomatischen Beschwerden festgestellt worden. Und jeder hat wohl schon bei sich selbst eine Negativspirale selbstschädigender Gedanken erlebt und dass man ihr mit klarem Kopf am besten wieder entkommen kann. Viele Verhaltenstherapeuten haben sich denn auch, über die Grenzen psychologischer Schulrichtungen hinaus, Elemente von Ellis' Ansatz zu eigen gemacht.

Übrigens: Ein Kennzeichen irrationaler Ideen ist ihre Absolutheit. Selbsteinschätzungen nach dem Muster von »nie« und »immer« sind sehr verdächtig. In der REVT soll der Patient realistische Ziele für sich formulieren und, anstatt alles von anderen Menschen oder vom Schicksal zu erwarten, selbst etwas dazu tun – freilich ohne Perfektionsanspruch. Mit dieser Einschätzung bietet die REVT einen interessanten Ansatz für die Problembewältigung im Alltag.

27 Schluss mit negativen Gedanken
Aaron T. Beck

Der Begründer der kognitiven Therapie setzte auf Verhaltensänderung durch Einsicht: Aaron Beck half seinen Patienten, automatisch ablaufende, selbstschädigende Gedanken zu erkennen und durch konstruktivere Einstellungen zu ersetzen. Damit gehört er zu den Protagonisten der kognitiven Wende in der Verhaltenstherapie.

Weg

Aaron T. Beck wird 1921 in Providence, Rhode Island, geboren. Er studiert Medizin an der Brown University in Providence und ab 1942 an der Yale University in New Haven, Connecticut, wo er

1946 promoviert wird. Sein ursprüngliches Berufsziel ist Psychiater, jedoch lässt er sich zunächst zum Neurologen ausbilden, weil er an der Psychiatrie die damalige Praxis des Wegschließens und Verwahrens kritisiert. Während einer Vertretung auf einer psychiatrischen Station stellt er dann fest, dass sich diese Zustände inzwischen gebessert haben, und sattelt doch noch um.

Als Psychiater befasst sich Beck unter anderem mit Langzeitpsychotherapie, er ist als Supervisor an einem psychoanalytischen Institut tätig und während des Koreakrieges 1950–1953 als stellvertretender Chefarzt in der Neuropsychiatrie eines Militärkrankenhauses. 1954 geht er als Professor für Psychiatrie an die University of Pennsylvania, wo er bis zu seiner Emeritierung bleibt. Hier beginnt er, die Depression psychoanalytisch zu erforschen, wendet sich dann jedoch vom psychoanalytischen Ansatz ab und entwickelt die von ihm so genannte kognitive Therapie. Er befasst sich vor allem mit der Behandlung von Depressionen, aber auch mit der Therapie von Suizidgefährdeten, von Angst- und Suchterkrankten, Schizophrenen und Patienten mit Borderline-Syndrom. Die Arbeitsweise der kognitiven Therapie legt er als Autor oder Co-Autor in 17 Büchern dar, dazu kommen hunderte Aufsätze – die Gesamtzahl seiner Publikationen liegt bei über 450.

Aaron T. Beck wird von Fachleuten unter die fünf einflussreichsten Psychotherapeuten der Geschichte gezählt. Auf seine Arbeiten in den 1950er- und 1960er-Jahren geht der mittlerweile selbstverständliche Ansatz zurück, unterschiedliche Therapiemethoden durch einheitliche Bewertungsmaßstäbe wissenschaftlich vergleichbar und überprüfbar zu machen. Zahlreiche Auszeichnungen, zwei Ehrendoktorwürden, Gastprofessuren in Harvard, Yale und Columbia belegen Becks Bedeutung für die Psychologie.

Ideen

Wie Albert Ellis (s. Kap. 26) setzt auch Aaron T. Beck bei den Kognitionen an, mit denen der Patient Erfahrungen deutet, also bei seinen Einstellungen, Gedanken, Bewertungen und Überzeugungen. Seelische Probleme erklärt er entsprechend als Folge falscher Kognitionen.

LERN- UND KOGNITIONSPSYCHOLOGISCHE ANSÄTZE

Alles gruppiert sich um das Selbstbild, das Beck als »persönliche Domäne« eines jeden Menschen bezeichnet. Das Selbstbild dient als Maßstab für die Bewertung der Ereignisse und die daraus folgenden Gefühle: Was als dem Selbstbild förderlich empfunden wird, löst positive Gefühle aus, was als schädlich empfunden wird, entsprechend negative. In seiner Arbeit mit Depressiven entwickelt Beck sein Modell der »kognitiven Trias« aus negativem Selbstbild, negativer Deutung der Erfahrungen und negativer Zukunftserwartung.

Während Ellis das Bindeglied der irrationalen Ideen aufdecken will, das zwischen einer Situation und der jeweiligen Schlussfolgerung steht, macht Beck seine Patienten auf die so genannten automatischen Gedanken aufmerksam, die bei ihnen wegen der »kognitiven Trias« immer wieder unbewusst ablaufen und für eine verzerrte Wahrnehmung der Ereignisse sorgen. Im Anschluss an einen vom Entwicklungspsychologen Jean Piaget (s. Kap. 23) verwendeten Begriff nennt Beck das Muster, nach dem ein Mensch bestimmte Situationen deutet und auf sie reagiert, ein Schema (vom griechischen Wort für Haltung, Gestalt, Form). Wenn zum Beispiel eine Frau wider besseres Wissen immer wieder zu ihrem gewalttätigen Mann zurückkehrt, so liegt dem ein Schema zugrunde. Schemata sind in vielen Fällen durchaus nützlich, nämlich als Organisationsform der kognitiven Strukturen: In ihnen bündelt der menschliche Geist Informationen zu einem bestimmten Thema und speichert sie ab. Schemata helfen, neue Informationen durch Wiedererkennungseffekte schneller einzuordnen und entsprechend zu handeln. So beeinflussen sie die Wahrnehmung, auch die Selbstwahrnehmung, und das bedeutet: Einmal eingeschliffene Muster können sich selbst immer mehr verstärken.

Ähnlich wie Ellis formuliert Beck Grundmuster von falschen Kognitionen, die ihm in ähnlicher Form bei Patienten immer wieder begegnet sind. Es handelt sich um:

Personalisierung: Der Betreffende bezieht alles auf sich, beispielsweise die schlechte Laune des Chefs.

Polarisierung: Der Patient denkt in Extremkategorien wie »immer« und »nie«, »gut« und »böse« und ist nicht dazu in der Lage, das »halbvolle Glas zu sehen«, wie man so schön sagt.

Selektive Abstraktion: Es wird nicht das Ganze einer Situation betrachtet, sondern nur bestimmte Einzelaspekte, die man damit überwertet. Wenn etwa bei einer Prüfung drei Noten gut und eine schlecht waren, wiegt die schlechte Note schwerer als alle guten zusammen.

Übergeneralisierung: Aus Einzelerlebnissen werden allgemeine Überzeugungen abgeleitet, zum Beispiel aus einer schlechten Erfahrung mit einem Menschen die Überzeugung, dass alle Menschen schlecht sind.

Übertreibung: Aus der sprichwörtlichen Mücke wird ein Elefant gemacht.

Die Patienten bekommen bei Beck als Hausaufgabe auf, sich im Alltag zu beobachten, um ihre automatischen Kognitionen zu entdecken und zu notieren. Im Therapiegespräch werden diese Gedanken und die möglicherweise dahinterstehende kognitive Trias analysiert. Der Patient lernt, dass seine Vermutungen und Schlussfolgerungen oft nicht den Tatsachen entsprechen, sondern subjektiv hergestellt worden sind. Gemeinsam mit dem Therapeuten erarbeitet er neue, förderliche Gedanken und wendet sie in konkreten Situationen an. Die positiven Erfahrungen werden die Gültigkeit der neuen Kognitionen bestätigen. So eröffnet sich ein konstruktiver Kreislauf anstelle des Teufelskreises der kognitiven Trias.

Die kognitive Therapie ist insofern mit der Verhaltenstherapie von Joseph Wolpe (s. Kap. 22) verwandt, als beide das seelische Problem als Verhaltensproblem sehen und bei der aktuellen Situation ansetzen, statt, wie in der Tiefenpsychologie, nach zurückliegenden Ursachen in der Lebensgeschichte des Patienten zu fragen. Jedoch beschränkt sich die klassische Verhaltenstherapie als Kind des Behaviorismus auf das beobachtbare Verhalten und versucht es mit Hilfe neurophysiologischer Mechanismen zu verändern. Die kognitive Therapie arbeitet hingegen mit den Gedanken- und Gefühlsstrukturen, die dem Verhalten zugrunde liegen. Damit bleibt auch diese Therapieform im Hier und Jetzt, sie setzt aber auf eine strukturelle Veränderung der Persönlichkeit durch Einsicht: Die Gedankensysteme sollen erkannt und positiv verändert werden. An diesem Prozess nimmt der Patient als aktiver Denker und Dialogpartner teil.

LERN- UND KOGNITIONSPSYCHOLOGISCHE ANSÄTZE

Im Blick auf die Psychoanalyse (s. Kap. 7) betont Beck, dass die kognitive Therapie mit weitaus weniger Theorien auskommt als jene, was die psychische Organisation des Menschen betrifft. Zum Beispiel spricht sie statt des Freudschen Über-Ichs von negativen Kognitionen und bleibt damit näher am psychischen Geschehen. Bewusstes und Unbewusstes unterscheidet sie nicht, vielmehr sieht sie das Bewusstsein als einen einheitlichen Fluss.

Als erster Therapeut hat Aaron T. Beck die kognitive Therapie zur Behandlung von Depressionen eingesetzt. Deren Symptome führen leicht zu einer weiteren Verstärkung dieser Krankheit: Depressive Menschen sehen aufgrund ihrer Lethargie und ihrer negativen Gefühle alles durch die schwarze Brille, was die Störung verschlimmert. Indem sich die Patienten ihre negativen Kognitionen klarmachen und förderliche Alternativen formulieren, kann die Abwärtsspirale gestoppt werden. Die Wirksamkeit der kognitiven Therapie, zumal in Kombination mit antidepressiven Medikamenten, ist in vielen Studien belegt worden. Auch zur Behandlung von Ängsten, Suchterkrankungen und Partnerschaftsproblemen wird diese Methode angewandt. Heute herrscht in der kognitiv orientierten Verhaltenstherapie der Trend vor, über enge Schulgrenzen hinweg auf verschiedene nützliche erkannte Methoden zurückzugreifen. So kann etwa der kognitive Ansatz mit der systematischen Desensibilisierung und mit Entspannungsübungen kombiniert werden.

Übrigens: Verhaltenstherapeutische Ansätze arbeiten im Allgemeinen mit einer kürzeren Behandlungsdauer als tiefenpsychologische, damit ist jedoch nichts über eine bessere oder schlechtere Wirksamkeit ausgesagt. Fest steht allerdings, dass bei allen Therapieformen eine gelungene Beziehung zwischen Therapeut und Patient für den Erfolg der Behandlung unverzichtbar ist. Letztlich hängt die Empfehlung für eine Therapieform neben der fachlichen Indikation auch von den Lebensumständen des Patienten und dessen eigenen Wünschen ab.

28 Alles nur Nachahmung
Albert Bandura

Der kanadische Psychologe Albert Bandura ist durch eine neue Theorie des Lernens bekannt geworden. Sie besagt, dass Verhaltensweisen, zumal zwischenmenschliche, nicht durch Konditionierung erworben werden, sondern durch die Beobachtung von Leitbildern und Modellen.

Weg

Als Kind polnisch-ukrainischer Einwanderer wird Albert Bandura im Jahr 1925 in Mundare in der kanadischen Provinz Alberta geboren. Durch die Arbeit als Schienenleger und als Verkäuferin sparen seine Eltern genug Geld an, um eine kleine Farm zu erwerben. Hier wächst Bandura mit vielen Geschwistern auf. Zum Psychologiestudium geht er an die University of British Columbia in Vancouver und anschließend an die State University of Iowa, wo er 1952 promoviert wird.

Im Jahr darauf wechselt Bandura an die Stanford University in Kalifornien, wo er bis zur Emeritierung bleibt. Als Psychologe steht er in der Tradition der Lerntheorien, zu seinen akademischen Vorvätern zählt er John B. Watson (s. Kap. 21) und William James (s. Kap. 20). Er interessiert sich für die Anwendung der Lerntheorie auf die Erforschung und Behandlung psychischer Störungen, also auf so genannte klinische Phänomene. Dabei betrachtet er besonders die Wechselbeziehungen (Interaktionen) zwischen den beteiligten Personen.

Bandura nimmt an, dass Lernen nicht allein durch den Reiz-Reaktionszusammenhang erklärt werden kann, wie die Behavioristen es taten. Er richtet, wie vor ihm schon Jean Piaget (s. Kap. 23) und Lew Wygotski (s. Kap. 24), sein Augenmerk auf die sprachlichen und sozialen Aspekte des Erwerbs von Verhaltensweisen. Bei der Untersuchung innerfamiliärer Ursachen für kindliche Aggressivität entdeckt er, welche Bedeutung praktische Vorbilder für das Lernen haben. Dass zwischenmenschliche Wechselbeziehungen und kognitive Prozesse bei der Persönlichkeitsentwicklung und auch in der Psychotherapie eine entscheidende Rolle spielen, diese Erkenntnis macht er in mehreren Büchern populär.

1974 wird Albert Bandura zum Präsidenten der American Psychological Association gewählt. Er erhält zahlreiche Auszeichnungen, darunter zwölf Ehrendoktorwürden, eine von der Freien Universität Berlin. Seit den 1980er-Jahren untersucht er die Denkprozesse, die für die Reflexion des Menschen über sich selbst eine Rolle spielen: für das Anstreben persönlicher Ziele, für das Selbstverständnis und die Bewertung des eigenen Könnens. Mit über 80 Jahren forscht und lehrt er nach wie vor in Stanford.

IDEEN

Albert Bandura gehört zu den Vertretern der sozial-kognitiven Theorie. Bei der Frage, was das Verhalten des Menschen bestimmt, betont diese Theorie in Abgrenzung zum Behaviorismus den persönlichen Handlungsspielraum des Menschen, die soziale Dimension des Verhaltens, den Stellenwert kognitiver (also denkerischer) Prozesse und die Bedeutungslosigkeit, die direkte Belohnungen für den Lernenden haben, wenn es darum geht, sich soziale Verhaltensweisen zunächst erst einmal anzueignen.

Nach Bandura lernen Menschen, indem sie das Verhalten eines anderen Menschen nachahmen, das sie zuvor beobachtet haben. Dieser Theorie liegen die bekannt gewordenen »Bobo Doll-Studien« zugrunde: Bandura lässt filmen, wie eine Studentin auf eine große, luftgefüllte Clownsfigur einprügelt, die daraufhin gut erkennbar hin und her schwingt. Dieser Film wird Kindergartenkindern gezeigt. Anschließend kommen die Kinder in einen Raum mit vielen Spielsachen, darunter auch einer solchen Clownsfigur und ein paar kleineren Hämmern. Tatsächlich prügeln viele Kinder schon bald auf die Figur ein und ahmen damit das Verhalten der Studentin im Film nach – ohne zuvor einen Anreiz, eine Belohnung dafür in Aussicht gestellt bekommen zu haben, wie man es nach behavioristischer Theorie vermuten würde. Das Experiment wird anschließend mit vielen Varianten durchgeführt, wobei sich die Ergebnisse bestätigen.

Der Zusammenhang von Beobachten und Nachahmen tritt also bei Bandura an die Stelle der behavioristischen Konditionierung. Ein anderer Mensch dient Lernenden mit seinen Worten und Taten als Modell oder Leitbild. Gelernt werden sowohl freundliche (prosoziale) als auch feindliche (antisoziale) Verhaltensweisen. Beide Spielarten lassen sich umso leichter erlernen, je akzeptierter das Modell ist, je mehr Ähnlichkeit der Beobachter zwischen sich und dem Vorbild empfindet und je stärker sich das beobachtete Modell von anderen, ebenfalls wahrgenommenen Verhaltensweisen abhebt. Natürlich muss der Beobachter von seinen Fähigkeiten her überhaupt in der Lage sein, das wahrgenommene Verhalten selbst anzuwenden. Je nachdem, ob das beobachtete Modell Erfolg mit seinem Verhalten hat, steigt oder sinkt die Hemmschwelle, dieses Verhalten selbst anzuwenden. Der Lernende muss selbst keine Belohnung für sein Verhalten bekommen – es genügt, wenn er sieht, wie das Verhalten des Vorbilds durch Erfolg belohnt wurde. Das weckt in ihm die Erwartung, den gleichen Erfolg zu haben, und damit die Motivation zum Lernen.

Erlerntes Verhalten muss man nicht unbedingt sofort anwenden – man speichert es im Gedächtnis ab. Eine neue Verhaltensweise wird in einer bestimmten Situation erlernt und lässt sich künftig nutzen. Wenn ein Verhalten bereits beherrscht wird, genügt eine Situation, in der andere es anwenden. Sie animieren als Modelle den Betreffenden zum Mitmachen. So erklären sich zum Beispiel Gruppen- und Massenphänomene.

Die Erkenntnis, dass auch zerstörerische Verhaltensweisen durch Lernen am Modell erworben werden, berührt die brisante Frage, ob der Konsum von gewaltverherrlichenden Medien die Gewaltbereitschaft erhöht. Untersuchungen zeigen: Bei manchen Menschen und in manchen Gesellschaften schwindet bei fortgesetztem Konsum solcher Medien das Unbehagen an Gewaltszenen. Auch sinkt dann die Hemmschwelle, selbst aggressiv zu werden. Der Effekt verstärkt sich noch, wenn die Betreffenden erleben, dass sie mit ihrem Verhalten Erfolg haben.

Bandura erprobt das Lernen am Modell auch in Bezug auf die Psychotherapie und zeigt seine Wirksamkeit bei der Behandlung von Ängsten: Wenn etwa Kinder an anderen Kindern ein furchtloses Verhalten gegenüber Hunden beobachten, so können sie dieses Verhalten für sich übernehmen. Daraus entwickelt der kanadische Psychologe die so genannte Modeling Therapy. Deren wichtigster Bestandteil ist die Selbstregulierung: Der Patient beobachtet sich, er beurteilt sich selbst, indem er sein Verhalten mit wahrgenommenen Standards vergleicht, und er gibt sich positive Rückmeldungen. Wer sich selbst kontinuierlich bestätigt, die eigenen Standards zu erfüllen, hat ein positives Selbstkonzept – auch das ist ein zentraler Begriff bei Bandura. Um dieses Ziel zu erreichen, soll sich der Einzelne ausschließlich erreichbare Standards setzen und vor allem die eigenen Erfolge betrachten. So formt sich der Mensch durch sein Denken und Handeln selbst, er ist nicht nur das Produkt der Einflüsse seiner Umwelt oder seiner Triebe, sondern er ist »selbstwirksam«, er verwirklicht sein eigenes Selbstkonzept. Nach dieser Methode beeinflusst der Mensch durch sein Vertrauen in das eigene Können sein Handeln: etwa in der Wahl der Herausforderungen, in der Anstrengung und im Durchhaltevermögen. Der Gedanke des Selbstkonzepts ist auch ein Bestandteil der Therapieansätze von Albert Ellis und Aaron T. Beck (s. Kap. 26 u. 27).

Übrigens: Einen schweißtreibenden Ferienjob hatte Albert Bandura nach seinem High School-Abschluss: Einen Sommer hindurch füllte der Sohn eines ehemaligen Schienenlegers Schlaglöcher im Alaska Highway.

29 Hilflos aus Erfahrung
Martin E. P. Seligman

Mit seinem Modell der erlernten Hilflosigkeit hat Martin E. P. Seligman viel zum Verständnis von psychischen Erkrankungen, aber auch von sozialen Situationen wie Armut und Arbeitslosigkeit beigetragen. Der amerikanische Psychologe ist außerdem Begründer der Positiven Psychologie.

WEG

Martin E. P. Seligman wird 1942 in Albany, New York, geboren. Er studiert Philosophie an der Princeton University und Psychologie an der University of Pennsylvania in Philadelphia, wo er 1967 promoviert wird. Er geht als Psychologiedozent an die Cornell University in Ithaca, New York, und 1970 zurück an die University of Pennsylvania. Hier lehrt er seit 1999 als Professor für Psychologie.

Martin Seligman wird berühmt durch sein Konzept der erlernten Hilflosigkeit. 1975 erscheint »Helplessness. On Depression, Development and Death«, (dt. »Erlernte Hilflosigkeit«, 1979). Er ist zugleich Begründer der so genannten Positiven Psychologie. Diese Richtung befasst sich schwerpunktmäßig nicht mit den seelischen Leiden des Menschen, sondern mit dem, was das Leben glücklich macht. Sie erforscht die positiven Gefühle und die Charaktereigenschaften, deren Stärkung für das Erleben positiver Gefühle hilfreich ist. Dabei wird auch die Frage mitberücksichtigt, wie die Strukturen und Institutionen beschaffen sein müssen, damit die in ihnen lebenden und arbeitenden Menschen Glück erleben können.

Martin Seligman ist längere Zeit als Präsident des Fachbereichs Klinische Psychologie in der American Psychological Association tätig, bevor ihn diese Vereinigung mit der größten Mehrheit in ihrer Geschichte 1998 für ein Jahr zum Präsidenten wählt. Neben vielen Fachbüchern und -artikeln verfasst er zahlreiche populärwissenschaftliche Bestseller zu Themen der Positiven Psychologie. Bekannt geworden sind zum Beispiel »Learned Optimism« von 1990 (dt. »Pessimisten küsst man nicht«, 1991) und »Authentic Happiness« von 2002 (dt. »Der Glücksfaktor«, 2003).

IDEEN

Sein Modell der erlernten Hilflosigkeit entwickelt Seligman in Versuchen mit Hunden. Eine Gruppe von Tieren wird kurzen Elektroschocks ausgesetzt. Die Hunde können die Schocks jedoch selbsttätig abstellen und lernen die dazu notwendige Bewegung auch sehr schnell. Eine zweite Tiergruppe wird zur

Lern- und kognitionspsychologische Ansätze

selben Zeit denselben Schocks ausgesetzt, hat aber nicht die Möglichkeit, sich selbst zu helfen. Eine dritte Gruppe von Hunden sitzt zeitgleich in einem ähnlichen Versuchsapparat, bekommt aber keine Schocks.

Dann geht das Experiment in die zweite Phase: Die Tiere werden in eine so genannte shuttle-box gesetzt. Dieser Versuchsapparat besteht aus zwei Käfigen, die miteinander verbunden sind. Im einen werden die Elektroschocks verabreicht – um ihnen zu entgehen, müssen die Hunde nur auf die andere Seite wechseln. Es zeigt sich: Diejenigen Tiere, die in der ersten Phase die Möglichkeit hatten, die Schocks selbsttätig abzustellen, fliehen rasch auf die ungefährliche Seite. Ebenso handeln die Hunde der dritten Gruppe, die zuvor gar keine Schocks bekommen hatten. Die Tiere der zweiten Gruppe jedoch fliehen in dieser nächsten Phase nur ganz vereinzelt auf die sichere Seite. Die meisten bleiben da, wo sie sind, trotz der Schocks, denen sie dort ausgesetzt sind.

Seligman schließt daraus, dass die Hunde der zweiten Gruppe in der ersten Phase des Experiments gelernt haben, keine Handlungsmöglichkeiten zu haben – also hilflos zu sein. Diese Lernerfahrung veranlasst sie dazu, auch in der zweiten Phase die Haltung der Hilflosigkeit einzunehmen, wodurch sie ihre Chance, die Situation aktiv zu verändern, nicht mehr realisieren. Diese Erkenntnis überträgt Seligman auf menschliches Verhalten: Wenn wir über längere Zeit unangenehmen Ereignissen ausgesetzt sind, ohne daran durch eigene Anstrengungen etwas ändern zu können, so erwarten wir, dass auch künftige Situationen unkontrollierbar sein werden. Je länger diese Erfahrung andauert, desto schwächer wird die Bereitschaft, eigene Anstrengungen zu unternehmen, und desto größer die Lethargie.

Seligmans Erkenntnisse wurden in zahlreichen weiteren Untersuchungen und Abhandlungen fortentwickelt, nicht nur in der Klinischen Psychologie, sondern auch in der Entwicklungs- und Sozialpsychologie, in der Pädagogik und der Soziologie. Sein Modell beleuchtet nicht nur den Teufelskreis sich selbst verstärkender Symptome bei Erkrankungen wie Depressionen. Es bietet auch eine Erklärung dafür, warum gesellschaftliche Zustände wie Armut und Arbeitslosigkeit die Betroffenen oft so mutlos machen und lähmen können.

MARTIN E. P. SELIGMAN

Anekdote: *Ein Mitstreiter von Martin Seligman auf dem Gebiet der Positiven Psychologie ist der ungarischstämmige Bestsellerautor Mihaly Csikszentmihalyi (geb. 1934), emeritierter Professor für Psychologie an der University of Chicago. Er prägte den Begriff des »Flow«, um jenen glücklichen Zustand zu bezeichnen, bei dem jemand in seinem Tun vollkommen aufgeht und darüber sogar die Zeit vergisst. Am Strand von Kona, Hawaii, kam es eines Tages zu einer unerwarteten, dafür umso aufregenderen Begegnung zwischen ihm und Seligman: Csikszentmihalyi war beim Schwimmen vor der Küste in starke Strömung geraten. Seligman bemerkte es und rettete als passionierter Schwimmer den Kollegen, noch ohne zu wissen, wem er da soeben wieder an Land half.*

V.

HUMANISTISCHE UND RESSOURCENORIENTIERTE ANSÄTZE

30 Eine Bühne für die Seele

Jakob L. Moreno

Er gehört zu den Pionieren der Gruppentherapie, deren Begriff er prägte. Aus verschiedenen Religionen und philosophischen Strömungen, seinem Stegreiftheater und der Psychoanalyse bezog Jakob Levy Moreno Anregungen für das von ihm entwickelte Psychodrama. Auch die Soziometrie geht auf ihn zurück, eine sozialpsychologische Methode zur Erforschung des Beziehungsgeflechts innerhalb von Gruppen.

Weg

Jakob Levy Moreno wird 1889 im damals türkischen Bukarest geboren. Wie Sigmund Freud (s. Kap. 7) ist auch er Jude und wächst in einer Umgebung auf, die vom jüdischen Glauben, christlichen Werten und magischen Vorstellungen geprägt ist. Über sein Geburtsjahr kursieren verschiedene Angaben. Er selbst nennt das Jahr 1892 und berichtet, er sei während einer stürmischen Schiffsreise auf dem Schwarzen Meer geboren worden und somit von ungeklärter Nationalität – ein Weltbürger also. Er hat damit als Gründerfigur einen Mythos um seine Geburt geschaffen, mit dem er auch an die Vertreibung der jüdischen Bevölkerung aus Spanien 1492 und deren verschiedene, größtenteils tödliche Fluchtwege erinnert, die oft über das Meer geführt haben.

Im Wien der Jahrhundertwende studiert Moreno ab 1909 Medizin und Philosophie und verdient dabei seinen Lebensunterhalt als Privatlehrer. Mit den Kindern in den Wiener Parks veranstaltet er Märchen- und Stegreifspiele, ermuntert sie zum Missfallen von Eltern und Lehrern, sich neue Namen zu geben, Geschichten zu erfinden, Werte in Frage zu stellen und sich neue Eltern zu wählen. Auch besucht er häufig Gerichtsverhandlungen, die er in Rollenspielen nacharbeitet. Dabei erkennt er allmählich, wie sich soziale Probleme im gemeinsamen Rollenspiel bearbeiten lassen.

JAKOB L. MORENO

Nach seiner Ausbildung zum Psychiater ist Moreno während der kriegerischen Auseinandersetzungen in Südtirol als junger Arzt im Flüchtlingslager Wien-Mittendorf, später als Gemeinde- und Werksarzt in Bad Vöslau tätig. Im Lager gelingt es ihm, die sozialen Spannungen zwischen den Flüchtlingen dadurch zu verringern, dass er die Menschen nach ihren vor der Flucht entstandenen Bindungen zueinander, nach Lebensstil, sozialem Status, Religion, politischer Einstellung und ähnlichem befragt und die Wohn- und Arbeitsgruppen entsprechend zusammenstellen lässt. Diese Arbeit gilt als Geburtsstunde der Soziometrie, eines wissenschaftlichen Ansatzes, der sich mit dem Beziehungsgeflecht innerhalb von Gruppen beschäftigt.

Bereits 1909 hat Moreno, vom Geist des religiösen Sozialismus und der Idee von Kreativität, Gleichheit und Begegnung in Anonymität beseelt, mit Gleichgesinnten ein »Haus der Begegnung« für mittellose Migranten und Flüchtlinge gegründet. Das Haus hat bis zum Beginn des Ersten Weltkrieges Bestand und weist alle Aspekte einer therapeutischen Gemeinschaft auf. 1913 initiiert er die medizinische Betreuung und die Organisation von Selbsthilfe-Gruppen für die rechtlosen Wiener Prostituierten, die sich mehrmals wöchentlich zum Informationsaustausch und zur gegenseitigen Unterstützung treffen.

Moreno ist auch in der Wiener literarischen Welt aktiv: Seine Philosophie der Begegnung legt er 1914–1924 in drei expressionistisch formulierten Schriften nieder. Zwischen ihm und Martin Buber (1878–1965), dem späteren Begründer der Dialog-Philosophie, ist der Einfluss vor dem Hintergrund der jüdischen Mystik und der philosophischen Strömungen der Zeit vermutlich wechselseitig. Der Gedanke der Begegnung wird später zu einem zentralen Element der Humanistischen Psychologie (s. Kap. 34). Buber gehört ebenso wie Franz Werfel, Alfred Adler, Max Brod und andere zu den Autoren der expressionistischen Zeitung »Daimon«, die Moreno ab 1918 für einige Jahre herausgibt.

Als engagierter Theatermann gründet der Psychiater 1922 eine Stegreiftheatertruppe in der Wiener Maysedergasse, zu der auch Peter Lorre und Anna Höllering gehören. Hier werden nach dem Prinzip »Lebendige Zeitung« aktuelle gesellschaftliche und politische Ereignisse nachgespielt, die Zuschauer wählen die

139

HUMANISTISCHE UND RESSOURCENORIENTIERTE ANSÄTZE

Themen und beobachten die Entstehung der Masken und Bühnenbilder. Bekannt geworden ist besonders die Darstellung und Bearbeitung des Ehekonfliktes eines Schauspielerpaares auf der Bühne – unter Morenos Leitung, vor Publikum und mit Hilfe des Ensembles, das nicht nur Nebenrollen, sondern hilfsweise auch die Rollen der streitenden Ehepartner übernimmt. Hier sind bereits Elemente des späteren Psychodramas erkennbar.

1925 geht Moreno wegen seiner schwierig gewordenen gesellschaftlichen und privaten Situation und wegen des zunehmenden Antisemitismus in die USA, erreicht seine Zulassung als Arzt und versucht auch in New York, sein Stegreiftheater als Theaterform zu etablieren. Parallel zu seinen übrigen Aktivitäten arbeitet er noch lange als »Armenarzt« in den sozialen Brennpunkten New Yorks. Mit Hilfe von soziometrischen Befragungen und von Rollenspielen verbessert er unter anderem im Sing-Sing-Gefängnis und an einer Schule für junge Frauen in Hudson/New York das soziale Klima. Durch ethnische und kulturelle Forschungen weitet er seine soziometrischen Erkenntnisse aus. In den USA wird er berühmt dafür, dass er bei Boxwettkämpfen nach eingehenden soziometrischen Erhebungen über die Lebenswelt der Kontrahenten die Kampfergebnisse mit großer Treffsicherheit vorhersagen kann.

1932 stellt er vor der American Psychiatric Association sein Konzept der Gruppentherapie vor. Auch dieser Begriff geht auf ihn zurück – 1973 wird Moreno zu den Gründern der International Association of Group Psychotherapy gehören. In Beacon nahe New York City eröffnet er 1936 das »Beacon Hill Sanitarium« und das Psychodrama-Theater. Nach dem Vorbild des früheren Wiener Wohnheims leben Patienten und Personal hier in einer Art therapeutischer Gemeinschaft. Auf der von ihm selbst entworfenen dreistufigen Bühne mit Balkon, dem weltweit ersten Psychodrama-Theater, inszeniert Moreno psychodramatische Rollenspiele, in denen die Probleme der Patienten »stegreiftherapeutisch« mit Unterstützung professioneller Hilfs-Ichs bearbeitet werden. Darüber hinaus arbeitet er als Fortsetzung seiner Theaterarbeit in der Wiener Maysedergasse in psychodramatischer Form mit offenen Publikumsgruppen. Diese Veranstaltungen werden von einigen wichtigen Theaterkritikern der Zeit teilweise enthusiastisch besprochen.

Gemeinsam mit seiner dritten Ehefrau Zerka Toeman Moreno entwickelt er in der Arbeit mit Patienten das Psychodrama in seiner klassischen Form. An Schulen und Universitäten, in Kliniken, Reha-Zentren und Gefängnissen richten seine Schüler in den folgenden Jahren Psychodrama-Bühnen ein. Morenos Institute in Beacon und am St. Elizabeth Hospital in New York City werden zu Anziehungspunkten für Psychologen, Ärzte und Sozialwissenschaftler. Kurt Lewin (s. Kap. 50), der Begründer der Feldtheorie, ebenso wie Eric Berne (s. Kap. 37), Entwickler der Transaktionsanalyse, und Fritz Perls (s. Kap. 32), Gründer der Gestalttherapie, beziehen von hier wichtige Anregungen. Weltweit findet das Psychodrama sowohl Eingang in die Psychotherapie, wo es als eine Methode der Gruppentherapie bis heute verwendet wird, wie auch in die Organisationspsychologie und in die Erwachsenenbildung. Die Soziometrie entwickelt sich währenddessen zu einem wichtigen Bestandteil der empirischen Sozialforschung.

Jakob Levy Moreno stirbt 1974 in Beacon. 1993 werden seine sterblichen Überreste auf den Wiener Zentralfriedhof überführt. Sein Grabstein trägt die Inschrift: »Hier ruht der, der das Lachen in die Psychiatrie gebracht hat.«

Ideen

Das Handeln ist die zentrale Kategorie im Psychodrama. Das Wort »Drama« bedeutet ja zunächst einfach »Handlung«. »Psyche« ist die Seele, so dass »Psychodrama« darin besteht, sich handelnd, im Spiel, mit der eigenen seelischen Wirklichkeit auseinanderzusetzen und sie zu erforschen.

Dargestellt wird vor allem die innere Realität des Protagonisten: Die Art, wie er seine eigene Realität erlebt, kommt auf die Bühne. Unterstützt vom Leiter, stellt der Protagonist sein Thema mit Hilfe anderer Gruppenmitglieder dar. Indem er diesen in seinem Spiel Rollen zuweist, bestimmt er sie zu Hilfs-Ichs. Die Hilfs-Ichs können Menschen aus dem Leben des Protagonisten darstellen, aber auch seine Persönlichkeitsanteile, Wünsche oder thematische Aspekte. Für sich selbst wählt der Protagonist ebenfalls ein Hilfs-Ich, das seine Rolle einnimmt, wenn er, etwa beim Rollentausch, aus der Szene heraustritt, um sich aus einer anderen Perspektive oder von außen anzuschauen.

Das Wählen von Darstellern im Psychodrama weckt auf den ersten Blick Assoziationen zu den Familienaufstellungen nach Bert Hellinger (geb. 1925). Das Psychodrama muss jedoch klar von diesen unterschieden werden. Denn im Psychodrama ist nicht der Leiter, sondern der Protagonist der Regisseur: Seine Hilfs-Ichs spielen nach seinen Vorgaben ihre Rollen. Ihre eigenen Ideen in den Rollen sind ein Angebot an den Protagonisten, das er jederzeit annehmen, ablehnen oder verändern kann. Durch den Rollentausch, den »Königsweg des Psychodramas«, der im Verlauf des Spiels immer wieder zum Einsatz kommt, hat der Protagonist die Möglichkeit, in den Rollen seiner »Mitspieler« deren Inneres und Fühlen zu erkunden und die Motivation für ihr Handeln ihm gegenüber aus eigener Anschauung zu erfahren.

Es geht beim Psychodrama nicht darum, Vergangenes oder Bestehendes originalgetreu nachzuspielen. Vielmehr soll der seelischen Wahrheit des Protagonisten in Worten und vor allem in körperlichen Aktionen Ausdruck gegeben werden, damit er sich selbst und seine Situation besser versteht und neue Handlungsmöglichkeiten findet. Deshalb sollte der Protagonist im Lauf des Spiels auch neuen Handlungsimpulsen folgen. Dieses spontane Probehandeln schenkt ihm neue Erfahrungen und ermutigt ihn, im Alltag mehr zu wagen und auszuprobieren. Die neuen Erfahrungen können auch heilend auf alte Verletzungen wirken. Moreno sagt: »Jedes wahre zweite Mal befreit vom ersten Mal.« Kreativität und Spontaneität begreift er als die Grundkräfte, die ausgehend vom einzelnen Menschen jede Gruppe, die Gesellschaft und den gesamten Kosmos durchwalten. Für ihn sind diese Kräfte göttlich. In der schöpferischen Entfaltung der eigenen Spontaneität wird der Mensch nach Moreno zum »Schöpfer«, zum »Ich-Gott« und damit in letzter Konsequenz verantwortlich für den gesamten Kosmos.

In dem Ziel, traumatische Erlebnisse aus der Kindheit methodisch kontrolliert erneut zu durchleben, ähnelt das Psychodrama der Psychoanalyse. Moreno nennt denn auch die Psychoanalyse als erste Wurzel des Psychodramas, versteht seinen Ansatz aber als Gegenentwurf dazu: Er betont die Ressourcen und die schöpferischen Kräfte, nicht die pathologische Seite des Menschen und sucht dessen Heilung im Handeln, nicht im Reden zu erreichen.

Am Ende des psychodramatischen Spiels schildern die Mitspieler dem Protagonisten, was sie in ihren Rollen empfunden haben. Die übrigen Gruppenmitglieder teilen ihm mit, welche Anteile des dargestellten Themas sie aus ihrem eigenen Erleben kennen. Dieses »Sharing« (»Teilen«) hebt die Grenze zwischen Darstellern und Zuschauern auf. So zeigt sich: Heilung entsteht im Zusammenspiel mit anderen Menschen. Der Einzelne tritt in seinen jeweiligen Rollen mit anderen in Kontakt.

Dass die Hilfs-Ichs sich so gut in ihre Rollen einfühlen können, ist laut Moreno im so genannten »Tele« begründet, das man am ehesten als gegenseitige Anziehung und Einfühlung – Moreno sagt »Zweifühlung« – verstehen kann. »Tele« ist die Grundlage allen Beziehungsgeschehens, jeder Begegnung. Moreno steht mit diesem Modell zwischen Freud und dessen individuellem Unbewussten einerseits und Jung mit seinem kollektiven Unbewussten andererseits.

Die Einzelbegriffe seines therapeutisch-philosophischen Systems konnten sich in der Psychotherapie nicht allgemein etablieren. Doch mit seinem Ansatz der Heilung auf Grundlage des sozialen Zusammenspiels gehört Jakob L. Moreno zu den Urvätern der erstmals von ihm so bezeichneten Gruppenpsychotherapie. Der Gedanke der Begegnung (englisch encounter), der für die Humanistische Psychologie so wesentlich geworden ist, geht auf ihn zurück. Man hat ihn deshalb auch als bedeutendsten Pionier der Humanistischen Therapie bezeichnet.

Anekdote: Als Vierjähriger spielte Moreno häufig mit Freunden die Geschichten von Gott und seinen Engeln nach, die er in der Bibelschule gehört hatte. Er übernahm dabei keine geringere Rolle als die des Schöpfergottes persönlich, umringt von seinen Engeln, thronend auf einem Aufbau aus Tischen und Stühlen, von dem er dann aber bei dem Versuch zu fliegen hinunterstürzte. In diesem frühkindlichen Spiel klingen bereits die Motive der späteren Arbeit an: Regisseur und Hauptdarsteller in einer Person, Hilfs-Ichs, der Rollentausch und die Entdeckung des Göttlich-Schöpferischen in jedem Menschen.

HUMANISTISCHE UND RESSOURCENORIENTIERTE ANSÄTZE

Übrigens: 1959, *während einer Reise nach Moskau und Leningrad, machte Moreno den Vorschlag, daß die amerikanische und die russische Führung (Eisenhower und Chrushschov) miteinander die Rolle tauschen sollten, um den Friedensprozess voranzubringen. Diesen Vorschlag wiederholte er noch öfter. Während des Vietnam-Krieges bot er auch Präsident Johnson seine Hilfe an. Er war überzeugt, dass der Rollentausch zwischen den Führungsmächtigen der Welt die Wahrscheinlichkeit für Frieden vergrößern würde.*

31 AN DER WIEGE DER HUMANISTISCHEN PSYCHOLOGIE
CHARLOTTE BÜHLER

Sie gehörte zu den Pionierinnen der Entwicklungspsychologie und erarbeitete ein psychologisches Verständnis des menschlichen Lebenslaufes. Als Siebzigjährige war Charlotte Bühler Mitbegründerin der Humanistischen Psychologie, die vor allem die Möglichkeiten des Patienten betont und für einen wertfreien, annehmenden Umgang mit ihm eintritt.

WEG

Schon als Jugendliche interessiert sich die 1893 geborene Berliner Architektentochter Charlotte Malachowski für die Psychologie. Sie studiert – für eine Frau damals noch ungewöhnlich – Natur- und Geisteswissenschaften in Freiburg, Berlin und München. Hier heiratet sie 1916 den Universitätsdozenten und Sprachpsychologen Karl Bühler (s. Kap. 3), mit dem sie 1917 und 1919 zwei Kinder bekommt. Ihre 1918 abgeschlossene Dissertation »Über Gedankenentstehung« steht in der Tradition der Würzburger Schule um Oswald Külpe, zu der auch ihr Mann gehört.

Nach Stationen in Dresden und New York folgt Charlotte Bühler 1923 ihrem Ehemann nach Wien, wo dieser 1922 ein psychologisches Institut gegründet hat. Bereits als Dozentin in Dresden hat Charlotte Bühler sich mit Kinder- und Jugendpsychologie auseinandergesetzt und dabei auch Tagebücher

CHARLOTTE BÜHLER

ausgewertet, damals ein neues wissenschaftliches Verfahren. In Wien befasst sie sich nun mit dem alltäglichen Verhalten von Kindern und erarbeitet beispielsweise eine Testreihe zur Feststellung des kindlichen Entwicklungsquotienten. Möglich wird dies durch enge Kooperation mit der Kinderquarantänestation und dem Zentralkinderheim der Stadt Wien. Charlotte Bühlers Arbeit verankert die Entwicklungspsychologie im Kanon der psychologischen Disziplinen. Die Wiener Schule der Entwicklungspsychologie wirkt prägend über den deutschsprachigen Raum hinaus. Viele bekannte Wissenschaftler gehen aus ihr hervor, so etwa Hildegard Hetzer (1899–1991), die vor allem den Milieueinfluss auf Kinder untersucht. Im Jahr 1929 wird Charlotte Bühler außerordentliche Professorin in Wien – unbesoldet, nur durch Hörergelder honoriert. Später gründet sie ein eigenes kinderpsychologisches Institut.

Durch die Beschäftigung mit Biografien berühmter Menschen befasst sich Charlotte Bühler ab den 1930er-Jahren auch mit der Erforschung des Lebenslaufs und erkennt die Bedeutung des Lebenssinnes – später ein Schwerpunkt bei der Begründung der Humanistischen Psychologie. Nachdem die Deutschen unter Hitler 1938 in Österreich einmarschiert sind, wird Karl Bühler verhaftet – wohl auch wegen der Verbindung der Institutsarbeit mit der sozialdemokratischen Wiener Schulreform. Man legt ihm nahe, sich von seiner jüdischen Ehefrau scheiden zu lassen, was er verweigert. Er kommt nach Monaten frei, und die Bühlers emigrieren über Norwegen in die USA, wo sie in der Folgezeit verschiedene Lehraufträge erhalten. Während Karl Bühler in den USA akademisch nicht mehr so recht Fuß fassen kann, wendet sich seine Ehefrau als klinische Psychologin mit einer eigenen Praxis der Psychotherapie und Psychoanalyse zu, wie sie unter anderem von Karen Horney (s. Kap. 11) in den USA vertreten wird. Nun beschäftigt sie sich vorwiegend mit dem Erwachsenenalter und trägt dazu bei, dass die Gerontopsychologie eine eigenständige Disziplin wird. 1962 ist sie Mitbegründerin der Association For Humanistic Psychology und später deren Präsidentin.

Nach Kriegsende besuchen die Bühlers, die mittlerweile in Kalifornien leben, Deutschland und Österreich, wo sie mit vielen Ehrungen empfangen werden. 1972 kehrt Charlotte Bühler nach Deutschland zurück, zwei Jahre später stirbt sie in Stuttgart. Ihr Werk wurde in zwölf Sprachen übersetzt.

IDEEN

In ihrem Buch »Der menschliche Lebenslauf als psychologisches Problem« beschreibt Charlotte Bühler bereits 1933 das menschliche Streben nach einem erfüllten Leben. Anhand ausgewerteter Lebensläufe stellt sie fest, dass der Mensch auf die Erreichung von Lebenszielen ausgerichtet ist und dass diese Ziele sich nach den Lebensphasen unterscheiden. Immer jedoch wird der Mensch von vier Grundtendenzen geleitet: Er will seine Bedürfnisse befriedigen, er möchte in schöpferischem Tun seine Möglichkeiten erweitern, er will sich anpassen und seine innere Ordnung aufrechterhalten. Im Alltag äußern sich diese Tendenzen in beruflichen Tätigkeiten, in privaten Beziehungen und in Verhaltensweisen, durch die der Einzelne persönlich weiterkommt und zu einem harmonischen, stets wachsenden Selbst wird. Wenn dies schlecht gelingt, kann man von Störungen sprechen. Bühler zeigt auch, dass die Produktivität des Menschen, entsprechend seiner Vitalität, als Kurve bis zur Lebensmitte ansteigt und später abfällt. Meist fällt der Gipfel in das dritte Lebensjahrzehnt. Es gibt jedoch auch Lebensläufe wie den des Dichters Eduard Mörike, die erst viel später den Scheitelpunkt erreichen.

Ihre Erkenntnisse bringt Charlotte Bühler als fast Siebzigjährige in die neue Humanistische Psychologie ein. Deren Mitbegründer Abraham Maslow (s. Kap. 36) hat seinerseits 1954 eine hierarchisch aufgebaute Pyramide der menschlichen Bedürfnisse erarbeitet: An der Basis stehen die körperlichen Grundbedürfnisse, darüber in dieser Reihenfolge Sicherheit, soziale Beziehungen und Anerkennung. Die Spitze bildet die Selbstverwirklichung.

Auf der Grundlage dieser Erkenntnisse will die Humanistische Psychologie den Menschen in seinem Streben nach einem erfüllten, sinnvollen Leben unterstützen. Ihre Prinzipien sind, zusammengefasst: der Vorrang des persönlichen Erlebens vor der Theorie, eine Bevorzugung von Kreativität und Selbstverwirklichung gegenüber einem mechanistischen Verständnis des Menschen, die methodische Orientierung am Lebenssinn des Patienten und die Achtung von dessen Wert und Würde. Die individuellen Ressourcen und Möglichkeiten des Menschen sollen gefördert und gestärkt werden. Auf die Herangehensweise eines aufmerksamen und engagierten, dabei deutungs- und wertungsfreien Dialogs mit dem Patienten gründen sich später mehrere Therapie- und Beratungsformen.

Seitenblick: Während der Wiener Jahre existieren keine direkten Kontakte zur psychoanalytischen Schule, was Charlotte Bühler später bedauern wird. Personelle Querverbindungen gibt es jedoch, etwa durch Studenten wie Erik H. Erikson (s. Kap. 16), der später Bühlers Lebenslauftheorien und die Freudsche Phasenlehre miteinander verknüpft.

32 OFFENE UND GESCHLOSSENE GESTALTEN

FRITZ PERLS

Von der Psychoanalyse herkommend, hat Fritz Perls seinen eigenen Ansatz entfaltet. Die Gestalttherapie verbindet Gedanken der Gestaltpsychologie, der Phänomenologie und der Philosophie der Begegnung. Ihr Ziel ist es, die Wahrnehmungs- und Kontaktfähigkeit des Menschen zu stärken.

WEG

Die Kindheit von Frederick Solomon Perls, der 1893 in Berlin als Sohn einer gutbürgerlichen jüdischen Familie geboren wird, steht unter dem Eindruck einer Verwirrung. Rückblickend beschreibt er sie so: Nach außen sind sein Vater und seine Mutter heiter und vielseitig interessiert, doch innerhalb der Ehe regiert gegenseitiger Hass. 1913 beginnt »Fritz«, wie Perls sich nennt, Medizin zu studieren, weil ihn die Psychoanalyse (s. Kap. 7) interessiert. Er nimmt als Soldat am Ersten Weltkrieg teil. Nach dieser traumatischen Erfahrung wandelt er sich zum linken und pazifistischen Denker.

HUMANISTISCHE UND RESSOURCENORIENTIERTE ANSÄTZE

1921 wird Fritz Perls als Mediziner promoviert. Er kann sich nicht recht entschließen, eine Praxis zu begründen. Schon der Spott seines Onkels über die Idee, Krankheiten durch Reden heilen zu wollen, entmutigt ihn. Perls führt ein unstetes Leben als Bohemien, probiert Drogen, Hypnose und andere Methoden der Bewusstseinsbeeinflussung aus. Er stößt zur künstlerischen Welt des Dadaismus, trifft mit Schauspielern, Malern und Schriftstellern zusammen.

1925 bis 1932 absolviert Perls eine Lehranalyse. Er schätzt den frühen Wilhelm Reich (s. Kap. 14) und Karen Horney (s. Kap. 11), andere Psychoanalytiker weniger. Perls lässt sich selbst zum Lehranalytiker ausbilden – noch wird er für einige Jahre an »Freuds Evangelium«, wie er es später süffisant nennt, festhalten. Erste Zweifel entstehen durch den Kontakt mit dem Neurologen und Psychiater Kurt Goldstein (1878–1965), bei dem Perls ab 1926 in Frankfurt am Main eine Assistentenstelle innehat. Goldstein vertritt gestaltpsychologische Positionen (s. Kap. 6) und begreift den Organismus als ein nach Wachstum strebendes Ganzes. Auch die Bewegungstherapeutin Lore (Laura) Posner (1905–1990), die Perls 1930 heiratet, gehört zur gestaltpsychologischen Schule. Das Paar bekommt zwei Kinder.

1933 fliehen die Perls' aus dem nationalsozialistischen Deutschland nach Holland, im Jahr darauf gehen sie nach Südafrika ins Exil. Nach wie vor versteht sich Fritz Perls als orthodoxer Freudianer, er gründet in Johannesburg das Südafrikanische Institut für Psychoanalyse. 1936 hält er einen Vortrag auf dem Internationalen Psychoanalyse-Kongress in Marienbad, der äußerst kritisch aufgenommen wird. Im Jahr darauf begegnet ihm Freud bei einem Wien-Besuch sehr ablehnend. Diese Erfahrungen verstärken Perls' Wunsch, sich von der Psychoanalyse zu lösen.

Neben der Gestalttheorie beschäftigt ihn die Phänomenologie. Deren Begründer Edmund Husserl (1859–1938) zählt zu den einflussreichsten Philosophen des 19. und 20. Jahrhunderts. Für ihn verbinden sich in jeder Wahrnehmung der beobachtete Gegenstand und das Bewusstsein, das diesen Gegenstand im Akt des Wahrnehmens erst »erschafft« und ihm einen Sinn beimisst. Wer mehr über das Wesen der Dinge und der menschlichen Erkenntnis wissen will, so Husserl, muss sich an diese

Bewusstseinsvorgänge halten. Auch der jüdische Religionsphilosoph Martin Buber (1878–1965) beeinflusst Perls' sich entwickelnden Ansatz. Laura Perls hat einst bei Buber in Frankfurt am Main Vorlesungen gehört. Buber stellt die Begegnung, den Dialog, in den Mittelpunkt seines Denkens: Erst in der echten Begegnung mit dem Du verwirklicht sich das Ich. Kennzeichen einer echten Begegnung ist, dass sich die Beteiligten nicht als Sache (Objekt) behandeln, sondern als Subjekt.

Fritz Perls schreibt seine eigenen Gedanken nieder. 1942 erscheint sein erstes Buch: »Ego, Hunger and Aggression« (dt. »Das Ich, der Hunger und die Aggression«, 1944). Er bewertet darin unter anderem die Aggression anders als Freud – nicht als Ausdruck eines Todestriebs, sondern positiver: als aktives Herangehen an die Umwelt, wie es zum Beispiel in der Nahrungsaufnahme geschieht. Um zu überleben und zu wachsen, muss ein Organismus Fremdes in sich aufnehmen und es sich einverleiben. Der Bruch des Autors mit der Psychoanalyse ist nun offensichtlich.

Perls geht als Psychiater zu den alliierten Truppen und versucht hier, psychotherapeutisch zu arbeiten. 1946 lässt er sich in den USA nieder. Hier entwickelt er seinen eigenen Ansatz weiter. 1947 und 1949 hat Perls Kontakt mit Jakob L. Moreno, dem Begründer des Psychodramas (s. Kap. 30). Von ihm, aber auch von der Chicagoer Schule des Pragmatismus empfängt er wichtige Anregungen. Der Pragmatismus unterscheidet nicht zwischen menschlichem Denken, Erkennen und Handeln, sondern sieht es untrennbar miteinander verbunden. 1951 erscheint Perls' zweites Buch, an dem neben dem Chicagoer Soziologen Paul Goodman (1911–1972) auch Laura Perls mitgewirkt hat. Das Buch trägt nun auch den Namen von Perls' Ansatz im Titel: »Gestalttherapy. Excitement and Growth in the Human Personality« (dt. »Gestalt-Therapie I/II«, 1979).

In den folgenden Jahrzehnten arbeitet Fritz Perls gestalttherapeutisch, ab 1964 am Esalen-Institute nahe Stanford in Kalifornien, wo er ein »Praxiszentrum für humanistische Psychologie« gründet. Er steht der Humanistischen Psychologie nahe, jener Richtung, die mehr auf die Ressourcen und Wachstumsmöglichkeiten des Menschen achtet als auf die krankhaften Aspekte. Die Gestalttherapie wird nun immer bekannter. Perls selbst bleibt weiter auf der Suche, beschäftigt sich mit dem Existenzialismus und dem Zen-Buddhismus, was ihn beides eher enttäuscht. Er veröffentlicht nur noch wenig Theoretisches, dafür jedoch ausführliche Sitzungsprotokolle seiner therapeutischen Arbeit. Die Praxis, die konkrete Erfahrung, ist ihm wichtiger als alle Theorie. Unter seinem Einfluss entwickelt sich die »Westküsten-Gestalttherapie« immer mehr als Ansatz zur Persönlichkeitsentfaltung, während Laura Perls in New York mit der »Ostküsten-Gestalttherapie« eher psychotherapeutisch arbeitet.

1970 stirbt Fritz Perls in Chicago. Laura Perls überlebt ihn um zwei Jahrzehnte. Sie verstirbt 1990 in ihrer Geburtsstadt Pforzheim. Dort liegen sie und ihr Ehemann auf dem jüdischen Friedhof begraben.

Ideen

Fritz Perls sieht den Menschen in der Einheit von Körper, Geist und Seele als lebendigen Organismus, der danach strebt, zu wachsen und sich selbst zu verwirklichen. Dabei treten wir ständig mit der Umwelt in Kontakt, um zu bekommen, was wir für unser Wachstum brauchen. Das ist Perls' Verständnis von Aggression im Sinne des lateinische ag(=ad)gredere – herangehen, angehen.

In der Begegnung mit der Umwelt nimmt der Organismus manches auf und anderes nicht. Das geschieht beim Essen ebenso wie bei zwischenmenschlichen Erfahrungen und anderen Erlebnissen. Immer wird Förderliches aufgenommen und dem leibseelischen Organismus anverwandelt (assimiliert), während anderes fremd bleibt und wieder ausgeschieden wird: Perls bescheinigt dem Menschen einen nicht nur biologischen, sondern auch »geistig-seelischen Stoffwechsel«.

Was der leibseelische Organismus in der konkreten Situation braucht, spürt er entweder durch ein Verlangen, das sich meldet, oder durch einen Reiz, der von außen kommt. In jedem Fall wird ein Bedürfnis wahrgenommen, das durch Kontaktaufnahme befriedigt werden muss. Perls bezeichnet dieses Bedürfnis als Figur. Die Figur bewirkt, dass alle anderen inneren und äußeren Wahrnehmungen verblassen und in den Hintergrund treten. Solange das Bedürfnis nicht befriedigt ist und deshalb als Figur wahrnehmbar bleibt, nennt Perls es eine offene Gestalt. Wird das Bedürfnis durch die Begegnung befriedigt, so schließt sich die Gestalt, und die Figur verschwindet. In dieser Begrifflichkeit ist der Einfluss der Gestaltpsychologie zu erkennen, die vor dem Zweiten Weltkrieg in Europa entwickelt worden ist (s. Kap. 6). Sie beschreibt den Wahrnehmungsvorgang als ganzheitlichen Prozess, in dessen Verlauf sinnvolle Einheiten, die Gestalten, im Bewusstsein erscheinen.

Im Sinne der Einheit des Organismus werden nicht nur körperliche Bedürfnisse wie etwa Hunger zur Figur. Auch Gedanken, Gefühle und Wahrnehmungen können zur Kontaktaufnahme mit der Umwelt drängen, um dann, wenn die Gestalt geschlossen ist, als Figur wieder zu verblassen. Dabei sorgt das Ich als verwaltende Instanz dafür, dass nach Prioritäten vorgegangen wird. Ein Extrembeispiel: Wenn jemand Hunger hat und gleichzeitig akut in Lebensgefahr gerät, dann verblasst der Hunger vor der Sorge ums Überleben. So reguliert sich der Mensch selbst und bleibt in Wahrnehmung und Verhalten eine Einheit.

Der Idealzustand wäre eine dauerhafte Abfolge gelungener physischer und psychischer Kontakte mit der Umwelt, in deren Verlauf geschlossene Gestalten gebildet werden. Doch in jedem Leben gibt es Störungen, die dazu führen, dass der Betreffende nicht die volle Aufmerksamkeit (englisch: awareness) für die Figuren besitzt, in denen sich seine Bedürfnisse zeigen. Vielleicht musste er auch in der Vergangenheit bestimmte Kontakte mit der Umwelt vermeiden, um seine Selbstregulation unter den damaligen Umständen aufrecht zu erhalten. Der Widerstand gegen einen Kontakt hatte dann einst eine schützende Funktion, er stand einem bei, wie Perls sagt.

Vermiedene oder ungenügende Kontakte führen jedoch zu unvollendeten Gestalten, die den Menschen in seinem Leben begleiten. Sie tauchen jetzt immer wieder im Bewusstsein auf, stören und verhindern weitere Kontakte, wodurch das Problem immer größer wird. Die Neurose, nach Freud das Resultat unverarbeiteter Konflikte in der Vergangenheit, entsteht für Perls also, wenn die Selbstregulation aus dem Gleichgewicht gekommen ist. Hier setzt die Gestalttherapie an, deren Ziel es ist, die offen gebliebenen Gestalten zu schließen, damit die Figuren endlich verblassen können. Unerledigtes abschließen und Vermiedenes, Abgewehrtes in das Selbst integrieren, auch so könnte man dieses Ziel beschreiben. Im Grunde, so sagt Perls, fassen fünf Fragen die therapeutische Herangehensweise zusammen, auch wenn sie dem Klienten nicht wörtlich gestellt werden: Was tust du? – Was fühlst du? – Was möchtest du? – Was vermeidest du? – Was erwartest du?

Die Gestalttherapie arbeitet mit dem, was aktuell im Bewusstsein des Klienten nach Geschlossenheit verlangt. Folglich betont sie das Hier und Jetzt und lehnt die Beschäftigung mit der Vergangenheit und der Zukunft in der Phantasie ebenso ab wie die intellektuelle Reflexion. Der Klient soll sich ohne intellektuelle Distanz mit seinen Empfindungen beschäftigen und volle Bewusstheit (awareness) für sich selbst und die eigenen Bedürfnisse entwickeln. Er soll lernen, zwischen seiner Vorstellung und der Wirklichkeit zu unterscheiden, denn es geht um die Begegnung mit der Wirklichkeit und um das Wachsen an ihr. Allerdings kann die Vergangenheit ähnlich wie im Psychodrama (s. Kap. 30) inszeniert werden. Dazu braucht es hier jedoch keine Mitspieler. Ein leerer Stuhl steht für die jeweiligen Beziehungspersonen, mit denen der Patient in Kontakt tritt. So lassen sich auch Träume bearbeiten. Im Traum wird nach Perls der Widerspruch zwischen unvereinbaren Kräften im Leben des Patienten schöpferisch gelöst. Beispielsweise fordert Perls einen Klienten, der im Traum immer wieder von einem Drachen verfolgt wird, zur Identifikation mit dem Untier auf. So kann der Klient erkennen, für welche vermiedene Erfahrung der Drache steht – und das Monster kann verschwinden.

Der leere Stuhl ist nicht mit dem »heißen Stuhl« identisch, der ebenfalls von Perls in die seelische Behandlung eingeführt worden ist. Auf ihm nimmt in der Gruppentherapie ein Mitglied Platz, um zu arbeiten. Der Platz ist »heiß«, weil der Betreffende sich in voller Ehrlichkeit und ungeschützt den Interventionen des Therapeuten stellt. Die können mitunter auch freundlich-provozierend sein, denn der Klient wird durchaus mit dem konfrontiert, was er vermeidet. Perls selbst scheint als Therapeut mitunter recht ungemütlich gewesen zu sein, und er hat seine Klienten auch entsprechend gewarnt: Jeder trage die Verantwortung für sich selbst. Dahinter steht das oben er-

FRITZ PERLS

wähnte Bubersche Verständnis des Dialogs als Begegnung von Subjekten.

Die Gestalttherapie, die mit Einzelnen allein oder in der Gruppe arbeitet, beinhaltet viele Techniken, darunter kreatives Gestalten, wie Malen oder Modellieren, oder körperliche Darstellung. Weil der Mensch als Einheit gesehen wird, bezieht dieser Ansatz die körperlichen Äußerungen des Patienten mit ein. Zum Beispiel wippte eine Patientin von Perls im Gespräch mit ihm ununterbrochen mit dem Fuß. Perls bat sie, dieses Wippen zu verstärken, sich im Rollentausch in den Fuß hineinzuversetzen und ihm ihre Stimme zu leihen. Doch nicht nur der Körper, sondern auch konkrete Gegenstände können als Symbole für die eigene psychische Situation verwendet werden.

Diese Orientierung am Konkreten macht die Gestalttherapie vor allem für Menschen attraktiv, für die das Wort nicht die wichtigste Ausdrucksform darstellt. Fritz Perls warnt jedoch davor, seinen Ansatz auf bloße Techniken zu reduzieren. Wachstum sei ein Prozess, der Zeit brauche. So sind Aufmerksamkeit für diesen Prozess und ein verantwortlicher Umgang mit den eigenen Interventionsmöglichkeiten oberstes Gebot für Gestalttherapeuten.

Viele Techniken der Gestalttherapie werden heute auch mit anderen therapeutischen Herangehensweisen kombiniert. Der deutsche Psychotherapeut Hilarion Petzold (geb. 1944) hat Fritz Perls' Ansatz zu einem zentralen Element seiner Integrativen Therapie gemacht. In ihr sind Theorien und Herangehensweisen der Tiefenpsychologie, der Verhaltenstherapie, der Körpertherapie und anderer Ansätze der Humanistischen Psychologie miteinander verbunden. Psychoanalytische Reflexion, gestalttherapeutische und psychodramatische Kreativität, systemische Arbeit und nicht zuletzt körperliche Berührung und Bewegung werden je nach Erfordernis angewandt und kombiniert. Dies entspricht dem Ineinanderwirken der körperlichen, psychischen, kognitiven und sozialen Dimension im menschlichen Leben. Petzold gehört zu den Mitbegründern des Fritz Perls Instituts für Integrative Therapie, Gestalttherapie und Kreativitätsförderung (1974) und der Europäischen Akademie für psychosoziale Gesundheit (1981) im nordrhein-westfälischen Hückeswagen. Er gilt als Pionier in der Suchttherapie und ist auch durch seine

153

Arbeit mit Kindern, Jugendlichen und Senioren bekannt geworden.

Übrigens: Fritz Perls war stets offen für andere Herangehensweisen und suchte neue Erfahrungen. Mitte der 1960er-Jahre litt er schwer unter Angina pectoris. Die Schmerzen sollen ihn so unleidlich gemacht haben, dass man ihn Berichten zufolge schon »Fritz, the Terrible« nannte. Dann begab er sich in die Hände von Ida Rolf, der Begründerin des Rolfing (einer Verbindung von Bindegewebsbehandlung und Körperarbeit). Nach vielen Stunden Therapie erschien Fritz Perls seinen Mitmenschen wie verwandelt.

33 Behandlung unter Hypnose
Milton H. Erickson

Auf direktem Weg das Unbewusste des Patienten anzusprechen und die darin schlummernden Ressourcen zur Selbstheilung zu aktivieren – das hat Milton H. Erickson meisterhaft vermocht. Die von ihm begründete Hypnotherapie verhalf der Trance zu neuem therapeutischem Wert.

Weg

Die Macht der Trance hat er am eigenen Leib erprobt. Der Farmersohn Milton H. Erickson, 1901 in Aurum, Nevada, geboren und mit acht Geschwistern aufgewachsen, erkrankt 1918 schwer an Polio. Nach dreitägigem Koma erwacht er nahezu gelähmt. In dieser Krise entdeckt Erickson den Trancezustand als Möglichkeit der Meditation. Er nutzt ihn aber auch zur Rückgewinnung der eigenen Bewegungsfähigkeit, indem er sich intensiv vorstellt, wie sich Bewegungen anfühlen. Der übermächtige Wunsch, aus dem Fenster zu schauen, versetzt ihn schließlich in ein leichtes Schaukeln – so beginnt er, die Kontrolle über seinen Körper zurückzugewinnen.

Nach elf Monaten kann Erickson bereits an Krücken gehen. Während seines Medizin- und Psychologiestudiums unternimmt er alleine eine 1200 Meilen lange Kanutour auf dem Mis-

MILTON H. ERICKSON

sissippi. Danach erinnern nur noch ein leichtes Hinken und eine unheilbare Schwerhörigkeit an seine Krankheit. Im Lauf seines Lebens wird er ein ungeheures Arbeitspensum bewältigen, zweimal heiraten und acht Kinder zeugen.

Noch als Student beginnt Erickson, sich wissenschaftlich mit der Hypnose zu befassen. Er forscht und erarbeitet Techniken, das Thema wird ihn nicht mehr loslassen. So gelingt es ihm schließlich, die Hypnose, bis dahin eine obskure Außenseiterin in der Psychotherapie, als seriöse Methode zu etablieren.

Nach der Promotion hat Erickson verschiedene Positionen bis hin zum leitenden Psychiater des Worcester State Hospital in Massachusetts inne. Außerdem versieht er eine Professur in Detroit, Michigan. Dann zwingt ihn, nach einer Tetanus-Impfung mit anschließendem anaphylaktischem Schock, eine Allergie zum Wechsel ins Wüstenklima: In Phoenix, Arizona, eröffnet er eine Privatpraxis. 1953 bricht seine Kinderlähmung erneut aus, nun in Verbindung mit Muskelabbau. Erickson, der inzwischen in Maryland lebt, ist jedoch weiterhin therapeutisch sowie als Schriftsteller und Vortragsreisender tätig. 1957 gründet er die Amerikanische Gesellschaft für Klinische Hypnose und übernimmt ihren Vorsitz. Zehn Jahre lang gibt er eine Fachzeitschrift für Klinische Hypnose heraus.

Erst 1969 stellt Erickson seine Vortragsreisen ein, 1974 gibt er die Praxis auf. 1976 zwingt ihn die alte Erkrankung endgültig in den Rollstuhl, er ist nun halbseitig gelähmt. Vier Jahre später stirbt Milton H. Erickson in Phoenix. Bis kurz vor seinem Tod hat er wissenschaftlich gearbeitet.

IDEEN

Am Anfang von Ericksons Wirken kämpft die Hypnose mit zwei Widrigkeiten: Sigmund Freud (s. Kap. 7) hat sie nach der Entdeckung der kathartischen »Redekur« als psychotherapeutische Behandlungsmethode verworfen. Und in der Volksmeinung gilt sie seit jeher als obskure Methode, einen Menschen willenlos zu machen und ihn zu Handlungen zu bringen, die er bei vollem Wachzustand niemals begehen würde. Doch diese scheinbar magische Art der Beeinflussung, die auch in Büchern und Filmen gern als Spannungsmoment verwendet wird, hat

HUMANISTISCHE UND RESSOURCENORIENTIERTE ANSÄTZE

mit Ericksons Hypnotherapie nicht das Geringste zu tun. Ja, es ist bis heute überhaupt nicht möglich, einen derartigen Einfluss auf einen anderen Menschen auszuüben.

Erickson setzt, darin auf Freud zurückgreifend, beim Unbewussten an. Er sieht es jedoch weniger als Ursprungsort der Neurosen, sondern weitaus positiver: als Kraftquell, wo die kreativen Fähigkeiten des Menschen zur Selbstheilung beheimatet und die lebenslang erworbenen Erfahrungen aufbewahrt sind. Diese Ressourcen sucht Erickson therapeutisch zu nutzen, und zwar auf direktem Weg, im unmittelbaren Kontakt mit dem Unbewussten, ohne den Widerstand, der im normalen Wachzustand die unbewussten Inhalte daran hindert, zum Vorschein zu kommen. Zu diesem Zweck wird das Bewusstsein des Patienten auf einen Zustand abgesenkt, den jener als entspannte Ruhe wahrnimmt – ähnlich dem Zielzustand beim Autogenen Training, das als autosuggestives Verfahren der Hypnotherapie verwandt ist. Dank seiner eigenen Begabung hat Erickson selbst in den meisten Fällen nicht einmal Pendel oder einleitende Formeln benötigt, um den Patienten in eine Trance zu versetzen.

Ist dieser Zustand erreicht, so geht es nicht etwa darum, den Betreffenden »umzuprogrammieren«. Vielmehr wird das Unbewusste durch kleine Erzählungen, durch ermutigende Botschaften und unerwartete, oft sogar paradox erscheinende Aufgabenstellungen animiert. So werden Einengungen gelockert, Verhaltensmuster geändert und neue Kräfte aktiviert, auch durch ganz konkrete Handlungen und Änderungen im Alltag. Genutzt wird alles, was förderlich ist und was der Patient »mitbringt«: Fähigkeiten und Erfahrungen, Erinnerungen, Träume und Assoziationen. Das macht die Hypnotherapie zu einem sehr individuellen Verfahren. Erickson selbst ist ein Genie darin gewesen, das jeweils Einzigartige seiner Patienten wahrzunehmen, zu würdigen und für deren Selbstheilung zu nutzen.

Die Hypnotherapie wird heute bei psychischen und psychosomatischen Störungen angewendet, ebenso zur Schmerzlinderung, etwa bei Zahnbehandlungen. Sie lässt sich als Methode in andere Therapieformen integrieren, etwa in die Verhaltenstherapie, in die Gesprächstherapie oder in die Gestalttherapie. Wie kaum eine andere Behandlungsform stellt sie ebenso eine Kunst dar wie eine Technik. Es liegt auf der Hand, dass eine

Methode, die derart auf dem Einfühlungsvermögen des Therapeuten basiert, einen besonders verantwortlichen Umgang erfordert.

Anekdote: Berühmt ist Ericksons Anweisung an eine Lehrerin, die ihr Leben als festgefahren empfand: Er legte ihr nahe, jeden Morgen einen anderen Weg zur Arbeit zu nehmen. Viele seiner Patienten ließ Erickson auch auf den nahe Phoenix gelegenen Berg Squaw Peak steigen. Die ungewohnte Erfahrung sollte verändernde Prozesse im Unbewussten anregen.

34 PSYCHOTHERAPIE ALS GESPRÄCH
CARL R. ROGERS

Für Carl Ransom Rogers, den Vater der klientenzentrierten Psychotherapie, sind Wärme, Einfühlung, Respekt und Ehrlichkeit als therapeutische Haltung verpflichtend. Sein Vertrauen in die Selbstentfaltungskräfte des Menschen hat ihn zum Mitbegründer der Humanistischen Psychologie gemacht.

WEG

Als viertes von sechs Kindern eines wohlhabenden Bauunternehmers wird Carl Ransom Rogers 1902 in Oak Park, Illinois, geboren. Als er zwölf ist, zieht die Familie auf eine Farm, um die Kinder vor den Gefahren der Stadt zu bewahren. Rogers' Kindheit und Jugend ist geprägt von den puritanisch-protestantischen Moralvorstellungen der Mutter und einem daraus folgenden Überlegenheitsgefühl gegenüber anderen Menschen. Gefordert ist eine Existenz ohne Sünde, was allerdings nach christlichem Menschenbild auf Erden gar nicht möglich ist. Noch als junger Mann flüchtet sich Rogers vor diesem Konflikt in die Welt der Bücher. Dies ändert sich erst während eines sechsmonatigen Aufenthaltes als Delegierter des Christlichen Vereins junger Männer (YMCA) im vorkommunistischen China. Hier beschäftigt sich der nun 20-Jährige auch mit fernöst-

HUMANISTISCHE UND RESSOURCENORIENTIERTE ANSÄTZE

licher Philosophie, er wird kontaktfreudiger und beginnt sich innerlich vom Elternhaus zu lösen.

Nach einigen Semestern Landwirtschaft, Geschichte und Theologie studiert Rogers am Teachers College der Columbia University in New York Klinische Psychologie und Pädagogik. 1928 erhält er eine Festanstellung an einer Erziehungsberatungsstelle in Rochester, 1931 wird er promoviert. In Rochester steigt er zum Leitenden Psychologen und später zum Direktor der Erziehungsberatungsstelle auf. In dieser Zeit sammelt er intensive praktische Erfahrungen als Therapeut und Berater, nicht zuletzt durch die Zusammenarbeit mit anderen Psychologen, mit Sozialarbeitern, Psychiatern, Soziologen, Pflege- und Erziehungsheimen sowie der Justiz.

Mit der Übernahme einer Professur an der psychologischen Fakultät der Ohio State University 1940 beginnt Rogers' akademische Laufbahn. In den folgenden Jahrzehnten entwickelt er in mehreren Phasen die klientenzentrierte Psychotherapie, die ihn berühmt machen wird. Dieser Ansatz beinhaltet eine Psychotherapie in Gesprächsform, bei der sich die Beteiligten gegenübersitzen. Besonders betont wird die Bedeutung einer einfühlsamen, von Wärme, Respekt und Ehrlichkeit getragenen Haltung des Therapeuten für den Heilungsprozess.

1945–1957 lehrt Rogers als Professor an der University of Chicago und baut hier ein Forschungszentrum für Beratung und Psychotherapie auf. Diese Zeit wird er rückblickend als die produktivste Lern- und Arbeitsphase seines Lebens betrachten. Das Zentrum ist unhierarchisch geleitet, alle reden einander mit Vornamen an. Um die Wirksamkeit der von ihm entwickelten Psychotherapie zu überprüfen und zu dokumentieren, fertigt Rogers als Erster seines Faches Tonaufnahmen von vollständigen Therapien an, wertet sie aus und veröffentlicht die Ergebnisse. Außerdem entwickelt er Tests, die während der Behandlung über deren Verlauf Aufschluss geben. Er bewirkt damit maßgeblich eine Öffnung der Psychotherapie für experimentell-empirische Überprüfbarkeit. Wie wichtig der empirische Ansatz ist, zumindest darin weiß er sich mit den Behavioristen einig.

1957 geht Rogers als Professor an die University of Wisconsin/Madison. Nun versucht er auch mit Psychiatriepatienten zu

CARL R. ROGERS

arbeiten, was sich als schwierig erweist. Dennoch bestätigen Tonbandmitschnitte erneut den Stellenwert einer respektvollen, empathischen und authentischen Haltung des Therapeuten. 1963 wechselt Rogers nach La Jolla, Kalifornien. Hier gründet er das Centre for Studies of the Person und ist nun besonders in der personzentrierten Gruppentherapie tätig. Damit beeinflusst er maßgeblich die Encounter-Bewegung. Encounter, der englische Begriff für Begegnung, findet sich bereits bei Viktor E. Frankl (s. Kap. 35), dem Begründer der Logotherapie. Auch Jakob L. Moreno (s. Kap. 30), einer Urväter der Gruppenpsychotherapie und der Begründer des Psychodramas, hat diese Bezeichnung in die Psychotherapie eingebracht.

In der Encounter-Bewegung wird das Prinzip der respektvoll-empathischen Begegnung, das Rogers für die Einzeltherapie gefordert hat, auf das Miteinander der Gruppenmitglieder übertragen. In unzähligen Selbsterfahrungsgruppen breitet sich die Encounter-Bewegung in den 1960er- und 1970er-Jahren in den USA und Europa aus – allerdings mit zwiespältigem Nutzen, weil die gewünschte Befreiung der Gefühle nicht selten eine psychische Destabilisierung labilerer Teilnehmer mit sich bringt, zumal bei weniger qualifizierten oder verantwortungsbewussten Leitern. Doch können diese negativen Auswüchse des Psychobooms natürlich nicht Rogers persönlich angelastet werden.

Auch in Vorträgen und Workshops macht der Gründer der klientenzentrierten Psychotherapie seinen Ansatz weit über die Grenzen der USA hinaus bekannt. Er bezieht zudem gesellschaftliche und politische Probleme mit ein, indem er die Begegnung gegensätzlicher Gruppen wie Schwarzer und Weißer oder – in Irland – Katholiken und Protestanten organisiert. Seine Bücher werden zu Bestsellern, etwa »On becoming a person« von 1961 (dt. »Entwicklung der Persönlichkeit«, 1973) und »Freedom to learn« von 1969 (dt. »Lernen in Freiheit«, 1974). Auch in akademischen Kreisen weicht die anfängliche Kritik großer Anerkennung. Rogers wird im Jahr 1945 zum Präsidenten der American Psychological Association (APA) gewählt. 1956 zeichnet ihn die APA für seine psychotherapeutischen Forschungsbeiträge aus. Rogers erhält viele Ehrendoktorwürden im In- und Ausland, unter anderem von der Universität Hamburg.

Im Januar 1987 wird der Begründer der klientenzentrierten Psychotherapie im Kongress von Kalifornien als Kandidat für den Friedensnobelpreis vorgeschlagen. Am selben Tag erleidet Carl Ransom Rogers zu Hause einen Unfall, an dessen Folgen er zwei Wochen später in La Jolla stirbt.

IDEEN

Das Programm findet sich schon im Namen wieder: klientenzentrierte Psychotherapie. Bei Carl R. Rogers gibt es keine Patienten, sondern Klienten – also Auftraggeber. Denn er sieht die Menschen, die wegen psychischer Probleme zu ihm kommen, nicht als krank, defizitär oder gar als dem Therapeuten hierarchisch untergeordnete Laien an. Für ihn ist jeder Mensch Experte in eigener Sache, unterwegs zur Verwirklichung des eigenen Selbst, und wenn auf diesem Weg etwas stockt und hakt, wird es nötig, einen Therapeuten zu beauftragen.

Der Begriff des Selbst verweist auf Rogers' philosophische Wurzeln in der Existenzphilosophie. Im 19. Jahrhundert hat der Däne Søren Kierkegaard (1813–1855) es als Aufgabe jedes Menschen bezeichnet, durch die Entscheidung für einen Lebensentwurf er selbst zu werden. Damit ist Kierkegaard zum Urvater der Existenzphilosophie des 20. Jahrhunderts geworden: Denker wie Karl Jaspers (1883–1969), Martin Heidegger (1889–1976) und Jean-Paul Sartre (1905–1980) beschreiben auf unterschiedliche Weise die Notwendigkeit für den Menschen, dem eigenen Dasein in der Gestaltung der konkreten Situation Sinn zu verleihen und so, sich in die Zukunft hinein erschaffend, den persönlichen Lebensentwurf zu verwirklichen.

Auf Kierkegaard bezieht sich auch der jüdische Religionsphilosoph Martin Buber (1878–1965), der ebenfalls der Existenzphilosophie nahe steht. Sein Menschenbild ist geprägt von der Kategorie der Begegnung: Im Gegenüber zum Du, im Dialog, kommt das Ich zu sich selbst. Buber beschreibt in diesem Zusammenhang die innere Haltung, die für den echten Dialog nötig ist: Annahme, Authentizität, Respekt. Unschwer sind Bubers Forderungen in den Kriterien für die therapeutische Haltung wiederzuerkennen, die Carl R. Rogers, gestützt auf unzählige Tonbandaufnahmen und deren Auswertung, als günstig für

CARL R. ROGERS

eine gelingende Psychotherapie beschrieben hat: bedingungslose positive Zuwendung und einfühlendes Verstehen, die zum Ausdruck gebracht werden. Der Therapeut soll den Klienten achten und annehmen, ihm aber nicht mit antrainierter Freundlichkeit begegnen, sondern in seinen eigenen Äußerungen echt bleiben. Was bedeutet, dass der Therapeut ruhig auch Gefühle wie Angst oder Langeweile mitteilen darf.

Anfangs stellt Rogers das nichtdirektive Vorgehen in den Mittelpunkt seines Therapiekonzepts. Das heißt, er betont vor allem die Tatsache, dass der Therapeut nicht vorgibt, wie sich der Klient zu entwickeln habe, sondern sich mit eigenen Äußerungen zurückhält. Für den Klienten soll eine Atmosphäre geschaffen werden, in der er seine Bedürfnisse entdecken und Wege zu ihrer Befriedigung finden kann. Mit diesem Ansatz unterscheidet sich Rogers sowohl von der Psychoanalyse, die frühkindliche Konflikte hinter den aktuellen Problemen aufzuspüren sucht, als auch von den Behavioristen (s. Kap. 21 u. 22), die den Menschen im Sinne der Konditionierung vor allem als Produkt seiner Umwelt sehen. Allerdings ist Rogers auch von einem Freud-Schüler beeinflusst: von Otto Rank (1884–1939), der stark das Bedürfnis des Menschen nach Selbstständigkeit betont und schon früher die therapeutische Beziehung als wachstumsfördernden Raum beschrieben hat.

Später dann gesteht Rogers dem Therapeuten mehr Möglichkeiten des Eingreifens und Intervenierens zu. Allerdings wieder nicht in Form von Deutungen oder rationalen Erklärungen, sondern so, dass vor allem die Gefühle des Klienten in Worte gefasst werden. Der Klient soll durch die Äußerungen des Therapeuten die eigenen Empfindungen besser wahrnehmen und reflektieren können. Dem dient zum Beispiel die Technik des so genannten Spiegelns, bei welcher der Therapeut die Gefühlsäußerungen des Klienten in eigenen Worten aufgreift. Dass Gefühle auf solche Weise bewusst gemacht werden, erfordert natürlich eine intensive und vertrauensvolle Beziehung zwischen Therapeut und Klient, was Rogers auch betont.

Weil die Auseinandersetzung des Klienten mit den eigenen Emotionen im Mittelpunkt dieser Therapieform steht, wird sie auch klienten- oder personenzentriert genannt. Worin besteht aber das Ziel des Therapieprozesses? Was oben philosophisch

161

HUMANISTISCHE UND RESSOURCENORIENTIERTE ANSÄTZE

mit Selbstwerdung umschrieben wird, heißt in psychologischer Begrifflichkeit Kongruenz oder Deckungsgleichheit. Für Rogers ist es ausschlaggebend, dass der Mensch im Einklang mit dem lebt, wie er sich selbst sieht (Selbstkonzept), und dabei nicht den Anschluss an die äußere Realität, an sein Umfeld, verliert. Denn dort, wo das Ideal, das jemand von sich selbst hat, mit der äußeren Realität nur wenig übereinstimmt, können Neurosen entstehen, Ängste und Depressionen. Wenn der Betreffende ständig Erfahrungen macht, die nicht zu seinem Selbstkonzept passen, wird er sie verdrängen, um das Konzept nicht zu gefährden. Das heißt aber: Er wird sich in seinem Erleben und Verhalten fremd und unverständlich werden, was mit dem Begriff der Inkongruenz beschrieben wird. Oder aber der Betreffende wird versuchen, sein Selbstkonzept zu verändern, um die neuen Erfahrungen zu integrieren und Kongruenz zu erlangen.

Rogers vertraut darauf, dass in jedem Menschen der Drang besteht, zu wachsen, kongruent zu werden und das eigene Selbst zu verwirklichen. Selbstaktualisierungstendenz nennt er dieses Potential, an das der Klient in der Therapie anknüpfen soll. Wenn der Klient sich seinen Erfahrungen und Gefühlen ehrlich stellt, integriert er das Fremde, er ordnet sich innerlich neu und wächst. Er verwirklicht sein Selbst in besserem Einklang mit der äußeren Realität und erwirbt sich damit eine umfassendere Handlungsfähigkeit. Sein Leben wird reicher und stimmiger.

Freilich muss der Klient die Lücke zwischen Ideal und Realität und den daraus resultierenden Leidensdruck überhaupt erst einmal spüren, damit er sich entschließen kann, daran zu arbeiten. Man hat Rogers' Ansatz deshalb auch als Therapie für »Normalneurotiker« bezeichnet, für die Menschen also, die prinzipiell über genug psychische Stabilität und Struktur verfügen, um ihr Leben gut zu gestalten. Die Wirksamkeit der klientenzentrierten Psychotherapie etwa bei Depressionen ist denn auch – nicht zuletzt dank Rogers' eigenem Interesse an der Empirie – gut belegt.

Mit seinem Ansatz, der sich mit den Selbstentfaltungskräften des Menschen beschäftigt, gehört Carl R. Rogers zu den Protagonisten der Humanistischen Psychologie, die sich als dritte Kraft neben der Tiefenpsychologie und dem Behaviorismus begreift. 1962 ist er Mitbegründer der Association For Humanistic Psychology, in der sich die Vertreter dieser humanistisch ausgerichteten Psychologie zusammenschließen. In Deutschland haben die Psychologen Reinhard Tausch (geb. 1921) und Anne-Marie Tausch (1925–1983) seinen therapeutischen Ansatz unter dem Oberbegriff Gesprächspsychotherapie bekannt gemacht. Die Grundzüge der klientenzentrierten Gesprächsführung haben auf andere psychotherapeutische Ansätze und auch weit über die Grenzen der Psychologie hinaus gewirkt, etwa in der Sozialarbeit oder der Pädagogik. Die Prinzipien, die Carl R. Rogers für Therapeuten verpflichtend gemacht hat, sind über den professionellen Bereich hinaus für alle Menschen interessant, denen etwas am aufrichtigen Gespräch liegt.

__Übrigens:__ Reinhard Tausch beschreibt Carl R. Rogers als geistig sehr begabten und mit hohem Einfühlungsvermögen ausgestatteten Menschen. Allerdings muss der Gründervater der klientenzentrierten Psychotherapie als Privatperson lange Zeit eher zurückhaltend und kontrolliert gewesen sein. Dies, so wird berichtet, hat sich erst durch die Arbeit mit den Encounter-Gruppen in späteren Jahren verändert. Nun öffnete sich Rogers auf überraschende Weise und gab viel von seinem eigenen Empfinden preis.

35 Heilung durch Sinnfindung
Viktor E. Frankl

Wie kaum ein anderer hat der Begründer der Logotherapie mit seinem eigenen Schicksal die Ideen seiner Lehre vorgelebt. Viktor Emil Frankl war der Überzeugung, dass der Mensch einen Sinn im Leben finden muss, um trotz aller Krisen und Probleme seelisch gesund zu bleiben.

Weg

Viktor Emil Frankl wird 1905 als Sohn eines jüdischen Beamten geboren. Er studiert Medizin, befasst sich intensiv mit der Psychoanalyse (s. Kap. 7) und vor allem mit der Individualpsychologie (s. Kap. 8). Unter diesem Einfluss entscheidet er sich für die Psychiatrie. Doch erscheinen ihm beide Richtungen letztlich als zu eng und dogmatisch, weshalb er den Wunsch, Analytiker zu werden, wieder verwirft. Schon früh interessiert er sich für die Suizidprävention, leitet von 1933 bis 1937 im psychiatrischen Krankenhaus von Wien den so genannten »Selbstmörderinnenpavillon«, wo er jährlich viele tausend suizidgefährdete Frauen betreut. Außerdem organisiert er Beratungsstellen für Jugendliche in seelischer Not, in denen Wiener Koryphäen wie die Entwicklungspsychologin Charlotte Bühler (s. Kap. 31) und der Pädagoge und Analytiker August Aichhorn (1878–1949) mitarbeiten. 1937 lässt er sich als Neurologe und Psychiater nieder.

Nach der deutschen Besetzung Österreichs nutzt Frankl sein amerikanisches Visum nicht, weil er seine Eltern nicht im Stich lassen will. Mit seiner Ehefrau Tilly, die er neun Monate zuvor geheiratet hat, und mit seinen Eltern wird er im Herbst 1942 ins Ghetto Theresienstadt deportiert. Tilly stirbt im KZ Bergen-Belsen, und auch Frankls Eltern und sein Bruder kommen ums Leben. Viktor E. Frankl überlebt vier Konzentrationslager, darunter Auschwitz. Noch im Lager beginnt er eine Neufassung seines vor der Deportation schon einmal vollendeten Hauptwerks »Ärztliche Seelsorge«. Die erste Fassung hatte er ins Mantelfutter eingenäht mit sich genommen, sie ist in Auschwitz verloren gegangen.

Die Arbeit an dem Buch stärkt Frankls Überlebenswillen im KZ. Was er schon in seiner Arbeit mit suizidgefährdeten Frauen und mit Jugendlichen erkannt hatte, bestätigt sich ihm nun erneut: Die Gewissheit, einen Sinn im Leben zu haben, gebraucht zu werden und eine Aufgabe zu haben, ist sogar wichtiger als die Erfüllung körperlicher Bedürfnisse. 1946 erscheint das Werk, es ist das erste Nachkriegsbuch in Österreich überhaupt und Tilly gewidmet. Frankls Erfahrungsbericht aus dem KZ, den er im selben Jahr herausgibt, trägt den Titel »… trotzdem Ja zum Leben sagen. Ein Psychologe erlebt das Konzentrationslager«. Der Text erregt vor allem in den USA großes Aufsehen.

Getreu seiner eigenen Überzeugung baut sich Viktor E. Frankl nach allem erfahrenen Leid das Leben wieder auf. Er heiratet erneut, bekommt eine Tochter und wird 1955 Professor

VIKTOR E. FRANKL

für Neurologie und Psychiatrie an der Universität Wien. Seinen psychologischen Ansatz der Logotherapie, der heute an eigenen Ausbildungsinstituten gelehrt und in Therapie, Pädagogik und Beratung angewandt wird, macht er in über 30 Büchern bekannt. Er steht mit bedeutenden Psychologen und Philosophen in Kontakt und übernimmt mehrere Gastprofessuren in den USA. 1970 wird eigens für ihn ein Lehrstuhl an der Universität in San Diego, Kalifornien, eingerichtet. In vielen Ländern der Welt findet er Schüler und Anhänger. 1997 stirbt Viktor Emil Frankl in Wien.

IDEEN

Frankl stellt fest: Seit Sigmund Freud im abgewehrten Trieb die Ursache für psychisches Leid erkannt hat, haben sich die Zeiten geändert. Nun ist die Sinnlosigkeit das drängendste Problem der Menschen. Das Bewusstsein, ohne Sinn und Lebensziel zu existieren, bewirkt nach Frankl ein Gefühl der existenziellen Frustration, gar Verzweiflung. »Noogene Neurose« nennt er die psychische Erscheinungsform dieses Problems, vom griechischen nóos (nous) – Geist, Verstand.

Diese Neurose hat mehrere Ursachen: Der Mensch ist beispielsweise weniger durch Traditionen gehalten, und er hat mehr Freizeit, weniger Aufgaben. Freilich sind auch für Frankl nicht alle Neurosen noogen. Es gibt ebenso Störungen, die durch körperliche oder durch psychische Ursachen bedingt sind. Auch muss nicht jede Sinnkrise in eine noogene Neurose führen.

Die Heilung dieser neurotischen Störung ist nun das Besondere der Logotherapie nach Viktor E. Frankl. Der Begriff kommt vom griechischen λόγος – Geist, Sinn, Wort. Logotherapie ist also sinn- und wertorientierte Psychotherapie. Eine andere Bezeichnung lautet Existenzanalyse, hier zeigt sich die geistige Nähe Frankls zur Existenzphilosophie von Karl Jaspers (1883–1969), die den Menschen daraufhin betrachtet, wie er sein Leben und die eigenen Möglichkeiten versteht und gestaltet.

In der Logotherapie begleitet der Therapeut sein Gegenüber bei dessen Sinnfindung. Er kann ihm natürlich keinen konkreten Sinn vermitteln, aber er kann ihm im Gespräch, vorzugsweise im so genannten sokratischen Dialog, das Bedürfnis nach Sinn

HUMANISTISCHE UND RESSOURCENORIENTIERTE ANSÄTZE

bewusst machen und ihm ein Wertgefüge eröffnen, innerhalb dessen der ganz persönliche Lebenssinn möglicherweise zu finden wäre. Im sokratischen Dialog teilt nicht der Wissende dem anderen seine Einsichten mit, sondern er begleitet ihn durch geschicktes Fragen dabei, selbst zu Einsichten zu kommen. »Hebammenmethode« wird diese Art der pädagogischen Gesprächsführung auch genannt.

Die Logotherapie findet auch bei anderen Formen seelischen Leidens Anwendung, sie ergänzt hier die übrigen Psychotherapien. So hat Frankl zwei wichtige Behandlungsformen in die Psychotherapie eingebracht: die paradoxe Intention und die Dereflexion. Beide werden genutzt, um den Teufelskreis zwischen einem Symptom und der Angst, dass dieses Symptom wieder auftauchen wird, zu durchbrechen. Die paradoxe Intervention (oder Intention) arbeitet, wie der Name schon sagt, mit dem Widerspruch: Der Patient wird aufgefordert, genau das Neurotische zu wünschen oder zu tun, was er eigentlich vermeiden will. So verliert sich das Gefühl, dem Symptom ausgeliefert zu sein. Wichtig ist dabei der Humor. Er hilft, trotz schwerer Probleme gelassen zu bleiben. In jüngster Zeit hat gerade dieser Aspekt der Heiterkeit in der Psychotherapie viel Beachtung gefunden.

Die Dereflexion besteht in einer Haltung, die schon Frankl selbst im KZ erfolgreich angewandt hat: Man soll versuchen, das Problem nicht zu unterdrücken, sondern zu ignorieren, indem man sich auf angenehme Tätigkeiten oder zumindest aufbauende Vorstellungen konzentriert. So wird die andauernde Selbstbeobachtung durchbrochen, der Mensch lernt, von sich selbst abzusehen.

Frankls wichtigste Schülerin und Nachfolgerin Elisabeth Lukas (geb. 1942) hat als dritte Technik die Einstellungsmodulation eingeführt. Hier geht es darum, die Einstellung des Menschen zu seiner eigenen Lebenssituation dahingehend neu zu gestalten, dass Unabänderliches besser ertragen und Gutes voll gewürdigt und genutzt werden kann.

Die Logotherapie wird auch als »Dritte Wiener Schule« neben der Psychoanalyse und der Individualpsychologie bezeichnet. Sie beansprucht für sich, anders als die beiden anderen Richtungen den Blick des Menschen weniger in die dunklen Tiefen der Psyche, sondern vor allem in die lichte Höhe, auf den Geist und den Sinn zu richten. Tatsächlich ist dieser idealistische Ansatz die große Stärke der Logotherapie. Er macht aber aus Sicht von Kritikern auch ihre Schwäche aus.

Anekdote: Schräg gegenüber von Viktor Frankls Elternhaus in der Wiener Czerningasse wohnte zeitweise Alfred Adler, der Begründer der Individualpsychologie. Frankl hat dies stets als symbolischen Hinweis auf seinen eigenen Werdegang empfunden.

36 Die Bedürfnispyramide
Abraham H. Maslow

Mit seiner Bedürfnispyramide hat Abraham Harold Maslow einen wichtigen Beitrag zur Motivationspsychologie geleistet. Der Mitbegründer der Humanistischen Psychologie richtet den Blick auf die Möglichkeiten des Menschen, zu wachsen und sich zu entfalten.

Weg

Der Erfinder der Bedürfnispyramide wird 1908 in Brooklyn geboren. Abraham Harold Maslow ist das älteste von sieben Geschwistern. Seine Eltern, jüdische Einwanderer aus Russland, setzen sehr auf eine gute Bildung, damit ihre Kinder es einmal besser haben sollen. Maslow studiert zunächst Jura am City College of New York und anschließend Psychologie bis zur Promotion 1934 an der University of Wisconsin. 1935 kehrt er zurück nach New York, wo er an der Columbia University tätig ist.

Von 1937 bis 1951 lehrt Abraham H. Maslow am Brooklyn College. In dieser Zeit trifft er viel mit europäischen Gestaltpsychologen und mit Freudianern zusammen, die aus dem nationalsozialistischen Deutschland und den besetzten Nachbarländern in die USA emigriert sind. Zu Letzteren gehören etwa Alfred Adler, (s. Kap. 8), Karen Horney (s. Kap. 11) und Erich Fromm (s. Kap. 15). 1951 wechselt Maslow zur Brandeis University in Waltham, Massachusetts. Hier begegnet er dem Neurologen und Psychiater Kurt Goldstein (1878–1965), der 1935 aus Deutschland emigriert ist.

Goldstein gehört zur Gestaltpsychologie (s. Kap. 6). Zwar begreift er wie Sigmund Freud (s. Kap. 7) den menschlichen Organismus als Energiesystem. Anders als der Begründer der Psychoanalyse sieht er aber das Bedürfnis, sich selbst zu verwirklichen, und nicht etwa das Bedürfnis nach Triebabfuhr und Entspannung als Hauptantriebskraft des Menschen. Goldstein vertritt eine biologisch-ganzheitliche Sicht des Menschen, die dem Organismus die Fähigkeit zuschreibt, aus sich selbst heraus immer wieder neu ins Gleichgewicht zu kommen (organismische Psychologie). Für ihn besitzt jedes Individuum Fähigkeiten und Potentiale, die es in einem lebenslangen Wachstumsprozess entfalten möchte. Maslow greift diese Gedanken auf und setzt sie psychologisch um. 1954 zeichnet er in seiner Studie »Motivation and Personality« (dt. »Motivation und Persönlichkeit«, 1954) anhand historischer und zeitgenössischer Porträts ein Bild des sich selbst entfaltenden Menschen. Erstmals stellt er darin die von ihm erarbeitete Hierarchie der Bedürfnisse vor, die ihn berühmt machen wird. Einen zweiten, erweiterten Entwurf veröffentlicht er 1968 in seinem Buch »Towards a Psychology of Being« (dt. »Psychologie des Seins«, 1968).

Kurt Goldstein und Abraham H. Maslow sind wichtige Protagonisten des Human Potential Movement (Bewegung für das menschliche Potential). Diese Strömung entwickelt sich als dritte Kraft in der Psychologie, neben Tiefenpsychologie und Behaviorismus. Der Begriff der dritten Kraft stammt von Maslow. In der Humanistischen Psychologie finden verschiedene Richtungen zusammen. Die Entwicklungspsychologin Charlotte Bühler (s. Kap. 31) gehört ebenso dazu wie Carl Rogers, der Urvater der klientenzentrierten Psychotherapie (s. Kap. 34), oder der Begründer der Logotherapie, Viktor E. Frankl (s. Kap. 35), aber auch Gestalttherapeuten wie Fritz Perls (s. Kap. 32) und Jakob L. Moreno, der Begründer des Psychodramas (s. Kap. 30). Nicht zuletzt hat Gordon W. Allport mit seinem Konzept der Funktionellen Autonomie (s. Kap. 47) dieser dritten Kraft den Weg bereitet. Im Jahr 1962 organisiert sich die Bewegung unter Abraham H. Maslows Vorsitz in der Association For Humanistic Psychology.

ABRAHAM H. MASLOW

Fünf Jahre später ehrt die American Humanist Association Maslow als »Humanist des Jahres«, und die American Psychological Association wählt ihm zum Präsidenten. Sein lang gehegtes Ziel, auch für Philosophie und Ethik Theorieentwürfe im Sinne der Humanistischen Psychologie zu formulieren, kann er jedoch nicht mehr verwirklichen. 1970 stirbt Abraham Harold Maslow nach langer Krankheit in Menlo Park, Kalifornien, an einem Herzinfarkt.

IDEEN

Die Pyramide der menschlichen Bedürfnisse hat Abraham H. Maslow populär gemacht. In seinem Entwurf von 1954 spricht er von fünf hierarchisch aufeinander aufgebauten Notwendigkeiten, die zu einem erfüllten Leben gehören. Die Schichten hängen aufsteigend voneinander ab. Wenn die Bedürfnisse einer Schicht nicht erfüllt sind, dann verkümmern auch die darüber liegenden, weil der Mensch damit beschäftigt ist, immer erst die grundlegenderen Notwendigkeiten sicherzustellen. Der Reihenfolge nach geht es von unten nach oben um:

1) *Körperliche Bedürfnisse* – Luft zum Atmen, Nahrung, Wärme, Sexualität, Schmerzfreiheit, Schlaf. Diese Bedürfnisse müssen erfüllt sein, sonst sind wir ununterbrochen damit beschäftigt, den empfundenen Mangel zu bekämpfen.

2) *Sicherheit* – Dazu gehören Wohnung und Einkommen, verlässliche Ordnung durch Gesetze und Rituale, aber auch das Vorhandensein eines eigenen Lebensplans.

3) *Zugehörigkeitsgefühl* – Hier sind soziale Beziehungen gemeint, von der Liebesbeziehung und der familiären Bindung bis zur Zusammengehörigkeit im Arbeitsteam und im Verein.

4) *Selbstwertgefühl* – Wenn die anderen Bedürfnisse erfüllt sind, werden diese Dinge wichtig: das Bewusstsein der Kompetenz, die Anerkennung für geleistete Arbeit, aber auch der gesellschaftliche Status und Macht oder Ruhm.

5) *Selbstverwirklichung* – Dieses Bedürfnis steht ganz oben. Wenn der Mensch genug zu essen hat, sich sicher und sozial eingebunden fühlt, wenn er um seinen Wert weiß, dann will er wachsen, seine Fähigkeiten weiter entwickeln und immer mehr zu dem werden, der er sein kann.

Die ersten drei Schichten und teilweise auch die vierte umfassen nach Maslow Defizitbedürfnisse. Wenn sie nicht befriedigt werden, empfindet man einen Mangel. Sind sie aber gestillt, gibt es keine weiteren Bedürfnisse in dieser Richtung. Die fünfte Stufe lässt sich potenziell unendlich weit ausbauen.

In einer Erweiterung von 1968 hat Maslow folgende Schichten hinzugefügt:

4a) Kognitive Bedürfnisse – Über dem Selbstwertgefühl steht nun der Wunsch, etwas zu verstehen, zu lernen, zu wissen.

4b) Ästhetische Bedürfnisse – Sind die kognitiven Bedürfnisse erfüllt, wächst der Wunsch, sich in einer schönen und geordneten Umgebung zu befinden.

6) Transzendenz – Ganz an der Spitze, über der Selbstverwirklichung, steht nun das Bedürfnis nach Spiritualität, nach dem Gefühl des Einklangs mit dem Kosmos.

Kritiker haben angemerkt, dass Menschen ihre Bedürfnisse nicht derart hierarchisch geordnet abarbeiten, wie Maslow es darstellt. Viel hinge auch von der jeweiligen soziokulturellen Prägung ab. Trotzdem bleibt es das Verdienst des Mitbegründers der Humanistischen Psychologie, die Perspektive verändert zu haben: weg von den Defiziten, den Mängeln, und hin zu den Wachstumsmöglichkeiten, die dem Menschen innewohnen.

Übrigens: Mit seiner Theorie hat Abraham Maslow einen bedeutenden Beitrag zur Motivationspsychologie geleistet. Diese Teildisziplin erforscht, was den Menschen körperlich und psychisch antreibt. Der Begriff Motivation kommt vom lateinischen movere – bewegen.

37 Die »Spiele der Erwachsenen«

Eric Berne

Die Transaktionsanalyse verbindet verschiedene tiefenpsychologische Modelle zu einem neuen, humanistisch ausgerichteten Ansatz. Ihr Begründer, Eric Berne, kombinierte in der Praxis verschiedene therapeutische Methoden, um die erwachsene Seite seiner Klienten im Erleben und Handeln zu stärken.

WEG

Unter dem Namen Eric Lennard Bernstein wird Eric Berne 1910 im kanadischen Montreal geboren. Seine Eltern stammen aus Russland und Polen. Der Vater ist praktischer Arzt, Eric begleitet ihn zuweilen bei seinen Hausbesuchen. Mit 38 Jahren stirbt der Vater an Tuberkulose. Die Mutter verdient den Lebensunterhalt für sich und die Kinder als Autorin und Redakteurin.

Wie sein Vater studiert Eric Bernstein Medizin und lässt sich zum Chirurgen ausbilden. Mit 25 Jahren wandert er in die USA aus und wechselt zur Psychiatrie. 1938/39 wird er amerikanischer Staatsbürger und ändert seinen Namen zu Eric Berne. Von 1941 bis 1943 ist er als Psychiater am Mt. Zion Hospital in New York und gleichzeitig in eigener Praxis tätig. 1941 beginnt er seine Ausbildung zum Psychoanalytiker mit einer Lehranalyse bei Paul Federn (1871–1950). Der Schüler Sigmund Freuds (s. Kap. 7) ist 1938 aus seiner nationalsozialistisch besetzten Heimat Österreich in die USA emigriert und Mitglied der New Yorker Psychoanalytischen Vereinigung geworden. Er steht Adlers Individualpsychologie (s. Kap. 8) nahe und gehört zu den Pionieren der psychoanalytischen Erforschung des Ich. Das Ich ist bei Freud diejenige Instanz, welche die bewussten Wahrnehmungs-, Gedächtnis-, Denk- und Bewegungsfunktionen trägt. Es muss zwischen den triebhaften Forderungen des Es und den Normen und Verboten des Über-Ich vermitteln und aus dem Zusammenspiel der psychischen Kräfte ein möglichst geschlossenes Verhalten machen. Anders als Freud sieht Paul Federn das Ich als von Geburt an gegeben. Für ihn speichert es von Anbeginn Erfahrungen als Zustände ab. Von Paul Federn bezieht Eric Berne wichtige Anregungen für sein späteres Konzept der Ich-Zustände.

Von 1943 bis 1946 arbeitet der Amerikaner als Heerespsychiater. In dieser Funktion muss Berne in kurzer Zeit möglichst viele Soldaten diagnostisch beurteilen. Das weckt sein Interesse am Phänomen der Intuition, also an der unbewussten, spontanen Erkenntnis eines Sachverhalts. Während der letzten beiden Jahre beginnt er auch gruppentherapeutisch zu arbeiten. Nach dem Ende des Zweiten Weltkriegs geht Berne nach Kalifornien. 1947 beginnt er eine zweite Lehranalyse bei Erik H. Erikson (s.

Kap. 16). Er lebt in Carmel-by-the sea, ist dort und in San Francisco als Psychiater und analytischer Gruppentherapeut tätig und beendet seine psychoanalytische Ausbildung. 1956 wird ihm allerdings die Aufnahme in die Psychoanalytische Vereinigung mit der Begründung verweigert, er müsse sich weitere drei oder vier Jahre einer Analyse unterziehen. Diese Erfahrung bestärkt Berne in seiner Abkehr von der Freudschen Tiefenpsychologie und in der Entwicklung eines eigenen Konzeptes, das seine Ideen über die Persönlichkeit, das menschliche Miteinander und die Psychoanalyse verbindet. Berichten zufolge war er gegenüber den orthodoxen Freudianern trotz der erfahrenen Kränkung nie verbittert.

1957 beschreibt Berne seinen neuen Ansatz in einem Vortrag vor Gruppentherapeuten. Im Jahr darauf erscheint die Rede gedruckt mit dem Titel »Transactional Analysis: A New and Effective Method of Group Therapy« (»Transaktionsanalyse: Eine neue und wirksame Methode der Gruppentherapie«). Unter dem Begriff der Transaktionsanalyse wird Eric Bernes Ansatz schnell bekannt. Sein Begründer entwickelt ihn stetig weiter. In den folgenden Jahren ist Berne als Psychiater, Autor und Dozent tätig. Er unterrichtet an der Medical School der University of California und ist Direktor des San Francisco Social Psychiatry Seminary. 1964 erscheint das Standardwerk der Transaktionsanalyse, »Games People Play« (dt. »Spiele der Erwachsenen«, 1967). Es richtet sich nicht nur an die Fachwelt, sondern auch an den interessierten Laien und erreicht ein Millionenpublikum. Im selben Jahr wird die International Transactional Analysis Association gegründet.

Kurz vor seinem Tod im Jahr 1970 beendet Berne das letzte von vielen Büchern. Es erscheint posthum unter dem Titel »What do you say after you say hello« (dt. »Was sagen Sie, nachdem Sie ›Guten Tag‹ gesagt haben?‹, 1973).

IDEEN

Die Transaktionsanalyse arbeitet mit der Persönlichkeitsstruktur des Menschen, mit seiner Kommunikation, den darin auftretenden Grundmustern und dem Lebensplan, der dahinter steht. Berichten zufolge entdeckt Berne, während er seinen Patienten zuhört, dass aus ihnen gleichsam verschiedene Stimmen sprechen. Manchmal ist ein kleines Kind zu hören, manchmal ein Erwachsener oder ein Elternteil. Diese Beobachtung führt Berne zu seinem Modell der Ich-Zustände, unter denen man sich Teilpersönlichkeiten vorstellen kann. Anknüpfend an Paul Federns Theorie, dass das Ich bereits bei der Geburt vorhanden ist und seine Erfahrungen im Form von Zuständen abspeichert, spricht Berne von drei grundlegenden Ich-Zuständen:

Das *Kind-Ich* steht auch beim Erwachsenen noch für das Kind, das er einst war. Es umfasst die Bedürfnisse, den kindlichen Egoismus, aber auch die unbefangene Neugier auf die Welt. Das *Eltern-Ich* steht für die ungeprüft verinnerlichten Ansichten und Werturteile von Vater und Mutter. Und das *Erwachsenen-Ich* ist ständig damit beschäftigt, die Informationen aus seinem eigenen Speicher wie aus den beiden anderen Zuständen zu bündeln und mit der Außenwelt abzugleichen. Unschwer lassen sich hier Sigmund Freuds Instanzen Es, Über-Ich und Ich wiedererkennen. Berne differenziert die einzelnen Zustände allerdings noch weiter aus, zum Beispiel gibt es ein erstes Erwachsenen-Ich im Kind-Ich: Das ist das neugierige, vorurteilsfreie Kind, das die Welt entdecken möchte.

In der Strukturanalyse, einer methodischen Phase der Transaktionsanalyse, werden die Ich-Zustände des Klienten genauer daraufhin untersucht, ob sie klar voneinander abgegrenzt sind und dabei wechselseitig in Beziehung stehen. Wenn die Grenzen zwischen ihnen fehlen, kommt es nach Berne zur »Trübung«: Der Betreffende kann nur schlecht ein realistisches Bild von der Wirklichkeit entwickeln. Doch auch die Abspaltung eines Ich-Zustands führt möglicherweise zu psychischen Störungen.

Aus all dem zieht Berne Schlussfolgerungen für die Kommunikation, denn sie läuft immer als Begegnung von Ich-Zuständen ab. Eine solche Begegnung nennt Berne Transaktion. Jedes entsprechende Muster kann mit jedem in Beziehung treten, das ergibt bei drei Ich-Zuständen mit zahlreichen Differenzierungen insgesamt 729 mögliche Transaktionen. Sie lassen sich in drei Gruppen einteilen:

Parallele Transaktionen: Wenn zwei Menschen miteinander reden, können sie sich entweder mit den gleichen Ich-Zuständen begegnen, also als zwei Erwachsenen-Ichs oder zwei Kind-Ichs.

Oder aber sie treffen mit komplementären, einander ergänzenden Zuständen aufeinander: Ein trostbedürftiges Kind-Ich begegnet etwa einem fürsorglichen Eltern-Ich. Beides sind parallele Transaktionen. Sie sorgen am zuverlässigsten dafür, dass die Kommunikationspartner einander verstehen.

Gekreuzte Transaktionen: Hier wird die Kommunikation schon schwieriger. Zum Beispiel stellt der eine mit seiner Erwachsenen-Instanz eine bloße Frage, der andere fühlt sich jedoch kritisiert und geht mit dem Kind-Ich auf das Eltern-Ich seines Gegenübers los.

Verdeckte Transaktionen: Hier begegnen sich dem Anschein nach zwei Erwachsenen-Ichs, aber es mischen andere Ich-Zustände mit, die sich dahinter verbergen.

Die Transaktionsanalyse, die dem ganzen Konzept den Namen gegeben hat, besteht nun darin, diese Kommunikationsformen aufzuschlüsseln und bewusst zu machen. Vor allem bei verfestigten Transaktionen, die sich als Muster beziehungsweise »Spiel« (Berne) zwischen den Beteiligten etabliert haben, ist es wichtig, diese Abläufe zu durchbrechen. Meist wissen die Betroffenen nicht einmal, was sie da miteinander inszenieren, weshalb die Transaktionsanalyse nicht zuletzt in der Information und Belehrung über die verborgenen Spiele besteht. In »Die Spiele der Erwachsenen« hat Berne typische Muster beschrieben, etwa das »Wenn du nicht wärst«-Spiel. Es besteht darin, dem Partner unbewusst die Schuld an den eigenen versäumten Möglichkeiten zuzuschieben und sich so darüber hinwegzutäuschen, dass man diese Alternativen eigentlich aus Angst nicht ergriffen hat.

Zur Transaktionsanalyse als Gesamtansatz gehört auch, das jeweilige »Skript« der Menschen zu analysieren, die am Spiel beteiligt sind. Denn hinter ihrem Verhalten steht ein »Drehbuch«, ein unbewusster Lebensplan, der dazu dient, empfundene Defizite auszugleichen. Berne greift hier das Lebensplan-Modell der Individualpsychologie Alfred Adlers auf (s. Kap. 8).

Das Skript wird unter anderem durch die Lebenseinstellung bestimmt, die sich während der frühkindlichen Entwicklung herausbildet. Hier knüpft Berne an die Theorie vom Urvertrauen an, die sein zweiter Lehranalytiker Erik H. Erikson formuliert hat (s. Kap. 16). Nach Erikson ist das Urvertrauen eine

Grundsicherheit, ein Vertrauen in das Leben und die eigene Person. Es entsteht während des ersten Lebensjahres durch die Erfahrung, liebevoll und verlässlich umsorgt zu werden. Doch diese Erfahrung lässt notgedrungen mit dem Älterwerden und der wachsenden Selbstständigkeit eines Kleinkindes nach. Die ursprüngliche Formel, nach der sich der Säugling im Einklang mit der Umwelt befand und alle »o. k.« waren, ändert sich jetzt dahingehend, dass eine und später häufig sogar beide Seiten »nicht o. k.« sind. Doch das Ziel muss sein, zur ursprünglichen Formel »Ich bin o. k – Du bist o. k.« zurückzukehren, nun aber als bewusste Einstellung, als positive Sicht auf die eigene Person und die anderen Menschen. Der Berne-Schüler Thomas A. Harris hat diese Formel 1967 (dt. 1973) zum Titel eines der bekanntesten Bücher über die Transaktionsanalyse gemacht.

Der Ansatz wird als Einzelbehandlung oder in der Gruppe angeboten, wobei sich beide Behandlungsformen auch kombinieren lassen. Neben der beschriebenen kognitiven Herangehensweise werden gestalttherapeutische, körpertherapeutische und psychodramatische Techniken (s. Kap. 32 u. 30) verwendet, etwa bei der Darstellung von Träumen. Wichtig ist, dass der Therapeut seinem Gegenüber mit dem Erwachsenen-Ich begegnet, um dem Kind-Ich im Klienten die Erlaubnis zu geben, das in der Kindheit gebildete Skript zu verwerfen und sein eigenes neues Drehbuch zu schreiben. Auch in der Beratung, in der Pädagogik, bei der Erwachsenenbildung und bei der Arbeit in Organisationen lässt sich die Transaktionsanalyse einsetzen. Also überall da, wo die Kommunikation verbessert und das individuelle mit dem gemeinsamen Wachstum verbunden werden soll. Wegen dieser Betonung des Wachstums und der individuellen Entscheidungsfähigkeit des Menschen wird die Transaktionsanalyse oft, wie hier, den humanistischen Ansätzen zugerechnet, obwohl sie ursprünglich ein tiefenpsychologisches Verfahren darstellt.

Anekdote: Bald nach Beginn seiner zweiten Lehranalyse 1947 wollte Eric Berne, der bereits einmal geschieden war, erneut heiraten. Doch sein Analytiker Erikson untersagte es ihm bis zum Ende der Behandlung. So tauschten Berne und Dorothy de Mass Way erst 1949 die Ringe. Ihre Ehe hielt 15 Jahre.

38 Der Mensch, die Gruppe, das Thema

RUTH C. COHN

Mit der Entwicklung der Themenzentrierten Interaktion hat Ruth Charlotte Cohn Bleibendes für die Arbeit von Gruppen geleistet. Die Grundsätze des authentischen Miteinanders, der Sachbezogenheit und des Achtens auf die eigenen Bedürfnisse sind heute Allgemeingut geworden – in Schule und Arbeitswelt, in der Selbsterfahrung und in der Therapie.

WEG

Die Bankierstochter Ruth Charlotte Hirschfeld entstammt einem liberalen jüdischen Elternhaus. Im Jahr 1912 in Berlin geboren, interessiert sie sich schon früh für soziale Themen. Sie will Journalistin werden und studiert 1931–1932 Volkswirtschaft und Psychologie in Heidelberg und Berlin.

1933 emigriert Ruth Hirschfeld mit ihrem späteren ersten Ehemann Helmut Cohn aus dem nationalsozialistischen Deutschland in die Schweiz. An der Universität Zürich setzt sie ihr Studium fort, nun mit Psychologie im Hauptfach. Vorlesungen in vorklinischer Medizin und Psychiatrie, Pädagogik, Theologie, Philosophie und Literatur kommen hinzu. Parallel lässt sie sich zur Psychoanalytikerin ausbilden.

1941 geht Ruth Cohn in die USA. Weil ihr das New Yorker Psychoanalytische Institut als Nichtmedizinerin zunächst nur die Behandlung von Kindern zugestehen will, absolviert sie an der progressiven Bankstreet School eine Lehrerinnenausbildung und arbeitet als Kindertherapeutin. Schon bald wird ihr jedoch klar, dass meist auch das Umfeld der Kinder behandlungsbedürftig ist. So tritt die Therapie Erwachsener doch wieder in ihr Blickfeld. Die Analytikerin beendet ihr durch die Emigration unterbrochenes Psychologiestudium, eröffnet 1946 ihre eigene Praxis in New York und beteiligt sich 1948–1951 am Aufbau der National Psychological Association for Psychoanalysis.

RUTH C. COHN

Gleichzeitig entfernt sich Ruth Cohn jedoch immer mehr von der klassischen Psychoanalyse. Dazu trägt auch ihre Beschäftigung mit der körperorientierten Psychotherapie nach Wilhelm Reich (s. Kap. 14) bei. Bereits als 16-Jährige hatte sie auf der Berliner Elsa-Gindler-Schule gelernt, den Körper als Einheit zu sehen und auf die körperlichen Empfindungen zu achten. Bei der Entwicklung ihres eigenen Ansatzes in den folgenden Jahren bezieht Ruth Cohn viele psychologische und pädagogische Konzepte mit ein. So etwa die Gestaltpsychologie von Wolfgang Köhler (s. Kap. 6) und die organismische Psychologie von Kurt Goldstein (s. Kap. 36), die sie beide in Berlin kennengelernt hat, ebenso die Gruppentherapie, in der sie sich seit 1949 ausbilden lässt und die sie von 1957 bis 1973 als Dozentin lehrt. Von der Bankstreet School hat Cohn die Überzeugung mitgenommen, dass Lernen ein lebendiger Prozess ist, der den gesamten Menschen mit Körper, Geist und Seele einbezieht.

1962 tritt sie der neu gegründeten American Academy of Psychotherapists bei. Hier trifft Cohn auf Vertreter neuer und klassischer Behandlungsmethoden, mit denen sie sich intensiv beschäftigt. Dazu gehören die Gestalttherapie von Fritz Perls (s. Kap. 32) und die Familientherapie von Virginia Satir (s. Kap. 39). Als wichtigste Begegnung wertet Cohn jedoch ihre Begegnung mit Carl Whitaker und John Warkentin, Vertretern der Erlebnistherapie, deren Ansatz sie sich zu eigen macht. In der Erlebnistherapie wird mit der Lebenssituation des Patienten im Hier und Jetzt gearbeitet. Der Mensch wird ganzheitlich gesehen, einschließlich seiner Entwicklungs- und Entscheidungsmöglichkeiten. Der Therapeut besitzt keinen hierarchischen Vorsprung. Beide Seiten versuchen in ihren Äußerungen authentisch und wertfrei zu bleiben.

Ein Workshop im Jahr 1955 kann als Startpunkt für Ruth Cohns eigenes Konzept der Themenzentrierten Interaktion (TZI) gelten, mit dem sie später berühmt geworden ist. Bei diesem psychotherapeutischen und pädagogischen Ansatz der Gruppenarbeit sind – im Sinne des lebendigen Lernens und Arbeitens – die einzelnen Gruppenmitglieder, ihre Beziehungen untereinander und die Aufgabe der Gruppe gleich wichtig. Das Motto des lebendigen Lernens (Living learning), das Cohns Mitstreiter Norman Liberman (1920–2000) geprägt hat, sagt es

177

HUMANISTISCHE UND RESSOURCENORIENTIERTE ANSÄTZE

schon: TZI ist zunächst als didaktisches Konzept vor allem für Schulklassen und Mitarbeiterfortbildungen gedacht. Doch erweist sich die Methode bald auch für die psychotherapeutische Arbeit als geeignet.

1966 gründet Ruth Cohn das Workshop Institute for Living-Learning (WILL), um TZI zu lehren und zu erforschen. Später wird es Zweiginstitute in Europa geben. In der Neuen und Alten Welt hält Cohn Gastvorlesungen und begeistert auf Kongressen unzählige Psychologen, Pädagogen und Sozialarbeiter für TZI. Sie gehört zu den Protagonisten der Humanistischen Psychologie, doch auch die Psychoanalytiker erkennen sie als eine der Ihren an.

1968 besucht Cohn erstmals wieder Europa, 1974 lässt sie sich im schweizerischen Hasliberg nieder, wo sie bis 2002 bleibt. Sie unterhält eine eigene Praxis, lehrt TZI und ist als Beraterin an der École d'Humanité in Hasliberg tätig. In den USA und in Europa hat Ruth Cohn mehrere Ehrendoktorwürden und andere Auszeichnungen erhalten, darunter 1992 das Große Verdienstkreuz der Bundesrepublik Deutschland.

IDEEN

Die Themenzentrierte Interaktion (TZI) stellt ein Konzept für das schöpferische Miteinander eines Teams oder einer Gruppe dar. Die Gruppe findet sich zur gemeinsamen Arbeit an einem Thema, sie verfolgt eine gemeinsame Aufgabe, ein Ziel im Sinne des lebendigen Lernens. Jedes Mitglied bringt jedoch neben dem Interesse am Gruppenziel auch seine eigene Lebenssituation mit. Dieser zweite Aspekt ist dem ersten nicht untergeordnet. Und als dritter, ebenso gleichwertiger Faktor kommen die zwischenmenschlichen Beziehungen hinzu, welche die Mitglieder des Teams oder der Gruppe miteinander verbinden.

Die beschriebene Dreiheit lässt sich in Form eines Dreiecks darstellen. Seine Ecken markieren das Ich (das einzelne Mitglied), das Wir (die Gruppe als Beziehungsgeflecht) und das Es (das Thema, die Aufgabe). Um das Dreieck zieht sich ein Kreis, der so genannte Globe (Erdball). Er steht für das nähere und weitere Umfeld der Gruppe, von der physikalischen Ebene über Strukturen und Organisationen bis hin zu Gesellschaft, Kultur,

178

Politik, Natur. Als Mitglied einer Gruppe steht der Einzelne vor einer doppelten Aufgabe: Er soll seine Autonomie bewahren und für sich selbst der Leiter, der Chairman, sein. Gleichzeitig möchte er sich seines Verflochtenseins in der Gruppe und darüber hinaus bewusst sein. Auch wenn es paradox klingt, widersprechen sich diese beiden Prinzipien nicht. Sie ergänzen sich, denn sie prägen die Existenz des Menschen. Jeder ist zu jedem Zeitpunkt beides: eine leibseelische Einheit und ein Teil des Universums.

Als humanistisch gesinnte Psychologin betont Cohn den Wert des Wachstums. Was lebendig ist, kann sich weiterentwickeln und in freier Entscheidung seine Grenzen erweitern. Dieses Potential verpflichtet zu Sorgfalt und Respekt vor dem Lebendigen und zur Parteinahme für das Humane, gegen die Unmenschlichkeit. Mit diesen Gedanken wird Cohn zur wichtigen Gewährsfrau für die Friedens- und Umweltbewegung der 1970er- und 1980er-Jahre. Sie selbst verschweigt die spirituelle Dimension ihres Ansatzes nicht, sondern spricht im Alter davon, dem Goetheschen Pantheismus ihrer Jugendzeit wieder nahe gekommen zu sein, also der Vorstellung, dass in allen Dingen etwas Göttliches existiert.

Die wichtigsten Hilfsregeln für eine gelungene Arbeit im Sinne der TZI hat Ruth Cohn in ihrem 1975 erschienen Buch »Von der Psychoanalyse zur themenzentrierten Interaktion« dargelegt. Danach soll(en)

… jeder sein eigener Chairman (Leiter) sein, also Verantwortung für die eigenen Gefühle und Bedürfnisse übernehmen.

… Störungen Vorrang haben, weil ablenkende Gefühle bearbeitet werden müssen, damit sie nicht länger stören.

… Äußerungen in der Ichform geschehen, nicht als »wir« oder »man«.

… Verallgemeinerungen vermieden werden.

… Informationsfragen mit dem Zusatz versehen werden, warum diese Frage für den Betreffenden wichtig ist.

… möglichst wenig Interpretationen anderer Gruppenteilnehmer geäußert werden. Stattdessen geht es darum, die eigenen Reaktionen gegenüber dem Betreffenden in Worte zu fassen.

HUMANISTISCHE UND RESSOURCENORIENTIERTE ANSÄTZE

Aufgabe des Gruppenleiters ist es, eine warme und geschützte Atmosphäre zu schaffen, in der die geschilderte Authentizität möglich ist. Er muss für die Balance zwischen den drei Aspekten des Dreiecks sorgen, damit weder das eingangs festgelegte Thema noch der Einzelne noch der Gruppenprozess zu kurz kommen. Die Regeln mögen für heutige Ohren vielleicht sehr nach Psychojargon klingen. Ruth Cohn sieht den Endzweck von TZI allerdings nicht in der Psychologisierung, sondern in der Sozialisierung der Teilnehmer, von der die Bewusstmachung psychischer Prozesse immer nur ein Teil sein kann.

Die Methodik der TZI ist mittlerweile weit verbreitet – in der Wirtschaft und an Hochschulen, in der psychologischen Beratung und Therapie, in der Supervision und der Seelsorge, in der Pädagogik und in der Erwachsenenbildung. Sie nützt überall da, wo Menschen zusammen arbeiten und dies im Bewusstsein ihrer selbst, ihres Miteinanders und der gemeinsamen Aufgabe tun.

Übrigens: Mit Fritz Perls, dem Begründer der Gestalttherapie, verbindet Ruth Cohn ein besonderes Erlebnis. Noch Jahrzehnte nach ihrer Lehranalyse fiel es ihr manchmal schwer, selbstbewusst vor anderen zu sprechen. Sie fürchtete, ihre Zuhörer zu langweilen. Dahinter standen frühkindliche Erfahrungen, nicht gehört und nicht für wichtig genommen zu werden. Fritz Perls verordnete seiner Kollegin das Motto »Listen to me« (»Hör mir zu«) und arbeitete mit ihr mehrere Stunden lang die frühen Erlebnisse durch. Am Ende spürte Ruth Cohn eine Leere in sich, die sich plötzlich neu füllte – mit dem Bild eines blühenden und früchtetragenden, von Vögeln bewohnten Baumes.

VI.

SYSTEMISCHE ANSÄTZE

SYSTEMISCHE ANSÄTZE

39 DIE FAMILIE ALS PATIENT
VIRGINIA SATIR

Nicht ein einzelnes Individuum ist behandlungsbedürftig, sondern das familiäre System, von dem es geprägt ist. Mit dieser Erkenntnis hat Virginia Satir die wachstumsorientierte Familientherapie begründet, einen der frühesten und wichtigsten Ansätze im Bereich der systemischen Arbeit.

WEG

Sie ist das älteste Kind einer deutschstämmigen Bauernfamilie. Virginia Satir wird 1916 in Neillsville, Wisconsin, geboren. Als sie elf Jahre alt ist, zieht die Familie wegen der besseren Schulen nach Milwaukee. Schon als Kind nimmt Satir sich vor, »Familiendetektiv« zu werden, um zu verstehen, was in ihrer Familie wirklich geschah. Denn die Ehe der Eltern scheint angespannt durch ein ungleiches Kräftegewicht: Die Mutter ist eine Powerfrau, sie bringt es geschäftlich bis zu einem Schneideratelier für Behindertenkleidung. Der Vater, nach vielen Jobs Spezialist für handgemachte landwirtschaftliche Werkzeuge, wird zeitweilig alkoholkrank. Dennoch trennen sich die Eltern nicht, wohl auch aus Stolz.

Virginia Satir ist als Kind häufig krank. Sie trägt zeitweilig Beinstützen. Als Sechsjährige erleidet sie beinahe einen Blinddarmdurchbruch, weil ihre Mutter, die der Freikirche Christian Science (Christliche Wissenschaft) angehört, sich lange gegen eine Operation sträubt. Nach vier Monaten im Krankenhaus bekommt die Tochter eine Mittelohrentzündung und ertaubt daraufhin für zwei Jahre. Trotz der körperlichen Anfälligkeit bleibt sie aber stets Klassenbeste in der Schule.

Nach dem College ist Virginia Satir sechs Jahre lang als Lehrerin an verschiedenen Schulen tätig. Nebenbei studiert sie Sozialarbeit und absolviert eine Ausbildung als Psychoanalytikerin, einschließlich der eigenen Lehranalyse. 1951 eröffnet sie in Chicago eine Praxis.

182

VIRGINIA SATIR

Eine Sozialarbeiterin als Psychoanalytikerin, das ist zu jener Zeit sehr ungewöhnlich. So bekommt Satir zunächst nur schwer behandelbare Klienten, bei denen andere Analytiker resigniert haben. Bereits im ersten Jahr behandelt sie eine junge Frau mit der Diagnose »Schizophrenie«. Die Therapie schreitet gut voran, als sich eines Tages die Mutter mit einer Klage meldet: Ihre Tochter würde ihr durch die Behandlung entfremdet. Satir lädt die Mutter zum Dreiergespräch ein – mit dem Resultat, dass die therapeutischen Erfolge bei der Tochter wieder verschwinden und die Behandlung von vorn beginnen muss. Dasselbe wiederholt sich noch zweimal, als jeweils nach einem halben Jahr erst auch der Vater und dann noch der Bruder dazustoßen. Nun therapiert Satir die komplette Familie, und die Tochter wird gesund.

Ihre Entdeckung, dass es sich lohnt, das familiäre Beziehungssystem in die Therapie einzubeziehen, in das der Klient verflochten ist, macht Virginia Satir schnell bekannt. 1955 schult sie die Mitarbeiter des Illinois State Psychiatric Institute in Sachen Familiendynamik. 1959 gründet Satir gemeinsam mit Don D. Jackson und Jules Riskin im kalifornischen Palo Alto das Mental Research Institute (MRI). Hier bildet sie vor allem angehende Familientherapeuten aus und entwickelt das erste familientherapeutische Ausbildungsprogramm der USA. Jackson wird später Paul Watzlawick (s. Kap. 41) für das Institut gewinnen.

Zum Umkreis der Einrichtung gehört Milton Erickson, der Begründer der Hypnotherapie (s. Kap. 33). Eine intensive Zusammenarbeit besteht mit Gregory Bateson (1904–1980), der in jenen Jahren an der benachbarten Stanford University eine Gastprofessur innehat und ebenfalls zu den Vätern der systemischen Betrachtungsweise gehört. Der Biologe, Völkerkundler und Psychologe hat gemeinsam mit Watzlawick maßgeblichen Anteil an der Theorie von der Doppelbindung (double bind), die durch die Arbeit mit Schizophreniekranken und ihren Familien entwickelt wird. Gemeint sind miteinander verbundene, aber widersprüchliche Botschaften auf der verbalen und nonverbalen Ebene nach dem Motto »Komm her, geh weg!«, die den Adressaten in Verwirrung stürzen. Damit ist eine wichtige Erkenntnis über die Art von potenziell krankmachender Kommunikation gewonnen, wie sie oft in Familien stattfindet.

SYSTEMISCHE ANSÄTZE

Von 1964 bis 1969 lehrt Satir am Esalen Institute, wo zeitgleich auch Fritz Perls tätig ist, der Begründer der Gestalttherapie (s. Kap. 32). 1968 wird sie Institutsdirektorin. In den 1970er- und 1980er-Jahren hält Satir überall auf der Welt ihre Seminare, mit Teilnehmerzahlen zwischen dreißig und mehr als tausend. Sie arbeitet mit verfeindeten Gruppen an sozialen Brennpunkten wie den Chicagoer Slums und am historischen Ort Wounded Knee: Dort waren im Jahr 1890 Hunderte Indianer von Weißen ermordet worden. Seit ihrer Arbeit dort gilt sie bei den Indianern als Schamanin. Sie trägt den Namen »Fliegende Adlerfrau«.

1977 gründet Satir das Avanta-Network, einen Kreis engster Freunde und Mitarbeiter, der sich dem Humanismus verpflichtet fühlt. Satir steht der Humanistischen Psychologie nahe, sie stellt das Wachstum, die Entscheidungsfreiheit und die Einzigartigkeit eines jeden Klienten in den Mittelpunkt. Sie scheut auch körperliche Nähe nicht, umarmt ihre Klienten oder hält liebevoll deren Kopf. Die Teilnehmer ihrer Seminare schwärmen von Satirs Wärme und ihrer heiteren, klaren und spielerischen Art zu arbeiten. Legendär sind die »Parts-Partys« – kostümierte Rollenspiele, deren Teilnehmer die Persönlichkeitsanteile des Protagonisten darstellen, die sonst eher zu kurz kommen.

Dass Satir die Praxis wichtiger ist als die Theorie, zeigen ihre Veröffentlichungen. Das 1964 erschienene »Conjoint Family Therapy« (dt. »Familienbehandlung«, 1979) macht die Familientherapie in den 1960er-Jahren bekannt. 1972 folgt »People making« (dt. »Selbstwert und Kommunikation«, 1975). Es ist bereits, wie auch die weiteren Bücher von Satir, eher für Laien geschrieben. 1984 erscheint »Step by Step« (dt. »Familientherapie in Aktion«, 1988), eine Zusammenstellung von Therapiemitschriften, die Satirs Arbeitsweise verdeutlicht.

Gegen Ende des Kalten Krieges versucht die Amerikanerin die Familientherapie im Ostblock bekanntzumachen. 1987 leitet sie in Prag den ersten internationalen Familientherapie-Kongress in einem sozialistischen Land. Auch in die Sowjetunion fährt sie noch. Es ist ihre letzte weite Reise. 1988 stirbt Virginia Satir in Palo Alto, Kalifornien.

Ideen

Die Geschichte von Satirs erster, unerwarteter Familientherapie zeigt schon, worum es bei diesem Ansatz geht: Nicht mehr
nur das Individuum mit seinen Neurosen und seinem fehlan-
gepassten Verhalten ist der Klient. Als therapiebedürftig wird
vielmehr das System gesehen, dessen Miteinander dieses Individuum am meisten geprägt hat und von dem es ein Teil ist: die
Familie. Denn derjenige, der in der Familie als krank betrachtet
wird, ist lediglich derjenige mit den auffallendsten Symptomen,
der »identifizierte Patient«.

Die Familie ist ein System von aufeinander bezogenen Personen. Dabei wirken die einzelnen Mitglieder nicht nur durch
ihr Verhalten auf die anderen ein. Die Familie muss auch als In-
terpretations- und Bedeutungsgeflecht betrachtet werden: Wie
die Einzelnen übereinander denken und in Bezug auf die anderen fühlen, beeinflusst wesentlich ihr Verhalten innerhalb des
Systems. Mehr noch, auch wie jeder denkt, dass der andere über
ihn denken mag, wirkt sich aus. Dadurch entsteht eine Komplexität, die es unmöglich macht, für ein Problem in linearem
Rückschluss eine einzige Ursache zu finden.

Weil jeder mit jedem vernetzt ist, hat also alles Verhalten
vielfältige Auswirkungen. Es wirkt sogar wieder auf den Betreffenden zurück. Diese zirkuläre Struktur teilt der systemische
Ansatz in der Psychologie mit allen entsprechenden Erkennt-
nismodellen, die seit Mitte des 20. Jahrhunderts in den Natur-
wie den Geisteswissenschaften entstehen. Begriff und Inhalt der
Allgemeinen Systemtheorie stammen von dem Biologen Ludwig von Bertalanffy (1901–1972), der der Gestaltpsychologie (s.
Kap. 6) nahe steht. Er beschreibt den menschlichen Organismus
als organisierte Komplexität, in der alle Elemente wechselseitig miteinander verbunden sind. Bertalanffy unterscheidet zwischen offenen und geschlossenen Systemen. Erstere stehen im
Austausch mit ihrer Umwelt, Letztere nicht.

Der Gedanke, dass eine Person immer im Kontext ihrer Situation gesehen werden muss, ist an sich nicht so neu. Bereits Kurt
Lewin, der Begründer der Feldtheorie (s. Kap. 50), hat ihn formuliert. In der Tiefenpsychologie haben Alfred Adler (s. Kap.
8) und Neopsychoanalytiker wie Karen Horney (s. Kap. 11) den

SYSTEMISCHE ANSÄTZE

Einfluss der Familienkonstellation und der Mutter-Kind-Beziehung gesehen. Auch Jakob L. Morenos Psychodrama (s. Kap. 30) weist systemische Elemente auf.

Virginia Satir beginnt als Psychoanalytikerin. Diese Herkunft teilt sie mit vielen Pionieren der Familientherapie. Doch hält sie es nicht für notwendig, dass die Klienten ihre Konflikte noch einmal durcharbeiten, um sie zu lösen. Sie setzt auf die unmittelbare Erfahrung im Hier und Heute, auf die Kräfte des Wachsens und der Veränderung. Trotzdem nennt sie Sigmund Freud bei aller inhaltlichen Kritik an ihm einen ihrer »Helden«, weil er von Strafen abgesehen und die Quelle der Veränderung im Menschen selbst erkannt habe.

Satir arbeitet mit der Familienrekonstruktion, der Aufstellung der jeweiligen Familie, wobei die Gruppenmitglieder die Rollen übernehmen. In Familienskulpturen werden die Personen pantomimisch angeordnet, mit Gestik und Mimik, in Nähe und Distanz zueinander – ganz so, wie der Protagonist es als »Bildhauer« bestimmt. Dabei erweitert sich die Perspektive auf mehrere Generationen, bis hin zu den Großeltern und noch weiter zurück. In den Anfangsjahrzehnten der Familientherapie herrschte sogar die Überzeugung, dass zumindest alle, die stärker am Problem beteiligt sind, in der Therapie auch physisch anwesend sein müssen. Heute hingegen arbeitet man mit denen, die teilnehmen und etwas für sich verändern wollen. Die abwesenden Familienmitglieder können dann auch symbolisch dargestellt werden, denn getreu der Theorie vom Interpretationsgeflecht ist Familie etwas, das nicht zuletzt in den Köpfen der Beteiligten stattfindet.

Für Satir sind die frühen familiären Beziehungen der Ort, an dem ein Kind sein Gefühl des eigenen Wertes oder Unwertes vermittelt bekommt. Die Selbstwertthematik verbindet Satir mit der Kommunikation. Deshalb wird die familientherapeutische Richtung von Palo Alto auch als Kommunikations-Schule der Familientherapie bezeichnet. Nach Satir äußert sich die Mitteilung des eigenen Selbstwertes ebenso wie der gegenseitige Vergleich in der Kommunikation. Schwierig wird es für die Mitglieder des Systems, die ein schwaches Selbstwertgefühl haben. Sie versuchen in der Regel, es abzuwehren und zu verbergen. Und das wirkt sich wiederum auf die Kommunikation aus: Sie

186

wird schräg und unstimmig (inkongruent), sowohl verbal als auch nonverbal. Vier Arten der inkongruenten Kommunikation beschreibt Satir:

1. Mit der *Beschwichtigung* versucht man, Ärger beim anderen zu vermeiden, indem man sich vorsichtig und rücksichtsvoll verhält, bis hin zur Zaghaftigkeit. Man spricht viel im Konjunktiv und gebraucht Wörter wie »vielleicht«. Gern macht man sich unentbehrlich, aus Sorge, verlassen zu werden. Beim Gegenüber löst dieses Verhalten oft Schuldgefühle und Mitleid aus, es kann aber auch Verachtung und Ärger hervorrufen. In der Therapie soll gelernt werden, Position zu beziehen, sich abzugrenzen und eigene negative Gefühle wie Ärger wahrzunehmen und auszudrücken.

2. Mit der *anklagenden Kommunikationsweise* versucht man, stark zu erscheinen. Man geht in die Vorwärtsverteidigung, erhebt Forderungen und macht Vorwürfe. Interessant ist, dass die Antworten des Gegenübers keine Rolle spielen. Wichtig ist nur das Anklagen selbst. So neigt man auch dazu, sich gern angegriffen und ungerecht behandelt zu fühlen. Beim Gegenüber kann dieses Verhalten Angst und Schuldgefühle auslösen, aber auch Ärger und Rückzugstendenzen. In der Therapie soll unter anderem gelernt werden, nur von sich selbst zu sprechen (in Ich-Botschaften) und die Anklagen in Wünsche umzuformulieren.

3. Mit der *Rationalisierung* geht man auf Distanz. Man verschanzt sich hinter gut klingenden Worten und Argumenten, teilt in richtig und falsch ein und spricht sehr unpersönlich, dozierend oder im Behördenstil. Letztlich ist es ein Bemühen um Selbstkontrolle, hinter dem die Angst vor den eigenen Gefühlen steht. Die Stimme wirkt oft sehr eintönig, die ganze Körperhaltung unbeweglich und angespannt. Beim Gegenüber kann solch ein Auftreten Minderwertigkeitsgefühle auslösen, aber auch Wut oder Langeweile. In der Therapie soll allmählich gelernt werden, mehr Gefühle zuzulassen, damit man sich nicht hinter der Rationalisierung verstecken muss. Diesen Begriff hat Satir von Sigmund Freud übernommen.

4. Mit der *Ablenkung* versucht man so zu tun, als sei gar kein Problem vorhanden. Man flüchtet in Späße, spielt gern den Klassenclown und sorgt durch häufigen Themawechsel dafür, dass niemand merkt, wie es einem wirklich geht – dass man sich viel-

SYSTEMISCHE ANSÄTZE

leicht einsam fühlt und längst nicht so stark und lustig, wie man immer tut. Das Gegenüber ist anfangs vielleicht ganz angetan von dieser vermeintlichen Lebendigkeit, spürt aber irgendwann doch das Unechte daran. In der Therapie soll gelernt werden, solche Sprunghaftigkeit durch mehr Ausdauer zu ersetzen.

Das Einüben einer kongruenten Kommunikation, in der Gestik, Mimik und Worte übereinstimmen und Authentizität herrscht, ist also ein wichtiger Bestandteil der familientherapeutischen Behandlung. Eine weitere Aufgabe ist es, die eigene »Überlebensregel« herauszufinden. Das ist der Glaubenssatz, der sich in der Kindheit oder auch später herausgebildet hat und der das eigene Verhalten leitet. Er kann etwa in der Überzeugung bestehen, immer nur nett sein zu müssen, weil man sonst abgelehnt wird. Dieses Motto lässt sich jedoch umformulieren, so dass es mit den eigenen Bedürfnissen besser übereinstimmt. Dann könnte der Betreffende es auch einmal wagen, nicht nett zu sein und womöglich sogar »Nein« zu sagen. Von einem »Nein«, so sagt Satir, falle niemand tot um. Immer geht es darum, Neues auszuprobieren, die eigenen Wahlmöglichkeiten zu erkennen und den Mut zu Entscheidungen zu finden.

Satir übernimmt die Theorie des Biologen Bertalanffy von den offenen und geschlossenen Systemen. In geschlossenen Systemen sind die Mitglieder in ihren Rollen und Beziehungen erstarrt, weil kein Austausch mit der Außenwelt stattfindet. Auch dies ist ein Ziel der Therapie: das System zu öffnen, um die verfestigten Deutungs- und Handlungsmuster aufzulösen. Dabei hilft es, wenn man das Bestehende nicht rundweg ablehnt, sondern im so genannten Reframing umdeutet. Die Umdeutung versieht das, was schwierig und Teil des Problems ist, mit einem neuen Interpretationsrahmen – daher der Begriff Reframing, vom englischen frame – Bilderrahmen. Dies kann eine wertschätzende, verstehende Deutung sein, aber durchaus auch eine überraschende, wenn etwa die unbewussten Motive des Symptomträgers angesprochen werden, die ihn dazu bringen, an seinen Störungen festzuhalten.

Das Reframing ermöglicht es zum Beispiel auch, die eigenen Eltern trotz erlebten Leids und bei aller Kritik nicht zu verteufeln, sondern beides zu sehen: den guten Willen und die Unzulänglichkeit. Für jede Intervention gilt jedoch bei Virginia Satir:

Es darf nicht manipuliert oder etwas hinter dem Rücken des Klienten etwas getan werden. Dies würde sich nicht mit ihrem Ethos und ihrem Selbstverständnis als Therapeutin vertragen, die sich selbst als Helferin des Klienten auf dessen Weg zur Selbstheilung sieht.

Heute beschränkt sich die systemische Therapie nicht auf Familien, sondern wird auch für die Arbeit mit Paaren oder Arbeitsteams und sogar mit Einzelpersonen genutzt. Dementsprechend wird sie nicht nur in Praxen und Kliniken, sondern auch in psychosozialen Beratungsstellen sowie in der Unternehmens- und Organisationsberatung eingesetzt.

Ausblick: In den 1960er-Jahren wird die systemische Familientherapie auch in Europa heimisch. Die Psychoanalytiker Horst-Eberhard Richter (s. Kap. 52) und Helm Stierlin (s. Kap. 42) machen sie mit eigenen Ansätzen in Deutschland populär. In Italien begründet Mara Selvini Palazzoli (s. Kap. 40) die Mailänder Schule der Familientherapie. Der schweizerische Psychiater und Psychoanalytiker Jürg Willi (s. Kap. 43) entwickelt in der systemischen Arbeit mit Paaren sein Konzept vom unbewussten Zusammenspiel der Beziehungspartner, das so genannte Kollusionskonzept.

Übrigens: Eine umstrittene Fortsetzung hat die Arbeit mit generationenübergreifenden Familienskulpturen in den populär gewordenen Familienaufstellungen nach Bert Hellinger (geb. 1925) gefunden. Die Deutsche Gesellschaft für Systemische Therapie und Familientherapie kritisiert an diesem Ansatz unter anderem, dass bei den Gruppenveranstaltungen ein ausreichender therapeutischer Rahmen fehle. Hellinger postuliere die Existenz vorgegebener Grundordnungen und Hierarchien und schränke dadurch die Entscheidungsfreiheit der Klienten ein. Nicht selten würden die Anwender seiner Methode Aussagen aus dem Kontext einer konkreten Familienaufstellung in bewertende und normative Leit- und Lebenssätze umformulieren. All dies, so die Kritiker, gebe Anlass zu Befürchtungen wegen einer möglichen Gefährdung von Klienten.

SYSTEMISCHE ANSÄTZE

40 MIT DER KRAFT DES PARADOXEN
MARA SELVINI PALAZZOLI

Die Mailänder Schule der Familientherapie nimmt ausschließlich die Kommunikation innerhalb der Familie in den Blick. Ihre Begründerin, Mara Selvini Palazzoli, treibt die Arbeit mit der Verwirrung und dem Paradoxon auf die Spitze, um starre Spiele zu durchbrechen.

WEG

Mara Palazzoli wird 1916 als Tochter einer in die Mailänder Oberschicht aufgestiegenen Familie geboren. Die ersten Lebensjahre verbringt sie bei einer Amme. Als Jugendliche schämt sie sich zeitweise für die einfache Frau. Erst nachdem sie eine eigene Familie gegründet hat, wird die Amme wieder zu einer wichtigen Bezugsperson für sie.

Ihren Ehemann Aldo Selvini lernt Mara Palazzoli während des Medizinstudiums kennen. Dieses Studium hat sie der Mutter mit dem Argument abgetrotzt, dass sie den Menschen helfen wolle. In Wahrheit hat sie dieses Fach gewählt, weil es sich nur an einer staatlichen Universität absolvieren lässt: Auf der katholischen Hochschule, wie von der Mutter gewünscht, wollte die einstige Klosterschülerin auf keinen Fall bleiben. Schon die ersten Besuche dort schreckten sie ab: Die Studentinnen mussten körperbedeckende, bodenlange schwarze Schürzen tragen, und in der ersten Vorlesung ihres ursprünglichen Wunschfaches Archäologie saß Selvini neben 79 Frauen, einem älteren Mann und einem jüngeren, aber humpelnden Studenten.

Als frischgebackene Ärztin wird Mara Selvini Palazzoli bei jungen Patientinnen mit der Magersucht konfrontiert, auf die man in den 1940er-Jahren erstmals aufmerksam wird. Sie sucht methodische Hilfe in der Psychoanalyse, absolviert eine Lehranalyse und hat mit jahrelanger, geduldiger Behandlung tatsächlich etwas Erfolg: Von 13 im Frühstadium Erkrankten werden neun gesund, von neun chronisch Kranken immerhin noch drei. Das ist angesichts des Aufwandes zu wenig, findet Selvini

Palazzoli und sucht nach neuen Wegen. Sie beschäftigt sich mit dem familientherapeutischen Ansatz von Palo Alto (s. Kap. 39), der bei der Kommunikation innerhalb von Beziehungsgeflechten ansetzt. Hier findet sie Anknüpfungspunkte für ihren eigenen familientherapeutischen Ansatz. So entsteht die Mailänder Schule der Familientherapie.

1967 gründet Mara Selvini Palazzoli in Mailand mit zwei männlichen Mitarbeitern und einer Kollegin das erste familientherapeutische Zentrum Italiens. Familien aus dem ganzen Land suchen hier Hilfe – dass die Therapien nur wenige, zeitlich weit auseinander liegende Sitzungen beinhalten, erweist sich angesichts der oftmals weiten Anfahrwege als günstig. Ihre Herangehensweise beschreiben die vier Mailänder Therapeuten unter anderem 1975 in dem Buch »Paradoxon und Gegenparadoxon«, das 1977 ins Deutsche übersetzt wird.

Nach knapp zehn Jahren trennt sich das Team, die Männer betreiben das Zentrum weiter, die Frauen arbeiten in einer neuen Einrichtung noch für einige Jahre zusammen. In den 1980er-Jahren kann Selvini Palazzoli die Behandlungsdauer bei Magersüchtigen-Familien auf ein bis zwei Sitzungen reduzieren, bei Familien von Schizophreniekranken dauert es etwas länger. Kritiker vermissen allerdings die Überprüfung der Langzeitwirkung und werfen der Therapeutin jetzt eine standardisierte, nicht mehr auf die jeweilige Familie zugeschnittene Behandlungsweise vor. Dennoch besitzt die so genannte strategische Familientherapie der Mailänder Schule große Bedeutung für die Entwicklung der systemischen Psychotherapie. Ihre Begründerin Mara Selvini Palazzoli stirbt im Jahr 1999.

IDEEN

Der Begriff »strategisch« stammt von dem Familientherapeuten Jay Haley (geb. 1923), einem Schüler Gregory Batesons (s. Kap. 39) und Milton Ericksons (s. Kap. 33). Er gehört in den 1960er-Jahren ebenfalls in den Kreis von Palo Alto und ist stark beeinflusst von Salvador Minuchin (geb. 1921). Der gebürtige Argentinier Minuchin misst vor allem der Ordnung innerhalb der Familie Bedeutung bei. Er entwirft ein normatives Konzept gut funktionierender Familienstrukturen mit bestimmten

Systemische Ansätze

Subsystemen, die ihren Mitgliedern Schutz und Sicherheit und gleichzeitig den Freiraum für individuelle Entwicklungsmöglichkeiten bieten. Die wichtigsten Subsysteme sind das eheliche, das elterliche und das geschwisterliche.

Jay Haley greift den Blick auf die Struktur auf. Er übernimmt aber nicht die normative Betrachtungsweise Minuchins, sondern dreht dessen Ansatz um: Therapiebedürftige Familien leiden an ihren festgefahrenen, nicht mehr funktionierenden Strukturen, also muss man sie aufbrechen, damit sich etwas Neues bilden kann. Dies geschieht am besten mit Hilfe der Verstörung, indem verwirrende und paradoxe Aufgaben gestellt werden. Hier greift Haley auf Bateson und Erickson zurück.

Selvini Palazzoli knüpft an die strategischen Ideen an und entwickelt sie zur systemischen Therapie weiter. Der Begriff »systemisch«, der heute auch die Arbeit mit nichtfamiliären Beziehungsgeflechten umfasst, steht lange Zeit ausschließlich für die Mailänder Schule. Nach deren Verständnis liegt die Aufgabe des Therapeuten nicht mehr darin, zunächst die symptomerzeugende Struktur der hilfesuchenden Familie zu ergründen. Wichtig ist stattdessen, das Spiel zu erfassen, die geheimen Bündnisse und Regeln, welche die Symptome aufrechterhalten. Damit beschränkt sich die Mailänder Schule radikal auf die kommunikative Ebene innerhalb der Familie. Psychische Phänomene wie etwa die Symptome des Einzelnen, seine Krankheit, seine Wünsche und sein Schicksal, werden bewusst außer Acht gelassen. Das mag merkwürdig erscheinen angesichts von dramatischen Essstörungen oder Psychosen eines Familienmitglieds, die zur Therapie motivieren. Aber tatsächlich habe diese Patienten als Symptomträger oft eine lange Einzelkarriere in Kliniken und bei Psychoanalytikern hinter sich, und zwar ohne Erfolg. Offensichtlich, so der Schluss, kann man also darauf verzichten, mit der Situation des Individuums zu arbeiten, um stattdessen das krankmachende Spiel zu durchbrechen, von dem die betreffende Familie unbewusst annimmt, sie brauche es, um fortbestehen zu können.

In der Art, wie das geschieht, treibt Selvini Palazzoli den paradoxen Ansatz auf die Spitze: Die heimlichen Widersprüche, die eine Familie krank gemacht haben, werden mit gezielten Widersprüchen beantwortet und verlieren dadurch ihre Macht.

Zu diesem Zweck erhalten einzelne Familienmitglieder geheime Verschreibungen für ein neues Familienritual: Anordnungen, die sie genau befolgen müssen und von denen sie den anderen nichts sagen dürfen. Zum Beispiel soll ein Elternpaar, dessen jüngste Tochter psychotisch, also wahnkrank ist, regelmäßig allein etwas unternehmen, den Kindern, die davon zuvor nichts ahnen, lediglich eine kurze Notiz über die Abwesenheit hinterlassen und auch auf Nachfragen keine Einzelheiten preisgeben. Oder eine Familie, die unter dem normativen Druck der Großfamilie bestimmte Symptome entwickelt hat, soll die familiären Regeln durchbrechen, sich heimlich abends zusammensetzen und all das über die Verwandten aussprechen, was bislang nur jeder gedacht, aber nie zu sagen gewagt hat.

Neben der paradoxen Verschreibung hat die Mailänder Schule eine andere Technik entwickelt, die mittlerweile zum Allgemeingut der systemischen Behandlungsformen geworden ist: das so genannte zirkuläre Fragen. Dahinter steht die Idee, dass sich die Kommunikation innerhalb des familiären Systems als Rückkopplungsprozess beschreiben lässt, auf den die Beteiligten unterschiedlichen Einfluss haben. Denn es geht letztlich immer auch um Macht – vor allem darum, wer die größte Macht innerhalb des Systems ausübt. Um das erkennbar für die Familie und die Therapeuten herauszuarbeiten, werden Fragen gestellt wie: »Was glaubst du, was dein Vater fühlt, wenn er deine Mutter so sieht?« Oder: »Wer könnte das größere Interesse daran haben, dass du nichts änderst, deine Frau oder dein Sohn?«

Eine andere Technik besteht in der positiven Konnotation, also in der Herausarbeitung der systemerhaltenden Wirkung des Symptoms – aber weniger im Sinne von »Das Glas ist nicht halbleer, sondern halbvoll«, sondern paradox. Denn eigentlich geht es ja darum, die stabilisierende Wirkung der Problematik zu durchbrechen. Eine solche Intervention sieht etwa so aus: »Es ist sehr nützlich, wenn du als erwachsener Sohn nicht von zu Hause ausziehst, weil du auf diese Weise deine Eltern davor bewahrst, sich mit ihren eigenen Problemen zu befassen.«

Die Mailänder Schule arbeitet mit wenigen Sitzungen, wobei in den ersten Jahren vier Therapeuten beteiligt sind: zwei im Behandlungszimmer, zwei weitere hinter einer einseitig verspiegelten Wand, die das Ganze noch einmal aus anderer Perspektive sehen. All das dient dem Zweck, sich als Therapeuten nicht in das Spiel der Familie hineinziehen zu lassen. Die Behandler ergreifen für niemanden Partei, auch nicht für das Familienmitglied mit den meisten Symptomen.

Die Reflexion des therapeutischen Prozesses beginnt bereits mit der Auswertung des Anmelde-Telefonats: Wer hat das Problem geschildert? Und wie? In der ersten Sitzung folgt das so genannte Interview, bei dem unter anderem zirkuläre Fragen gestellt werden. Danach kommt das Therapeutenteam zu einer Zwischensitzung zusammen, um seine bislang gebildeten Hypothesen abzugleichen. Es folgt die Intervention, bei der die Familie ihre »Verschreibung« bekommt. Und schließlich findet eine Nachbesprechung der Therapeuten statt.

»Lange Kurzzeittherapie« nennt Selvini Palazzoli diese Herangehensweise, die es heute immer noch gibt. Allerdings sind die Einwegspiegel mittlerweile aus der systemischen Behandlung verschwunden. Stattdessen zeichnen oft Videokameras das Geschehen auf. Auch das spätere Anschauen der Bänder, gemeinsam mit dem Therapeuten, kann der Familie Erkenntnisse bringen.

Ausblick: In den 1980er-Jahren kritisiert Mara Selvini Palazzoli selbst, dass die Mailänder Schule den Einzelnen lange Zeit so radikal ausgeblendet habe. Sie sei in dieser Hinsicht damals päpstlicher als der Papst gewesen und habe nicht berücksichtigt, dass jeder, der am Familienritual beteiligt ist, doch immer auch einen Spielraum hat, wie er seine Rolle in der Gemeinschaft ausfüllt.

Anekdote: An der katholischen Universität, die Selvini Palazzoli einst wegen Männermangels partout nicht besuchen wollte, unterrichtete sie später selbst. Sie supervidierte junge Schulpsychologen, die den systemischen Ansatz für ihre eigene Arbeit nutzen wollten.

41 KOMMUNIKATION UND WIRKLICHKEIT
PAUL WATZLAWICK

»Wir können nicht nicht kommunizieren«, und »Wie real
ist eigentlich unsere Wirklichkeit?« Mit solchen Aussagen
und Fragen hat sich der Kommunikationstheoretiker und
Psychotherapeut Paul Watzlawick weit über die Grenzen der
Fachwelt hinaus einen Namen gemacht.

WEG

Wohl fast jeder kennt die Geschichte von dem Mann, der sich
beim Nachbarn einen Hammer borgen will und sich unterwegs
ausmalt, dass und warum der Nachbar ihm das Gewünschte
nicht ausleihen wird, weshalb er den Ahnungslosen, als dieser
die Tür öffnet, sofort anschreit, er könne seinen blöden Hammer
ruhig selbst behalten ...

Der Erfinder dieser Geschichte ist Paul Watzlawick, ein Analytischer Psychologe, Kommunikationsforscher und Philosoph.
1921 im österreichischen Villach, Kärnten, geboren, studiert
Watzlawick nach der Matura, dem Abitur, 1939 Philologie und
Philosophie in Venedig. 1949 wird er promoviert. Von 1950 bis
1954 absolviert er seine Ausbildung zum Analytischen Psychologen am C.G. Jung-Institut in Zürich. 1957 übernimmt er einen Lehrstuhl für Psychologie in San Salvador. Drei Jahre später bekommt Watzlawick einen Forschungsauftrag am Mental
Research Institute (MRI) im kalifornischen Palo Alto. An dem
von Virginia Satir (s. Kap. 39) gegründeten Zentrum für Familientherapie wird intensiv über die Bedeutung der Kommunikation für die Entstehung von Krankheiten wie Schizophrenie
geforscht.

Zum Kreis von Palo Alto gehört auch Gregory Bateson (1904–
1980), der als Biologe, Völkerkundler und Psychologe an der benachbarten Stanford University lehrt. Mit Bateson und anderen
entwickelt Watzlawick Anfang der 1960er-Jahre die Theorie von
der Doppelbindung (double bind). Darunter versteht man Botschaften, die auf der verbalen und nonverbalen Ebene gesendet

werden und in sich widersprüchlich sind, weil sie zum Beispiel gleichzeitig freundlich und ablehnend wirken. Wenn etwa eine Mutter zu ihrem Kind etwas Liebes sagt, aber gleichzeitig sehr frostig schaut und sich körperlich abweisend verhält, ist das eine Doppelbotschaft. Das Kind spürt beide Ebenen, weiß aber nicht, auf welche es reagieren soll, und wird deshalb verwirrt und unsicher. Wenn so etwas häufig vorkommt, verfestigt sich diese Verwirrung. Ein typisches Beispiel für Doppelbotschaften ist auch das bei Paaren beliebte Spiel: »Hast du was?« – »Nein, ich habe gar nichts« (dabei signalisiert die Miene genau das Gegenteil). – »Aber du hast doch was ...« und so weiter.

Gemeinsam mit Janet H. Beavin und Don D. Jackson veröffentlicht Watzlawick 1967 »Pragmatics of Human Communication« (dt. »Menschliche Kommunikation«, 1968). Im Jahr 1976 geht er als Professor für Psychotherapie an die Stanford University. Hier ist er bis zu seiner Emeritierung tätig. Zwischen 1991 und 1993 lehrt er außerdem als Professor für Kommunikationswissenschaften am Centro Universitario Ticinese im schweizerischen Lugano.

Watzlawick ist Autor und Mitverfasser zahlreicher Bücher, die großenteils für interessierte Laien geschrieben wurden. Am bekanntesten ist sicherlich die »Anleitung zum Unglücklichsein« von 1983. Das Buch enthält auch die berühmte Geschichte vom Mann mit dem Hammer.

IDEEN

Paul Watzlawick gehört zu den Vertretern des so genannten radikalen Konstruktivismus. Allerdings erklärt er selbst, er ziehe den Begriff der Wirklichkeitsforschung dem des Konstruktivismus vor. Damit hat er bereits angesprochen, worum es ihm geht: um das, was im menschlichen Erkennen und Umgehen mit der Welt überhaupt »wirklich« im Sinne von »real gegeben« ist.

Der Konstruktivismus baut unter anderem auf der Theorie des Genfer Entwicklungspsychologen Jean Piaget (s. Kap. 23) auf, dass der Mensch sich sein Bild von der Wirklichkeit nach den inneren Vorstellungen macht, die er in seinem Geist »konstruiert« – daher auch der Begriff. Allerdings geht Piaget davon aus, dass bei allem Konstruieren immer noch ein Bezug zur objektiven, grundsätzlich unerfassbaren Realität besteht.

Diesen Zusammenhang sieht der radikale Konstruktivismus nicht mehr. Er sagt, dass die Menschen die Wirklichkeit, in der sie sich bewegen, nicht im Gehirn abbilden. Stattdessen erschafft sich jedes Individuum seine eigene Realität vollständig selbst. Ob unsere jeweilige Konstruktion mit der Wirklichkeit einigermaßen übereinstimmt, erfahren wir nur, wenn dabei etwas schief gegangen ist. Hier knüpft der radikale Konstruktivismus an den Kritischen Rationalismus des Philosophen Karl Popper (1902–1994) an. Der hatte betont, jede Theorie gelte nur so lange, bis sie widerlegt werde, weshalb eine Gewissheit von Erkenntnissen letztlich niemals möglich sei. Konsequenterweise begreift sich auch der radikale Konstruktivismus nach Aussage Watzlawicks nur als Konstruktion und nicht als letzte Wahrheit.

Über unsere Konstruktionen verständigen wir uns mittels der Sprache. Das bedeutet, dass in jeder Kommunikation zwei individuelle Wirklichkeiten aufeinanderstoßen. Doch natürlich gibt es neben diesen subjektiven Konstruktionen noch eine andere Wirklichkeit – die nämlich, auf die sich Naturwissenschaftler durch Experimente und Messungen geeinigt haben und einigermaßen übereinstimmend beschreiben. Watzlawick nennt dies die Wirklichkeit erster Ordnung. Die subjektiven, in Selbstbezogenheit des Individuums konstruierten Wirklichkeiten sind folglich diejenigen zweiter Ordnung.

Wenn Menschen kommunizieren, so tun sie dies meist auf Basis der Wirklichkeiten zweiter Ordnung. Das bedeutet: Eine neutrale, objektive Kommunikation ist prinzipiell eine Illusion. Wir bringen immer unsere eigenen Vorstellungen, Erfahrungen und Deutungen, bezogen auf das Gegenüber, ins Gespräch mit ein, so dass es in jeder Kommunikation zwei Aspekte gibt: einen Inhalts- und einen Beziehungsaspekt. Die Beziehung bestimmt den Inhalt. Im Extremfall geht es uns dann so wie dem Mann mit dem Hammer. Seine Wirklichkeit zweiter Ordnung ist offensichtlich voller Kränkungserlebnisse, und dementsprechend begegnet er dann auch dem völlig verdutzten Nachbarn. Keine Frage, wie dadurch dessen Wirklichkeit zweiter Ordnung beeinflusst werden wird ...

SYSTEMISCHE ANSÄTZE

Allerdings läuft Kommunikation nicht so ab, dass Aktion und Reaktion aufeinander folgen, so dass sich leicht sagen ließe, wer etwa mit einem Streit »angefangen« habe. Jede Aktion ist zugleich auch Reaktion und umgekehrt. Das gilt nicht nur für einzelne Kommunikationspartner, sondern auch für Gruppen, bis hin zu ganzen Völkern. Woraus sich erklären lässt, warum beispielsweise ethnische Konflikte und Kriege so schwer zu beenden sind.

Eine wichtige Erkenntnis Watzlawicks lautet: Man kann nicht nicht kommunizieren. Das heißt: Jede Begegnung, auch wenn sie nur eine Sekunde dauert und ohne Worte bleibt, ist bereits Kommunikation und damit die Begegnung zweier Wirklichkeiten zweiter Ordnung.

Eine weitere Erkenntnis betrifft die hierarchische Zuordnung der Kommunikationspartner: Wenn sie sich als gleichrangig erleben, dann läuft ihre Kommunikation symmetrisch ab, sozusagen auf Augenhöhe. Sind sie aber einander über- und untergeordnet, dann handelt es sich um eine komplementäre Kommunikation, bei der das Verhalten der einen Seite das der anderen ergänzt. Komplementäre Beziehungen sind nicht unbedingt schlecht, sie haben durchaus ihren Sinn, etwa in der Erziehung.

Paul Watzlawick ist vor allem als Kommunikationsforscher bekannt geworden. Aber auch als Psychotherapeut hat er wichtige Beiträge geleistet. Zum Beispiel hat er die paradoxe Intervention populär gemacht. Diese therapeutische Verschreibung ist schon von Viktor E. Frankl und Milton H. Erickson (s. Kap. 35 u. 33) her bekannt. Anschließend machte sie in der Mailänder Schule der Familientherapie (s. Kap. 40) regelrecht Karriere. Die paradoxe Intervention besteht darin, dem Klienten genau das zu verordnen, was er als problematisch und neurotisch erlebt. Zum Beispiel wird einem Menschen mit Schlafstörungen empfohlen, die Augen stets offen zu halten. So entkommt der Betreffende möglicherweise dem Teufelskreis, nicht einschlafen zu können, obwohl er es doch mit aller Macht versucht, was das Problem eher noch verstärkt. »Lösungen zweiter Ordnung« nennt Watzlawick diese Strategien in Abgrenzung zu den »Lösungen erster Ordnung«, die nach dem Prinzip der doppelten Bemühung um das Gewünschte funktionieren. Lösungen zweiter Ordnung

198

sind offensichtlich auch dazu geeignet, die Kreativität des Therapeuten zu beflügeln: Die »Anleitung zum Unglücklichsein« ist voll von ihnen.

Seitenblick: Nicht zwei, wie Watzlawick, sondern vier Ebenen unterscheidet der Hamburger Psychologieprofessor Friedemann Schulz von Thun (geb. 1944) in jedem Kommunikationsablauf. Zum Sachinhalt und zur Beziehungsaussage kommt bei ihm als Drittes die Selbstoffenbarung, also das, was der »Sender«, so nennt ihn Schulz von Thun, mit der jeweiligen Botschaft über sich selbst kundgibt. Als Viertes klingt hier ein Appell an, also ein Wunsch an den »Empfänger«, er möge sich so oder so verhalten.

42 VON AUFTRÄGEN UND VERMÄCHTNISSEN

HELM STIERLIN

Er gehört zu den Mitbegründern der Familientherapie in Deutschland. Helm Stierlins Konzept der klassischen Heidelberger Familientherapie arbeitet mit einer Perspektive, die sich über mehrere Generationen hinweg erstreckt. Zur Begründung seines Ansatzes greift Stierlin auch auf die Philosophie zurück.

WEG

Helm Stierlin wird 1926 in Mannheim geboren. Die Familie wechselt oft den Wohnort, nach dem Krieg und dem Tod des Vaters wird sie in Heidelberg ansässig. Als Zwanzigjähriger beginnt Stierlin ein Philosophiestudium und nimmt auf Anraten des Psychiaters und Philosophieprofessors Karl Jaspers (1883–1969) die Medizin hinzu. In beiden Fächern wird Stierlin promoviert. Während seiner Zeit als Assistenzarzt in München absolviert er eine Psychoanalyse bei Fritz Riemann (1902–1979), dem Verfasser des berühmten Buches »Grundformen der Angst« (1961).

1955 wechselt Stierlin in die USA, wo er neben der praktischen Arbeit seine Lehranalyse absolviert. 1962 weilt er erst-

SYSTEMISCHE ANSÄTZE

mals in Palo Alto, dem von Virginia Satir begründeten Zentrum
der Familientherapie (s. Kap. 39). Nach einer Zwischenstation
als Kontrollanalytiker am Bellevue Sanatorium im schweizerischen Kreuzlingen folgt ein erneuter USA-Aufenthalt von
1965 bis 1974. Stierlin ist als Forscher, Dozent und Therapeut tätig und leitet eine psychiatrische Forschungsabteilung am National Institute of Mental Health in Bethesda bei Washington D.C.
Schließlich wird er Professor an der University of Maryland und
an der John Hopkins University in Baltimore. Gemeinsam mit
Wissenschaftlern aus dem Palo Alto-Kreis, etwa Gregory Bateson (s. Kap. 39), erforscht er die psychischen Ursachen von Schizophrenie und vertieft in diesem Zusammenhang sein Interesse
an der Familientherapie.

1974 kehrt Helm Stierlin nach Deutschland zurück. Er wird
Direktor der Abteilung für Psychoanalytische Grundlagenfor-
schung und Familientherapie an der Universität Heidelberg.
Das Amt hat er bis zu seiner Emeritierung inne. Stierlin gründet
die Zeitschrift »Familiendynamik« und ist bis 1995 ihr Herausgeber. Zahlreiche Lehraufträge und Gastprofessuren führen ihn
nach Amerika, Neuseeland und Australien.

In Heidelberg entwickelt Helm Stierlin ein eigenes Konzept
der Familientherapie. Es wird unter dem Namen »klassische
Heidelberger Schule« bekannt. 1975 beschreibt Stierlin die Entwicklung seines Ansatzes in dem Buch »Von der Psychoanalyse
zur Familientherapie«. 1977 legt er gemeinsam mit seinen Mitstreitern die Grundsätze des Heidelberger Konzepts dar. Das
Werk trägt den Titel »Das erste Familiengespräch«. Zahlreiche
weitere Veröffentlichungen folgen, wobei im Lauf der Zeit die
psychoanalytische Perspektive des Heidelberger Ansatzes gegenüber der systemischen zurücktritt.

In seinen 13 Büchern, die in zwölf Sprachen übersetzt worden
sind, richtet sich Stierlin durchaus nicht nur an Fachkollegen.
Er erweist sich zudem als zeitkritischer Diagnostiker, ohne den
Einzelnen dabei aus dem Blick zu verlieren: Seine jüngsten Veröffentlichungen behandeln den Zusammenhang zwischen der
Selbstwerdung von Individuen, die in Beziehungen eingebettet
sind, und den Dimensionen von Gerechtigkeit und Demokratie.

Seit dem Jahr 2002 existiert in der Neckarstadt ein Zentrum
für Systemische Psychotherapie, Beratung und Supervision so-

wie für Systemische Weiterbildung und Forschung. Es sieht sich in der Tradition der Heidelberger Familientherapie und ist ihrem Begründer gewidmet.

Ideen

Die Heidelberger Schule arbeitet nicht nur mit der so genannten horizontalen Ebene gegenwärtiger Beziehungen innerhalb einer Familie. Sie bezieht auch die vertikale Ebene mit ein, also den Einfluss zwischen den Generationen. Die nachfolgenden fünf Perspektiven kennzeichnen ihren Ansatz.

Bezogene Individuation: Der Begriff der Individuation spielt in der Analytischen Psychologie C. G. Jungs (s. Kap. 9) eine wichtige Rolle. Er meint die Selbstwerdung, also die Selbstentfaltung des Einzelnen in Richtung einer in sich gerundeten Persönlichkeit. Nach Stierlin geschieht dies immer im Austausch mit anderen Bezugspersonen. Bei einer gelingenden so genannten Ko-Individuation fördern sich die Familienmitglieder gegenseitig, wodurch auch die Beziehung wächst. Falls aber die Bindung zu einer Fusion wird, also so eng ist, dass der Einzelne sich nicht richtig entfalten kann, führt das nach Stierlin zur Unterindividuation: Der Betreffende hat sozusagen kein eigenes Profil ausgebildet, er verschwimmt mit den Bezugspersonen. Wenn umgekehrt gar keine Gemeinsamkeiten existieren und die einzelnen Mitglieder des Systems voneinander isoliert sind, spricht man von Überindividuation. In beiden Fällen ist das Ziel der Therapie, eine gelingende Kommunikation in Gang zu setzen, damit die Einseitigkeiten ausgeglichen werden können.

Bindung und Ausstoßung: Dieses Thema betrifft den Ablösungsprozess zwischen den Generationen. Gelingt er, bedeutet das, dass ein Abschied stattgefunden hat und die Betroffenen trauern konnten. Gelingt die Trennung der Generationen nicht, kann das wieder in zwei Extreme ausschlagen: Überwiegt die Bindung, ist keine Ablösung möglich. Aber es gibt auch Familien, in denen die jüngere Generation radikal ausgestoßen wird, um Trauer zu vermeiden. Diese Gefühle nachzuholen ist folglich das Ziel der Therapie. Die Auswirkungen von Bindung und Ausstoßung beschreibt Stierlin auf den drei psychoanalytischen Ebenen von Es, Ich und Über-Ich. So kann ein Kind etwa auf der

SYSTEMISCHE ANSÄTZE

Es-Ebene besonders stark gebunden sein, dann ist es verwöhnt. Übermäßige Bindung auf der Über-Ich-Ebene äußert sich dagegen in einer besonders starken Loyalitätsverpflichtung.

Delegation: Etwas zu delegieren bedeutet, einen anderen mit der Sache zu beauftragen. In Familien gibt es oft verborgene und unbewusste Aufträge. Zum Beispiel soll das Kind eines Vaters, der sich seinen eigenen Studienwunsch nie erfüllen konnte, auf jeden Fall studieren, obwohl es dafür vielleicht gar nicht geeignet ist. Manchmal widersprechen sich die Delegationsaufträge der Eltern auch, was die Kinder dann in Loyalitätskonflikte stürzt. Doch ist nicht jede Delegation schädlich. Eltern geben ihren Kindern nun einmal Werte und Richtungen mit – nur sollten die Kinder immer die Freiheit haben, sich anders entscheiden zu können.

Vermächtnis und Verdienst: Hier wird die Delegation über drei Generationen hinweg betrachtet, von den Großeltern bis zu den Enkeln. Für die Mehrgenerationenperspektive beruft sich Stierlin auf einen Satir-Schüler, den ungarischstämmigen Psychoanalytiker und Familientherapeuten Ivan Boszormenyi-Nagy (geb. 1920). Jener unterscheidet zwischen Vermächtnis und Verdienst. Das Vermächtnis ist ein über mehrere Generationen weitergegebener Auftrag, der das Leben des Einzelnen bestimmt. Das Verdienst bemisst sich danach, wie gut das familiäre Vermächtnis erfüllt worden ist. Nach Boszormenyi-Nagy existiert oft eine unsichtbare Verdienst-Buchführung, was dazu führt, dass die Familienmitglieder sich voreinander rechtfertigen und derjenige, der glaubt, weniger erreicht zu haben, ausgebeutet werden kann. Das alles geschieht natürlich nicht explizit, sondern unterschwellig und in überlieferte Familienerzählungen eingekleidet. In der Therapie müssen diese Dinge dann zur Sprache gebracht werden, damit sie ihre heimliche Macht verlieren.

Gegenseitigkeit: Diese fünfte Perspektive führt Stierlin erst in der zweiten Auflage von »Das erste Familiengespräch« 1979 ein. Sie kombiniert die ersten vier Perspektiven mit Blick auf die aktuelle Beziehungskonstellation und das möglicherweise erstarrte Familiengleichgewicht. Stierlin verwendet in diesem Zusammenhang Gregory Batesons Begriff der symmetrischen Eskalation. Damit ist gemeint, dass sich Konflikte in starren Beziehungsgeflechten oft zu Machtkämpfen steigern, wobei die

202

Kommunikationspartner regelrecht ineinander verklammert sind. Dieser negative Sog lässt sich oft zwischen Gruppen und Völkern beobachten, wie der Kalte Krieg gezeigt hat. Machtkampf und Wettrüsten treten aber nicht selten auch in Paarbeziehungen und Familien auf. In solchen Situationen kann der Therapeut auf eine Vielzahl von Interventionen zurückgreifen. Er muss sich in jeden Beteiligten einfühlen, aber gleichzeitig neutral sein. Er sollte »am Ball« bleiben, also häufig eingreifen. Er kann auch die systemerhaltende Funktion des Symptoms wertschätzen und an die Ressourcen der Familie anknüpfen, um deren Kräfte zur Veränderung zu mobilisieren.

Der Begriff der Gegenseitigkeit verweist auf Stierlins zweites geistiges Fundament, die Philosophie. Stierlin stützt sich unter anderem auf den Philosophen Georg Wilhelm Friedrich Hegel (1770–1831) und dessen Verständnis von Beziehung als Bewegung des gegenseitigen Anerkennens. Die Entwicklung der Welt – Hegel spricht vom »Weltgeist« – verläuft dialektisch, in der Bewegung von These, Antithese, Synthese, also über die Versöhnung von Gegensätzen. Wenn sie sich versöhnen, erreichen die Gegensätze eine höhere Stufe, das bedeutet: Der Weltgeist ist seiner Vollendung wieder ein Stück näher. Zwischenmenschliche Beziehungen, so sagt Stierlin unter Berufung auf Hegel, funktionieren nach dem gleichen Modell: Die Beteiligten bestätigen einander und bringen sich dadurch gegenseitig auf eine höhere Stufe. Das ist ein Prozess des ständigen Sichverlierens und Zurückgewinnens, in dem man gelegentlich infrage gestellt wird, dazulernt und sich erneut findet. Ein Dialog zwischen gleichberechtigten Partnern, der alle Ebenen umfasst: Kopf, Herz und Bauch.

Anekdote: Wie kam der ungewöhnliche Vorname Helm zustande? Stierlins Vater wollte den Sohn Wilhelm Paul nennen, die Mutter fand das zu preußisch und verkürzte Wilhelm zu Helm. Der zweite Name Paul fiel dann irgendwie unter den Tisch.

Übrigens: Helm Stierlin betätigt sich auch als Bühnenautor, Dichter und Illustrator. Von ihm stammt das Libretto zu dem Ballett »Familiendialog«, das 1979 am Stadttheater Heidelberg uraufgeführt wurde. Im Jahr 2001 erschien »Ob sich das Herz zum Herzen findet. Ein

*systemisches Paar-Brevier in Versen und Bildern«. Auf humorvolle
Weise werden darin am Beispiel der Liebenden Anton und Antonine
die Grundeinsichten der systemischen Therapie auf das Zweiersystem
des Paares angewandt.*

43 DIE UNBEWUSSTE KOMPLIZENSCHAFT DER LIEBENDEN

JÜRG WILLI

**Das unbewusste Zusammenspiel der Partner in einer Lie-
besbeziehung hat der Schweizer Paartherapeut Jürg Willi
untersucht. Sein so genanntes Kollusionsmodell erklärt Be-
ziehungsstörungen dadurch, dass die Beteiligten vom jeweils
anderen die Lösung für ihr Problem erhoffen und den Partner
mit dieser Hoffnung auswählen.**

WEG

Der Begründer des Kollusionskonzepts ist ein Schweizer.
Jürg Willi wird 1934 in Zürich geboren. Er studiert Medizin in
Fribourg, Wien, Paris und Zürich. Während der Studienzeit lebt
er gemeinsam mit seiner Schwester und einem befreundeten
Paar eine intensive Religiosität, was ihn seelisch aber auch be-
lastet und sich erst durch die Beziehung zu seiner späteren Ehe-
frau Margaretha, einer Künstlerin, ändert. In diese Umbruchs-
zeit fällt auch der Beginn von Jürg Willis Lehranalyse. Seine
Weiterbildung zum Facharzt für Psychiatrie und Psychotherapie absolviert er am psychiatrischen Krankenhaus Burghölzli in
Zürich. Dort ist einst auch C. G. Jung (s. Kap. 9) tätig gewesen.
Mitte der 1970er-Jahre entwickelt Jürg Willi sein Konzept
über das unbewusste Zusammenspiel der Beteiligten bei der
Partnerwahl und im Paarkonflikt. Das 1975 erschienene Buch
»Die Zweierbeziehung« wird mit mehr als hunderttausend ver-
kauften Exemplaren ein Bestseller und in neun Sprachen über-
setzt. In den 1980er-Jahren erweitert Willi die Perspektive und
befasst sich mit gelingenden Partnerschaften: In »Ko-Evolution.
Die Kunst gemeinsamen Wachsens« (1985) nimmt er die gegen-

seitige Beeinflussung von Lebensgefährten bei der Persönlichkeitsentwicklung in den Blick.

Wenige Jahre später führt Willi den Begriff der Ökologie in die Psychologie ein. Die Psycho-Ökologie betrachtet die Wechselwirkungen zwischen den Partnern, ihren Bezugspersonen und dem weiteren Umfeld. Diesen Ansatz entfaltet Willi 1991 unter dem Titel »Was hält Paare zusammen«. Zum psycho-ökologischen Bereich gehört das soziale Umfeld, worin das Paar eingebunden ist, und ebenso die materielle Umgebung, also der gestaltete Lebensraum. Das Buch beschreibt, wie sich Paare gemeinsam eine innere und äußere Welt schaffen – ihre eigene Nische, mit der sie sich identifizieren.

Den ökologischen Ansatz überträgt Willi dann auch auf die Einzeltherapie: Die »Ökologische Psychotherapie«, so ein Buchtitel von 1996, setzt bei den notwendigen Veränderungen an, die ein Patient durch die Neugestaltung seiner Beziehungen leisten muss. Auch hier ist die Behandlung des Einzelnen in die systemische Perspektive (s. Kap. 39) eingebettet, wenn das Beziehungsgeflecht des Patienten als Indikator und Motor für sein psychisches Wachstum genutzt wird.

Bis 1999 leitet Jürg Willi die Psychiatrische Poliklinik des Universitätsspitals Zürich und lehrt als Professor für Psychiatrie an der Universität Zürich. Seither steht er dem von ihm gegründeten Institut für ökologisch-systematische Therapie in Zürich vor.

IDEEN

Wie viele Familientherapeuten, so kommt auch Jürg Willi, der Pionier der Paartherapie im deutschsprachigen Raum, von der Psychoanalyse (s. Kap. 7). Das heißt, er sieht die neurotischen Störungen der Partner als Ursprung ihrer Beziehungsstörung. Seine psychoanalytische Perspektive erweitert Willi dann systemisch, indem er die wechselseitige Beeinflussung von Liebespaaren daraufhin untersucht, wie sich die Störungen der Persönlichkeit gegenseitig ergänzen. So kommt er zu seinem Konzept der Kollusion, des unbewussten Zusammenspiels.

Der Begriff stammt ab vom lateinischen colludere – mit jemandem spielen. Der englische Psychiater und Psychoanaly-

SYSTEMISCHE ANSÄTZE

tiker Ronald D. Laing (1927–1989) hat ihn in die Psychologie eingeführt, Jürg Willi bezieht sich ausdrücklich auf Laing. Im juristischen Bereich ist die Kollusion eine verbotene Verabredung zur Verschleierung einer Straftat. Auf die Psychologie bezogen, handelt das Paar in der Kollusion natürlich nicht unerlaubt. Aber es befindet sich doch im geheimen, unbewussten Einverständnis über seine wenig förderliche Art, die Beziehung zu führen. Wenig förderlich deshalb, weil nach Willi bei einem kollusiven Paar die neurotischen Störungen so zusammenpassen, dass die Bedürfnisse der beiden Beteiligten erfüllt werden und sich zunächst keiner gezwungen sieht, etwas zu ändern. So konserviert die Beziehung nicht nur das destruktive Binnenverhältnis, sondern gleichzeitig die Neurosen des Einzelnen, bis sich einer oder beide Partner von den eingefahrenen Mustern so eingeengt fühlen, dass sie Abhilfe suchen.

Nach Jürg Willi treffen in kollusiven Beziehungen ein progressiver und ein regressiver Partner aufeinander und ergänzen sich in ihren Bedürfnissen. Der progressive ist der vermeintlich Forsche, der vor sich und dem Lebensgefährten nicht schwach erscheinen will. Ihm kommt es daher sehr gelegen, einen Regressiven zu lieben, also jemanden, der eher kindliche Verhaltensweisen zeigt, der vermeintlich schwach ist, Fürsorge braucht und auch verlangt. Hier zeigt sich bereits das Prinzip der Kollusion.

Als Psychoanalytiker geht Willi außerdem davon aus, dass die neurotischen Störungen in der frühen Kindheit angelegt sind. Er bezieht sich auf die drei frühkindlichen Entwicklungsstufen Freuds, die orale, anale und phallische Phase (s. Kap. 7). Als viertes nimmt er den narzisstischen Aspekt hinzu, das heißt die Entwicklung der Fähigkeit, sich selbst und andere Objekte (hier Menschen und Gegenstände) zu lieben. Menschen mit einer narzisstischen Störung, so Willi, entwickeln entweder nur schwer ein Gefühl dafür, dass sie eigenständige, von ihrem Umfeld unterschiedene Persönlichkeiten sind. Oder sie lassen sich sehr leicht in ihrem Selbstwertgefühl erschüttern.

Für alle vier Aspekte lässt sich nun darstellen, welche Schwierigkeiten bei einer Liebesbeziehung zwischen einem progressiven und einem regressiven Menschen im Fall einer Störung entstehen. Auf der Ebene des *Narzissmus* fühlt sich der

Regressive nur durch den jeweils anderen liebenswert, während es dem Progressiven dadurch gut geht, dass sein Partner ihm diese lebenswichtige Bedeutung beimisst. Auf der *oralen* Ebene lässt sich der Regressive vom Progressiven mütterlich umsorgen, worin der Progressive gerade seine Erfüllung findet. Im *analen* Bereich, bei dem es um Gehorsam geht, ordnet sich der Regressive dem Führungsanspruch des Progressiven unter. Und auch auf der *ödipalen* Ebene sind, unabhängig vom biologischen Geschlecht, die Rollen klar verteilt: Der Regressive pflegt die weiblichen Anteile, der Progressive die männlichen.

In gesunden Beziehungen wechseln die beschriebenen Positionen hin und her. Mal umsorgt er eine den anderen, mal umgekehrt. Mal schaut der eine zum anderen auf, mal umgekehrt. In kollusiven Beziehungen sind die Positionen jedoch fest vergeben. Beide Partner verklammern sich ineinander, weil sie vom jeweils anderen die Erlösung von ihrer eigenen neurotischen Unsicherheit erhoffen. Es liegt auf der Hand, dass dieses Ungleichgewicht den Einzelnen in seinen Entfaltungsmöglichkeiten stark einschränkt. Beide Seiten leiden unter den eingefahrenen Mustern und dem geringen Repertoire an Verhaltensmöglichkeiten, kommen aber oft nicht aus eigener Kraft heraus.

In der Therapie soll dem Paar daher seine unbewusste Dynamik bewusst gemacht werden. Es gilt zu erkennen, dass nicht nur der eine oder der andere »schuld« ist, sondern dass beide Partner komplementäre Extrempositionen eingenommen haben. Das bedeutet natürlich auch, einen ehrlichen Blick auf die eigenen progressiven oder regressiven Erwartungen zu richten. Die eigene Seite, die man bisher nicht ausgebildet, sondern an den Lebensgefährten abgegeben hat, damit er sie ausleben kann, beginnt man nun selbst zu entwickeln. Mit der Folge, dass der Partner eher so sein darf, wie er wirklich ist, und nicht, wie er im Rahmen der Kollusion gerade benötigt wird.

Wenn beide Lebensgefährten einander nicht mehr zum Ausgleich von Störungen brauchen, dann entsteht auch das richtige Maß von Nähe und Distanz in der Beziehung. Weder verschmelzen beide miteinander nach dem Motto »Wir gegen den Rest der Welt«, noch ziehen sie starre Grenzen zwischen sich und fliehen voreinander, indem sie die Außenwelt wichtiger nehmen als ihr eigenes Miteinander. Eine gesunde Paarbeziehung ist nach Willi

SYSTEMISCHE ANSÄTZE

außerdem dadurch gekennzeichnet, dass sich beide Partner als gleichwertig empfinden. Man weiß heute, dass das Kriterium der »Augenhöhe« bereits bei der Wahl eines Lebensgefährten eine wichtige Rolle spielt.

Die Paartherapie kann die Kollusionsthemen nicht beseitigen. Ihr Ziel ist jedoch, dass die Partner flexibler mit den Rollen umgehen und nicht an eine Extremposition gebunden bleiben. Dazu gehört auch, andere Rollen zu trainieren. Praktische Methoden, Kommunikations- und Partnerschaftsübungen machen deshalb, neben der Analyse der Kollusionsmuster, einen wichtigen Teil der Paartherapie aus.

Seitenblick: Für die Bearbeitung nicht nur von Familien-, sondern auch von Paarproblemen aus systemischer Sicht steht ebenso Jürg Willis Landsmännin Rosmarie Welter-Enderlin (geb. 1935). Sie begründet zwischen 1988 und 1996 das »Meilener Konzept systemischer Therapie und Beratung«, das stärker den Aspekt der Begegnung und der emotionalen Sicherheit in der therapeutischen Beziehung betont. Unter anderem hat Welter-Enderlin die Bedeutung von Familiengeheimnissen erforscht und dabei mit der Illusion aufgeräumt, dass radikale Offenheit immer das Beste sei. Sie unterscheidet zwischen Geheimnissen, die offengelegt werden müssen, weil sie alle betreffen, und solchen, die zum eigenen intimen Raum gehören und geschützt werden sollten.

VII.

PERSÖNLICHKEITS- UND INTELLIGENZFORSCHUNG

44 Die getestete Intelligenz

ALFRED BINET

Er entwickelte als Erster Tests, um den Entwicklungsstand von Kindern zu überprüfen. Damit gilt Alfred Binet als Begründer der Psychometrie, in der es um die quantitative Erfassung psychischer Merkmale geht. In seinen Schriften berührte der vielseitige Forscher auch philosophische Themen.

WEG

Als Sohn eines Arztes und einer Künstlerin wird Alfred Binet 1857 in Nizza geboren. Nach der Scheidung der Eltern zieht ihn seine Mutter allein groß. Schon als Junge geht er nach Paris, besucht dort das Lyzeum und studiert anschließend Jura. Nachdem er einen ersten akademischen Abschluss erreicht hat, wechselt er zu Naturwissenschaften und Medizin.

Binets Hauptinteresse aber gilt der Psychologie, die damals auch in Frankreich noch kein eigenständiges akademisches Fach ist. Als Student arbeitet er unter Jean Martin Charcot (1825–1893) am psychiatrischen Krankenhaus Salpêtrière – dort, wo auch Sigmund Freud (s. Kap. 7) wichtige Eindrücke empfangen hat. Charcot nutzt die Technik der Hypnose, um seine Patientinnen zu behandeln. Das weckt Binets Interesse an allem, was mit Denken, Erkennen und der Wahrnehmung zu tun hat, kurz: an den kognitiven Prozessen. Dabei geht es schon bald um mehr als die Hypnose. Binets wissenschaftliches Spektrum umfasst psychische Krankheiten ebenso wie paranormale Phänomene, dazu pädagogische und philosophische Themen. Ein Beispiel für seine interdisziplinäre Leidenschaft ist die Abhandlung »La vie psychique des microorganismes« (dt. »Das Seelenleben der kleinsten Lebewesen«, 1892). Binet entfaltet hier die Vorstellung einer allbeseelten Natur, ähnlich wie sein älterer deutscher Kollege Gustav Th. Fechner (s. Kap. 1). Nebenbei schreibt er Theaterstücke, von denen drei auch aufgeführt werden.

Seit 1894 lehrt Alfred Binet an der Pariser Universität Sorbonne, wo er zwar nie Professor wird, jedoch Direktor des kurz

ALFRED BINET

zuvor gegründeten Laboratoriums für physiologische Psychologie. Außerdem fungiert er als Herausgeber der ersten psychologischen Zeitschrift in Frankreich. Er befasst sich intensiv mit der kindlichen Entwicklung. Hierin gehört er zu den akademischen Vätern des berühmten Genfer Entwicklungspsychologen Jean Piaget (s. Kap. 23), der nach Binets Tod in dessen Labor studieren wird. So ist es naheliegend, dass der Franzose auch als Experte in Fragen des Schulunterrichts gilt. Seit den 1890er Jahren befasst sich Binet mit diesem Themenbereich – nach seiner Heirat und der Geburt seiner beiden Töchter auch durch deren Beobachtung im Alltag, ähnlich wie Piaget es später bei seinen eigenen Kindern tun wird.

1904 bestimmt das französische Unterrichtsministerium, dass Kinder nur noch nach pädagogischen und medizinischen Tests in Sonderschulen geschickt werden dürfen. Man fordert Binet auf, die praktischen Grundlagen für diese Prüfung zu erarbeiten. Gemeinsam mit seinem Assistenten Théodore Simon (1873–1961) entwickelt er Testreihen zur Diagnose von Entwicklungsverzögerungen bei Kindern im Alter von 3 bis 15 Jahren. Das ist die Geburtsstunde der Intelligenztests. Ihre Erfinder werden berühmt. 1908 erweitern Binet und Simon die Fragebögen für normal entwickelte Kinder, 1911 erscheinen Tests für Erwachsene. Im selben Jahr stirbt Alfred Binet, erst 54-jährig, an einem Hirntumor in Paris. Im Nachruf des »Journal de Genève« werden sein Wissensdrang und seine Beobachtungsgabe gerühmt.

IDEEN

Den Test an sich hat Alfred Binet nicht erfunden. Dieses Verdienst gebührt Francis Galton (1822–1911), einem Vetter des legendären Charles Darwin. Galton vermutet, dass Begabungen ebenso vererbbar sind wie äußerliche Merkmale. Um dies zu belegen, untersucht er Stammbäume und begründet die Zwillingsforschung.

In der Londoner Innenstadt unterhält Galton ein Büro, in dem sich ab 1882 jeder Interessierte auf seine Fähigkeiten hin testen lassen kann – das Wort »Test« stammt vom gleichlautenden englischen Begriff für Prüfung, Probe. Dabei geht es noch haupt-

211

sächlich um die Sinneswahrnehmung. Doch die Anwendung auf Persönlichkeits- und Intelligenzforschung liegt nahe und folgt bald: Der amerikanische Psychologe James McKeen Cattell (1860–1944), Student bei Wilhelm Wundt (s. Kap. 3) in Leipzig, trifft auf seiner Heimreise in die USA in London mit Galton zusammen. Er prägt den Begriff »mental test« (Intelligenztest), erarbeitet selbst die ersten entsprechenden Aufgaben und veröffentlicht 1890 einen wissenschaftlichen Artikel darüber. In Cattells Tests müssen unter anderem geringe Unterschiede zwischen Gewichten bemerkt, Buchstaben im Gedächtnis behalten und die Zeit geschätzt werden. Die Anordnung der Versuche, die dazugehörigen Hilfsmittel, die Anweisungen für die Versuchspersonen und die Auswertungsregeln hat Cattell minutiös beschrieben, damit seine Tests möglichst immer gleich ablaufen. Dies ist ein erster Schritt in Richtung Standardisierung.

Während Cattells Prüfungen vor allem gesundheitsbezogene Aussagen erlauben, bemühen sich der deutsche Gedächtnisforscher Hermann Ebbinghaus (s. Kap. 5) in Breslau und Alfred Binet in Paris seit den 1890er-Jahren um geeignete Testverfahren für Schulkinder. Ebbinghaus untersucht die Konzentrations- und Leistungsfähigkeit von Kindern, indem er sie Lücken in einem Text ergänzen lässt (Ebbinghaussche Lückenprobe). Binet und sein Assistent Simon stützen sich unter anderem auf eine Zusammenstellung von Wissensfragen des Arztes Dr. Blin, um die Schulreife von Kindern festzustellen.

Geprüft wird bei Binet zum Beispiel das Wissen der Kinder über sich selbst und ihre eigene Familie, über Zeitdimensionen (Monat und Jahr), über alltägliche Gegenstände und soziale Gegebenheiten, etwa Berufe. Außerdem werden Fähigkeiten im Sprechen, in der Motorik, im Rechnen, Schreiben, Zeichnen und Lesen getestet. Die Kinder müssen beschreiben, was sie auf einer Zeichnung sehen, sie sollen etwas aus dem Gedächtnis nachzeichnen, aus drei Wörtern einen Satz bilden und vieles mehr. Die Aufgaben sind auf das jeweilige Lebensalter abgestimmt. Wenn ein Kind mit seinem Leistungsstand hinter seinem tatsächlichen Alter zurückbleibt, so beziffert die Jahresdifferenz den Entwicklungsrückstand. Ein sechsjähriges Kind, das lediglich die Leistungen eines vierjährigen erbringt, liegt also zwei Jahre zurück. Binet betont allerdings, seine Tests sagten nichts über angeborene Intelligenz aus, sondern erlaubten lediglich die Einschätzung aktueller Leistungsunterschiede.

Weil seine Tests es ermöglichen, psychische Merkmale quantitativ zu erfassen, gilt Alfred Binet als Begründer der Psychometrie. In diesem Teilbereich der Psychologie geht es um solche Messungen. Binets Arbeiten bilden einen wichtigen Beitrag zur Entwicklungspsychologie und zur psychologischen Diagnostik, also zur Feststellung von seelischen Merkmalen und Eigenschaften, durch die sich einzelne Menschen und auch Gruppen voneinander unterscheiden. Der Begriff Diagnostik kommt vom griechischen diágnosis – unterscheidende Beurteilung.

Ausblick: Alfred Binets Tests werden vor allem im Ausland aufgegriffen. In Deutschland bringt der Psychologe William Stern (s. Kap. 45) die Intelligenz- und Persönlichkeitsforschung voran. An der kalifornischen Stanford University gestaltet der Psychologe Lewis M. Terman (1877–1956) die Binet-Simonschen Testreihen zum so genannten Stanford-Binet-Test aus, wobei er auch auf die Arbeit von William Stern zurückgreift.

45 Auf der Suche nach dem Besonderen

William Stern

Er hat mehr geschaffen als nur eine Formel zur Errechnung des Intelligenzquotienten. William Stern fragte nach dem, was das Besondere einer jeden Persönlichkeit ausmacht und wie man es ermessen kann. Damit begründete er die Differentielle oder Persönlichkeitspsychologie.

Weg

Der Kaufmannssohn William Stern wird 1871 in Berlin geboren. Sein Großvater Sigismund Stern (1812–1867) ist Historiker, Pädagoge und ein führender Kopf der jüdischen Reformbewegung in Deutschland. Sein Enkel bewundert ihn sehr und eifert ihm nach. 17-jährig beginnt William Stern in Berlin Philosophie

PERSÖNLICHKEITS- UND INTELLIGENZFORSCHUNG

und Psychologie zu studieren, 1893 wird er promoviert. 1897 folgt er dem einstigen Berliner Gedächtnisforscher Hermann Ebbinghaus (s. Kap. 5) nach Breslau. Hier habilitiert er sich im gleichen Jahr.

Im Jahr 1899 heiratet William Stern die Berlinerin Clara Joseephy (1877–1948). Das Ehepaar bekommt drei Kinder, eines ist der spätere berühmte Schriftsteller Günther Anders (1902–1992). In Breslau lehrt William Stern als Privatdozent und ab 1909 als außerordentlicher Professor. Ebenfalls 1909 erhält er eine Einladung des amerikanischen Psychologen Granville Stanley Hall (1844–1924), des Begründers der bedeutenden American Psychological Association: Stern soll bei der 20-Jahr-Feier der Clark University in Worcester, Massachusetts, einen Festvortrag halten. Er nimmt an – und fährt mit demselben Schiff wie seine Kollegen Sigmund Freud (s. Kap. 7) und Carl Gustav Jung (s. Kap. 9), die ebenfalls Gastreferenten bei der Jubiläumsfeier sind.

In den USA erhält William Stern seine erste Ehrendoktorwürde. Doch in der Heimat wird er aufgrund seiner jüdischen Abstammung diskriminiert: Die Universität Breslau bietet ihm eine ordentliche Professur nur unter der Bedingung an, dass er sich taufen lässt. Stern lehnt ab und geht 1916 an das Hamburger Kolonialinstitut, das Vorläuferinstitut der Hamburger Universität. Die wird drei Jahre später gegründet, und Stern, der entscheidend daran mitgewirkt hat, erhält nun eine ordentliche Professur. Er baut das Hamburger Psychologische Institut zu einem der bedeutendsten in Deutschland aus. Bereits 1904 hatte er die Deutsche Gesellschaft für Psychologie mitbegründet, 1931 tagt sie in Hamburg und wählt ihn zum Präsidenten.

1933 ergreifen die Nationalsozialisten in Deutschland die Macht. William Stern wird fristlos aus dem Universitätsdienst entlassen – per Telefon, wie der Wissenschaftler dem befreundeten Hamburger Bürgermeister brieflich mitteilt. Er darf seine Universität nicht mehr betreten. Im selben Jahr emigriert das Ehepaar Stern in die USA. Von 1934 bis zu seinem Tod 1938 lehrt William Stern als Professor an der Duke University in Durham, North Carolina. Seine Frau Clara überlebt ihn um ein Jahrzehnt.

214

Ideen

Für William Stern muss die Psychologie auf allen Gebieten der Kultur angewandt werden, auch in der Pädagogik und der Wirtschaft. Er sieht die Psychologie als Schnittpunkt der Bio-, der Geistes- und der Sozialwissenschaften, weshalb er sich für die unterschiedlichsten Themen interessiert. So wird ihm nicht gerecht, wer sein Werk auf die Erfindung des Intelligenzquotienten reduziert, wenngleich er diesen tatsächlich eingeführt hat. Alfred Binet (s. Kap. 44) hatte das im Test erschlossene Intelligenzalter eines Kindes noch von dessen tatsächlichem Alter abgezogen und so den Entwicklungsrückstand beziffert. Stern bildet stattdessen 1911 einen Quotienten aus Intelligenz- und Lebensalter: den Intelligenzquotienten. Er wird damals errechnet, indem man das ertestete Intelligenzalter durch das Lebensalter dividiert und mit 100 multipliziert.

Die Psychodiagnostik, also die Herausarbeitung individueller psychischer Eigenschaften wie etwa Intelligenz, nutzt Stern ganz praktisch für die Schul- und Berufsberatung. Sein Hamburger Institut wird durch Arbeiten zur Begabungsforschung und -förderung bekannt, er selbst betätigt sich an führender Stelle im Bund für Schulreform. In der damaligen sehr hierarchischen Gesellschaft ist die individuelle Erkennung und Förderung von begabten Arbeiterkindern besonders wichtig, da diese Menschen leicht durch die Maschen des noch wenig gerechten Bildungssystems rutschen, anstatt entsprechend ihren Fähigkeiten gefördert zu werden.

Psychologiegeschichte schreibt William Stern jedoch vor allem dadurch, dass er eine neue Disziplin begründet: die Differentielle oder Persönlichkeitspsychologie. 1900 erscheint sein Aufsatz »Über Psychologie der individuellen Differenzen«, elf Jahre später folgt das Buch »Die differentielle Psychologie«. Der Begriff leitet sich vom lateinischen differentia – Unterschied ab. Hatte nämlich die Psychologie bis dahin immer nach dem Allgemeinen gesucht, nach dem, was sich für die menschliche Psyche unabhängig von individuellen Unterschieden aussagen lässt, so nimmt die Differentielle Psychologie genau das Gegenteilige in den Blick: Ihr geht es darum, die Charaktereigenschaften und Fähigkeiten des Einzelnen und damit die Unterschiede zwischen Typen, Gruppen, Altersklassen und Geschlechtern methodisch korrekt zu bestimmen und zu beschreiben.

Zu diesem Ansatz steht nur scheinbar im Widerspruch, dass William Stern gleichzeitig mit dem Begriff der Persönlichkeit die Einheit in der Vielfalt wiederherstellt. Kurz gesagt, besteht die Persönlichkeit aus der Gesamtheit aller Eigenschaften und Verhaltensmöglichkeiten, die das Individuum prägen und unverwechselbar machen. Ursprünglich stammt der Begriff aus der Theologie und meint hier das Unterschiedensein von Vater, Sohn und Heiligem Geist als geistigen Individuen innerhalb der göttlichen Dreifaltigkeit. Der evangelische Theologe Friedrich D. E. Schleiermacher (1768–1834) prägte den Begriff Personalismus, um in Abgrenzung zu pantheistischen Gottesvorstellungen die Personhaftigkeit Gottes zu betonen.

1918 veröffentlicht William Stern seine Schrift »Die menschliche Persönlichkeit«. Er definiert darin die Persönlichkeit dreifach: Erstens verbindet sie als unteilbare (in-dividuelle) Einheit die Vielfalt der psychischen Funktionen zu einem gemeinsamen Ganzen. Zweitens richtet sie sich in ihrem Verhalten nach Zielen und Absichten. Und drittens unterscheidet sich die Persönlichkeit von den Gegebenheiten der Umwelt, womit die soziale Umgebung ebenso gemeint ist wie Vorgaben etwa aufgrund von Geschlecht oder Nationalität. Dieser letzte Punkt wirkt nur auf den ersten Blick banal. Genau hier verläuft die Grenze, die schon ewig die Philosophen beschäftigt: Nicht das Nebeneinander von Physischem und Psychischem stellt für Stern die Grundtatsache der Welt dar, sondern die Existenz von realen Personen in Einbettung und Abgrenzung zu ihrer Umwelt.

Die Persönlichkeit, so sagt Stern, entwickelt sich in der Auseinandersetzung mit der Umgebung, im Zusammenspiel zwischen Begabungen und Umwelteinflüssen. Dabei müssen von außen vorgegebene Zwecke und Ziele in den persönlichen Willen integriert und eigene Fähigkeiten und Eigenschaften miteinander in Harmonie gebracht werden. Stern unterscheidet zwischen so genannten Richtungsdispositionen, das sind Interessen und Neigungen, und Rüstungsdispositionen, den Fähigkeiten. Wenn beide übereinstimmen, hat der Mensch die beste Voraussetzung, um glücklich zu sein, denn es bedeutet: Er will, was er kann, und er kann, was er will.

Den Persönlichkeitsbegriff wendet William Stern auch auf die Kindheit an und kommt darüber als einer der Ersten zu entwicklungspsychologischen Untersuchungen. Gemeinsam mit seiner Frau Clara, die eine wichtige Mitarbeiterin für ihn ist, zeichnet er tagebuchartig die Entwicklungsfortschritte seiner drei Kinder auf. 1914 erscheint sein bekanntestes Werk: »Psychologie der frühen Kindheit bis zum sechsten Lebensjahr«, das jahrzehntelang bedeutsam bleiben wird.

Für seine personbezogene Sichtweise, die er in mehreren Büchern auch philosophisch weiterdenkt, prägt William Stern den Namen Kritischer Personalismus. Die Einheit der Person in der Vielfalt ihrer Eigenschaften und der Umwelteinflüsse, die Stetigkeit des Persönlichen inmitten des entwicklungsbedingten Wandels hat dieser vielseitige Wissenschaftler nie aus dem Blick verloren.

Seitenblick: Trotz der gemeinsamen Atlantiküberfahrt im Jahr 1909 finden William Stern und Sigmund Freud fachlich wenig Gemeinsamkeiten. Stern verfasst mehrfach kritische Stellungnahmen zur Psychoanalyse bei Jugendlichen. Der persönliche Umgang der beiden Wissenschaftler bleibt aber freundlich: 1928 besucht William Stern seinen Kollegen anlässlich eines Wien-Aufenthaltes und berichtet anschließend von einem trotz aller inhaltlichen Gegensätzlichkeit »angenehmsten« Gespräch. Mehr Nähe besteht zur Individualpsychologie Alfred Adlers (s. Kap. 8), denn auch für Adler strebt der Mensch nach der Verwirklichung persönlicher Ziele und gelangt darin zur Einheit der eigenen Person.

Übrigens: Einen schönen Begriff prägte William Stern 1905 für die Sorte von Psychologen, die ihr Wissen, ihre Fachrhetorik und ihre berufliche Stellung dazu nutzen, persönliche Meinungen als allgemeingültig hinzustellen und sich selbst zu profilieren: Er nannte sie »Deutungspfuscher«. Bedenkt man, dass Stern damals von den Medienauftritten mancher heutiger Kollegen nichts ahnen konnte, muss ihm deshalb eine nahezu prophetische Gabe bescheinigt werden.

46 Sieben menschliche Fähigkeiten
Louis L. Thurstone

Mit der von ihm entwickelten so genannten multiplen Faktorenanalyse hat Louis Leon Thurstone die Intelligenzforschung ein gutes Stück vorangebracht. Er unterschied sieben grundlegende, nicht aufeinander rückführbare Fähigkeiten, die Bestandteil der menschlichen Intelligenz sind.

Weg

Im Jahr 1887 in Chicago geboren, studiert Louis Leon Thurstone Elektrotechnik an der Cornell University in Ithaca, New York. Er arbeitet zunächst als Assistent von Thomas Alva Edison, dem Pionier der Elektrizitätsforschung, in dessen Labor in East Orange, New Jersey. Hier forscht er zur Akustik und zur Wahrnehmungspsychologie. Er erfindet auch eine neuartige Filmkamera. 1914 beginnt Thurstone ein Psychologiestudium an der University of Chicago, wo er 1917 promoviert wird.

Thurstones Interesse gilt der experimentellen Lernforschung. 1923 ist er für ein Jahr am Institute of Government Research in Washington tätig. Danach geht er ans Carnegie Institute for Technology und bald darauf an die University of Chicago. 1933 wird er Präsident der renommierten American Psychological Association. In beiden Weltkriegen betreut er die Intelligenzprüfungen in der amerikanischen Armee.

In Chicago hat Thurstone bis 1952 eine Professur inne. Zuletzt leitet der Psychologe und Ingenieur das Psychometrische Labor der University of North Carolina. Er ist außerdem Gründungspräsident der Psychometric Society. 1955 stirbt Louis Leon Thurstone in Chapel Hill, North Carolina.

Ideen

Die Psychometrie ist ein Teilbereich der Psychologie, der sich mit der quantitativen Erfassung psychischer Merkmale wie der Intelligenz befasst. Der Franzose Alfred Binet (s. Kap. 44) entwickelt die ersten Intelligenztests, auf seinen Arbeiten baut der Deutsche William Stern (s. Kap. 45) auf. Auch in den USA werden Ende des 19. Jahrhunderts Tests entwickelt, um geistige Fähigkeiten messen zu können.

Das Problem lautet jedoch: Welche Kriterien ermöglichen es, alle getesteten Personen nach demselben Maßstab zu beurteilen? Wenn die Schulreife von Kindern ermittelt werden soll – dies ist häufig der Anlass für Tests –, muss es ja gerecht zugehen, das heißt, nach einem allgemeingültigen Maßstab. Die Forscher suchen also nach objektiven Größen. Der englische Psychologe Charles E. Spearman (1863–1945) fragt bereits zu Beginn des 20. Jahrhunderts, ob vielleicht manche der Fähigkeiten, die bei Schülern gemessen werden, miteinander zusammenhängen, ob also zwischen ihnen Korrelationen bestehen. Mit diesem Ansatz gilt Spearman als Begründer der Faktorenanalyse, einer mathematisch-statistischen Methode, bei der viele einander überschneidende Eigenschaften auf wenige übergeordnete Faktoren zurückgeführt werden. Für Spearman selbst ist jede Eigenschaft aus zwei Faktoren zusammengesetzt: aus dem allen gemeinsamen Generalfaktor g und aus dem bei jedem Einzelnen unterschiedlich ausgeprägten spezifischen Begabungsfaktor s.

Thurstone kritisiert dieses Modell als zu einfach. Er vermutet, dass Intelligenz nicht durch einen einzigen Generalfaktor zu erklären ist, sondern dass es mehrere Primärfaktoren und -fähigkeiten gibt. Er entwickelt die multiple Faktorenanalyse und wendet sie 1938 an: Per Aushang am Schwarzen Brett der Universität von Chicago findet er 240 Studenten, die daran interessiert sind, ihre mentalen Fähigkeiten in einem 15-stündigen Versuch überprüfen zu lassen. Nachdem die Tests ausgewertet sind, hat Thurstone sieben Fähigkeiten voneinander isoliert, die sich nicht überschneiden, sondern jeweils eine primäre Begabung darstellen. Diese sieben sind: Zahlenumgang, verbales Verständnis, Raumvorstellung, Gedächtnis, schlussfolgerndes Denken, Wortflüssigkeit, Auffassungsgeschwindigkeit. Es gibt also verschiedene Arten von Intelligenz, die sich folglich auch getrennt messen lassen. Trotzdem kann auch Thurstone nicht ausschließen, dass nach wie vor ein allgemeiner Faktor g existieren könnte, der diesen sieben Primärfaktoren zugrunde liegt.

Übrigens: Thurstone forscht auch über Einstellungen, also über die Neigung, Menschen, Dinge und Ideen als gut oder schlecht zu bewerten. Diese Tendenz wird im Lauf der persönlichen Entwicklung erworben. Thurstone entwickelt Skalen, mit denen sich, anders als mit individuell beantwortbaren Fragebögen, Einstellungen standardisiert bestimmen lassen.

47 Die Einzigartigkeit des Individuums

Gordon Willard Allport

Als Persönlichkeitspsychologe erkundete Gordon Willard Allport die menschlichen Wesenszüge. Er legte Wert auf die Einzigartigkeit des Individuums und versuchte ihr mit seinen Forschungsmethoden gerecht zu werden. Sein Konzept der Funktionalen Autonomie betont die Wahlmöglichkeit des reifen Menschen bei der Lebensgestaltung.

Weg

Die Kindheit Gordon Willard Allports und seiner vier Brüder ist geprägt von einem kleinen Krankenhaus, von dessen Patienten und Krankenschwestern. Denn sein Vater ist Landarzt. 1897 wird Allport in Montezuma, Indiana, geboren.

Er studiert Psychologie an der Harvard University in Cambridge, Massachusetts. 1919/20 geht er als Lehrer für Englisch und Soziologie nach Istanbul. 1922 wird Allport in Harvard promoviert. Es folgen zwei erneute Jahre in Europa, während derer er mit dem Begründer der Persönlichkeitspsychologie, William Stern (s. Kap. 45), zusammentrifft und sich auch mit der Typenlehre von Eduard Spranger (1882–1963) befasst. Der Psychologe, Pädagoge und Philosoph Spranger steht in der Tradition der geisteswissenschaftlichen Psychologie nach Wilhelm Dilthey (s. Kap. 4). Er beschreibt in seinen 1914 erschienenen »Lebensformen« sechs menschliche Grundtypen hinsichtlich ihrer Wertorientierung und ihres dementsprechenden Erlebens und Handelns: den ökonomischen, sozialen, ästhetischen, theoretischen, politischen und den religiösen Menschen. Nach Spranger sind diese Typen einschließlich der Werte, die sie verkörpern, zeitlos gültig, was heute jedoch bezweifelt wird.

Von 1924 bis 1930 lehrt Allport Sozialethik und von 1936 bis 1966 Psychologie in Harvard. Er arbeitet über Tests, psychologische Diagnostik, Lerntheorien und sozialpsychologische Themen, also über den Einfluss des menschlichen Miteinanders auf das Erleben und Verhalten des Einzelnen. Besonders bedeutsam wird er jedoch als Persönlichkeitspsychologe. 1924 bietet Allport den ersten Universitätskurs in den USA an, der sich mit der Persönlichkeit befasst. 1937 erscheint »Personality. A Psychological Interpretation« (dt. »Persönlichkeit. Struktur, Entwicklung und Erfassung der menschlichen Eigenart«, 1949). Das Buch gilt für zwei Jahrzehnte als Grundlagenwerk.

1954 folgt »The nature of prejudice« (dt. »Die Natur des Vorurteils«, 1971). In diesem Buch legt der Autor eine Skala von Verhaltensweisen vor, die es erlauben, den Grad der Diskriminierung bestimmter Gruppen in einer Gesellschaft zu bestimmen. Die nach ihm benannte Allport-Skala reicht von der offenen Verleumdung bis hin zur physischen Vernichtung. Gordon Willard Allport stirbt 1967 in Cambridge, Massachusetts.

IDEEN

Gordon W. Allport entwickelt seine Persönlichkeitstheorie in Abgrenzung zum Behaviorismus (s. Kap. 21 u. 22). Dessen Erklärung des tierischen und menschlichen Verhaltens nach dem Schema Reiz und Reaktion lässt die Innenwelt des Versuchsobjekts bewusst außer Acht: Es zählt nur, was äußerlich beobachtbar ist. Dagegen betont etwa der Entwicklungspsychologe Jean Piaget (s. Kap. 23), dass sich zwischen dem Reiz (Stimulus) und der Reaktion darauf ein Zwischenglied befindet, das noch gar nicht erforscht ist: die Instanz nämlich, die den Reiz aufnimmt und für ihn empfänglich ist. Piaget gehört zu den Vordenkern der kognitiven Wende, also der Besinnung der Verhaltenspsychologen auf die Innenwelt des Menschen, die bei der Erforschung des Verhaltens eben doch nicht einfach ignoriert werden kann.

Allport setzt ähnlich an wie Piaget. Er erweitert die Stimulus(S)-Reaktions(R)-Kette um das Zwischenglied »O« (für Organismus) zu S-O-R und befasst sich vor allem mit diesem Zwischenglied: mit dem, was eine Persönlichkeit in Erleben und Verhalten ausmacht. Der Mensch ist für ihn mehr als nur eine auf Reize reagierende Einheit. Nach Allport machen wir uns, zumindest im erwachsenen Alter, vom Diktat der Triebe unabhängig und folgen den Idealen unseres Selbstbildes. Hier ist der Einfluss Eduard Sprangers wie auch der geisteswissenschaftlichen Psychologie Diltheys (s. Kap. 4) erkennbar. Funktionale Autonomie nennt Allport dieses Konzept, mit dem er sich vom Behaviorismus ebenso abgrenzt wie von der Psychoanalyse (s. Kap. 7): Für ihn ist der Mensch mit den Motiven seines Handelns weder den physiologischen Reaktionsmustern ausgeliefert noch den unbewussten Seelenkräften unterworfen. Allport bringt zur Illustration das Beispiel eines Mannes, der aus Geldnot zur See geht und auch, als er es finanziell nicht mehr nötig hat, bei dieser Wahl bleibt: Die Abenteuerlust hat sich als Motiv verselbstständigt.

Allports Konzept der Funktionalen Autonomie findet sich in der Bedürfnispyramide Abraham Maslows (s. Kap. 36) wieder. Wie Maslow und Charlotte Bühler (s. Kap. 31) gehört er zu den Begründern der Humanistischen Psychologie, die sich als dritte Kraft zwischen Tiefenpsychologie und Behaviorismus versteht.

Es liegt nahe, dass ein Psychologe, der dem Menschen in der Wahl seiner Lebensziele eine gewisse Autonomie zuschreibt, kein simpel strukturiertes Persönlichkeitsverständnis haben kann. Tatsächlich betont Allport die Vielfalt der Menschen und die Einzigartigkeit des Individuums. Nicht zuletzt liegt darin seine Bedeutung als Persönlichkeitspsychologe. Allport geht davon aus, dass der einzelne Mensch so genannte Wesenszüge durch Vererbung mitbekommt. Als Wesenszug bezeichnet er solche Eigenschaften, die sich zwar nicht immer, aber doch auffallend häufig zeigen, etwa Freundlichkeit, Schüchternheit oder Gerissenheit. Allport vermutet, dass die Wesenszüge als Dispositionen (Möglichkeiten, Veranlagungen) im Nervensystem verankert sind. Ob und wie jemand sie ausbildet, hängt auch von der jeweiligen Umwelt ab, an die er sich anpassen muss. Die Wesenszüge bestimmen das Verhalten des Menschen gegenüber anderen jedoch nicht allein. Auch die aktuelle Situation ist bedeutsam. Allport unterscheidet drei Arten von Wesenszügen: Kardinale Persönlichkeitswesenszüge prägen einen Menschen fast durchgehend, zentrale Persönlichkeitswesenszüge treten zwar noch häufig, aber nicht so durchgehend auf, und sekundäre Dispositionen machen sich im Alltag am seltensten bemerkbar.

Bei der Erforschung der Persönlichkeit versucht Allport, der Einzigartigkeit jedes Menschen Rechnung zu tragen. Deshalb bedient er sich bevorzugt so genannter idiografischer Techniken. Das sind Mess- und Bewertungsverfahren, die auf das einzelne Individuum zugeschnitten sind (vom griechischen ídios – einzeln). Das Gegenstück dazu sind nomothetische Techniken: Sie basieren auf allgemeingültigen Gesetzen (vom griechischen nómos – Gesetz). Manche Kritiker meinen, Allport habe den idiografischen Ansatz so übertrieben, dass nach seinen Aussagen eigentlich gar keine Wissenschaft von der Persönlichkeit möglich sei. Doch ist es unbestritten, dass auch detaillierte Einzelstudien zu allgemeingültigen Schlussfolgerungen führen können. Der Weg vom Besonderen und Konkreten zum Allgemeinen ist ebenso gangbar wie der umgekehrte Weg.

Seitenblick: Auch Gordon W. Allports älterer Bruder schreibt Psychologiegeschichte. Floyd Henry Allport (1890–1971) forscht als Sozialpsychologe über den Einfluss von Gruppen auf die Leistung des Einzelnen. Nach behavioristischer Tradition interpretiert er diesen Einfluss nach dem Muster von Reiz und Reaktion und entwickelt strenge Mess- und Kontrollmethoden, um soziale Prozesse zu studieren.

Anekdote: Gern erzählte Allport diese Begebenheit: Während seiner Europareise besuchte der damals 22-Jährige auch Sigmund Freud. Und als der Begründer der Psychoanalyse ihn mit erwartungsvollem Schweigen begrüßte, brach Allport die für ihn unbehagliche Stille. Er berichtete Freud von einer Zugbekanntschaft, einem kleinen Jungen, der unter einer Schmutzphobie litt, und von dessen zwanghafter Mutter. »Und«, fragte Freud, »dieser kleine Junge, waren Sie das?« Allport wertete die Reaktion als Beleg dafür, dass die Tiefenpsychologie allzu schnell in den Abgründen der Seele nach Erklärungen sucht, anstatt die augenfälligen Motive eines Verhaltens anzuerkennen. Schließlich habe er, Allport, den kleinen Jungen nur mit der professionellen Neugier und dem Ehrgeiz des Berufsanfängers betrachtet. Nur am Rande sei bemerkt, dass Allport selbst sehr viel Wert auf Genauigkeit, Pünktlichkeit, Sauberkeit und Ordnung legte …

48 KLASSIFIZIERUNG DER WESENSZÜGE
RAYMOND B. CATTELL

Als Wesenszugtheoretiker hat Raymond Bernard Cattell die individuelle Vielfalt menschlicher Eigenschaften auf Grundwesenszüge zurückgeführt. In der Auswertung von Lebensläufen, durch Fragebögen und Tests ist er auf 21 Eigenschaften gestoßen, die nach seiner Ansicht das Verhalten einer Person prägen.

WEG

Als Sohn eines Maschinenbauingenieurs wird Raymond Bernard Cattell 1905 in Hilltop bei Birmingham geboren. Er wächst in Devon auf, was ihm eine lebenslange Liebe zur Küste und zur Seefahrt einträgt. Cattell studiert Chemie an der University of London und schließt 1924 am selben Ort ein Psychologiestudium an, das er 1929 mit der Promotion beendet. Anschließend lehrt er an der University of Exeter und leitet eine Erziehungsberatungsstelle. Hier sammelt Cattell Erfahrungen in der Diagnostik und Behandlung kindlicher Entwicklungs- und Verhaltensstörungen. 1937 wechselt er auf Einladung von Louis Leon Thurstone (s. Kap. 46) in die USA – zunächst für ein Jahr, doch dann bleibt er und repräsentiert, so heißt es, fortan den typischen Engländer im Ausland.

Cattell ist an verschiedenen Hochschulen tätig, bis er 1945 eine neu eingerichtete Professur für psychologische Forschung an der University of Illinois übernimmt. Hier lehrt er drei Jahrzehnte lang und leitet zudem das Labor für Persönlichkeitsforschung. Ende der 1970er-Jahre wechselt er an die University of Hawaii. 1998 stirbt Raymond B. Cattell in Honolulu, Hawaii.

IDEEN

Wie Gordon W. Allport (s. Kap. 47) forscht auch Raymond B. Cattell über die unveränderlichen und die veränderlichen Fähigkeiten und Eigenschaften des Menschen. Er sucht nach

Methoden, diese Merkmale genau zu erfassen. Cattell ist Schüler unter anderem von Charles E. Spearman (s. Kap. 46). Der hatte eine Zwei-Faktoren-Theorie aufgestellt, wonach jede Begabung aus einem allen Menschen gemeinsamen Faktor g und einem spezifischen Begabungsfaktor s besteht. Cattell verändert dieses Modell. Er unterscheidet zwischen der fluiden und der kristallinen Intelligenz. Erstere ist vererbt, sie umfasst Fähigkeiten wie das Schlussfolgern, das Problemlösen und das schnelle Denken. Letztere beinhaltet das im Lauf des Lebens erworbene Wissen.

Als Chemiker hat Cattell die Periodentafel der Elemente von Dimitri Menelejew (1834–1907) kennengelernt. Ihm schwebt vor, auch für die Psychologie eine solche Klassifizierung zu erarbeiten und eine »Periodentafel« der unveränderlichen menschlichen Grundeigenschaften oder Grundwesenszüge aufzustellen. Er wertet Lebensläufe aus (Quelle L), lässt die Versuchspersonen Fragebögen ausfüllen (Quelle F) und veranstaltet Tests (Quelle T). Doch wie soll er das nennen, wonach er sucht? Angesichts von rund 4000 Eigenschaftswörtern, die er in einem Lexikon findet, stellt sich die Notwendigkeit der Bündelung, um echte Grundwesenszüge herauszubekommen. In mehreren Reduktionsschritten schaltet Cattell Doppelungen aus und fasst miteinander verbundene Eigenschaften zu übergeordneten zusammen. Dies ist das Prinzip der Faktorenanalyse, die auf Charles Spearman und Louis L. Thurstone zurückgeht (s. Kap. 46). So erhält Cattell handhabbare Mengen. Je nach Alter der Versuchspersonen und je nach Quelle – Lebenslauf, Fragebogen oder Test – kristallisieren sich schließlich bis zu 21 Grundwesenszüge heraus.

Nachfolgend einige Beispiele für Grundwesenszüge. Sie werden bipolar dargestellt, das heißt, in ihren Ausprägungen nach der einen und nach der anderen Seite: bescheiden – bestimmt; solide – sorglos; zweckorientiert – gewissenhaft; schüchtern – wagemutig; stur – sanftmütig; gutgläubig – misstrauisch ... Cattell betont allerdings, dass das konkrete Verhalten nicht nur von den Grundwesenszügen abhängt. Es wird auch von den sozialen Rollen beeinflusst, die jemand übernimmt, und außerdem vom aktuellen Zustand des Betreffenden – also ob er etwa gerade müde ist, ängstlich oder neugierig.

Cattells Bedeutung als Wesenszugtheoretiker ist unbestritten. Im Vergleich zu Gordon W. Allport, der mehr die Vielfalt und individuelle Einzigartigkeit der menschlichen Persönlichkeit betont, hat er für einen gewissen Überblick gesorgt, indem er eine überschaubare Menge von Grundwesenszügen abgeleitet hat. Doch damit ist er nicht der Einzige, wie das nächste Kapitel zeigen wird.

Übrigens: In die Kritik geriet Raymond B. Cattell wegen Äuße-rungen aus den 1930er-Jahren, beispielsweise in seinem Buch »The fight for our national intelligence«. Man warf ihm vor, er habe sich lo-bend über die nationalsozialistischen Rassegesetze geäußert. In einem offenen Brief an die American Psychological Association ein Jahr vor seinem Tod erklärt Cattell, die damaligen Äußerungen seien falsch in-terpretiert und aus dem Zusammenhang gerissen worden.

49 Grundbausteine der Persönlichkeit
Hans J. Eysenck

Hans Jürgen Eysenck kombinierte die Wesenszüge Emotio-nale Stabilität und Labilität mit den Kategorien der Extra- und Introversion. Damit schuf der britische Persönlichkeitspsycho-loge deutscher Abstammung eine sehr einflussreiche Theorie von den Grundbausteinen der menschlichen Persönlichkeit.

Weg

Hans Jürgen Eysenck wird 1916 in Berlin geboren. Seine El-tern sind Schauspieler – darauf wird gern Eysencks Vorliebe für öffentliche Auftritte zum Beispiel im Radio oder im Fernsehen zurückgeführt. Die Eltern lassen sich scheiden, als ihr Sohn zwei Jahre alt ist. Er wächst fortan bei der Großmutter auf.

1934 emigriert Eysenck, mit 18 Jahren bereits ein sehr poli-tisch denkender Mensch, nach England. Hier studiert er fran-zösische und englische Literatur, Geschichte und Psychologie. Seine eigentlichen Wunschfächer Astronomie und Physik bleiben ihm verwehrt, weil er versehentlich den falschen, nämlich den geisteswissenschaftlichen Eignungstest absolviert hat. 1940 wird er an der University of London promoviert. Während des Zweiten Weltkriegs ist Eysenck am Mill Hill Emergency Hospital in London tätig. Nach Kriegsende leitet er die psychologische Forschungsabteilung am Institute of Psychiatry in London, genannt Maudsley Hospital. 1955 bis 1983 lehrt Eysenck als Professor für Psychologie an der University of London. Er forscht vor allem nach wissenschaftlich überprüfbaren Methoden für die Untersuchung von Persönlichkeitswesenszügen und deren biologischer Grundlage.

Im Lauf seiner Karriere und über seine Emeritierung hinaus verfasst Hans Jürgen Eysenck rund 90 Bücher und 1000 wissenschaftliche Artikel. In den 1980er-Jahren gründet er eine Fachzeitschrift für Persönlichkeitsforschung. Kurz nach Fertigstellung seines letzten Buches, das von der Intelligenzmessung handelt, stirbt Hans Jürgen Eysenck 1997 in London.

IDEEN

Mit Gordon W. Allport (s. Kap. 47) und Raymond B. Cattell (s. Kap. 48) gehört Hans Jürgen Eysenck zu den großen Wesenszugforschern. Er sucht nach wissenschaftlich überprüfbaren Methoden, die Grundbausteine der menschlichen Persönlichkeit freizulegen. »Wissenschaftlich überprüfbar« bedeutet für ihn: messbar und nachweisbar.

Wie Cattell nutzt Eysenck die Faktorenanalyse: Er verringert schrittweise die Menge der zu messenden persönlichen Eigenschaften, indem er die Wesenszüge herausschält, die mehreren Eigenschaften als gemeinsame Faktoren übergeordnet sind. So erhält er zwei so genannte Superfaktoren. Sie beinhalten jeweils zwei Pole und die dazwischenliegenden Abstufungen. Deshalb werden sie auch Persönlichkeitsdimensionen genannt. Die erste Dimension umfasst Introversion und Extraversion und alles dazwischen. Eysenck hat sie ursprünglich von dem Schweizer Tiefenpsychologen Carl Gustav Jung (s. Kap. 9) übernommen. Die zweite Dimension beinhaltet die Pole Emotionale Stabilität – Labilität (Neurotizismus) und die dazwischenliegenden Abstufungen.

PERSÖNLICHKEITS- UND INTELLIGENZFORSCHUNG

Irgendwo in jeder dieser beiden Dimensionen befindet sich jeder Mensch. Woraus folgt: Aus der Kombination der beiden Faktoren lassen sich vier Persönlichkeitsvarianten ableiten. Interessanterweise entsprechen sie den vier Temperamenten der antiken Persönlichkeitslehre von Hippokrates (um 400 v. Chr.) und Galen (um 200 n. Chr.): der Introvertiert-Stabile entspricht dem Phlegmatiker, der Introvertiert-Labile dem Melancholiker, der Extravertiert-Stabile dem Sanguiniker und der Extravertiert-Labile dem Choleriker.

Die Superfaktoren lassen sich natürlich auch wieder in umgekehrte Richtung nach den Wesenszügen aufschlüsseln, aus denen sie bestehen. Der Phlegmatiker ist zum Beispiel ausgeglichen, friedlich, beherrscht. Der Melancholiker gilt als zurückhaltend, ängstlich, launisch. Der Sanguiniker ist gesprächig, lebhaft, tonangebend. Der Choleriker erscheint empfindlich, impulsiv, aggressiv. Zahlreiche Untersuchungen bestätigen die Plausibilität der beiden Dimensionen in Alltagssituationen: Extravertierte lernen und arbeiten zum Beispiel gern in einer anregenden Umgebung, während Introvertierte mehr Ruhe brauchen; Extravertierte übernehmen öfter Führungsrollen, trinken mehr Alkohol und brauchen mehr Abwechslung als Introvertierte.

Eysenck arbeitet auch zahlreiche Fragebögen aus, mit denen sich Wesenszüge messen lassen, etwa das Maudsley-Persönlichkeits-Inventar oder das Eysenck-Persönlichkeits-Inventar. Zum Beispiel fragt er danach, ob der Betreffende oft wegen Grübelei nicht schlafen kann oder ob er beim Knüpfen neuer Freundschaften eher die Initiative übernimmt. Als naturwissenschaftlich denkender Psychologe sucht Eysenck zudem im Körper des Menschen nach biologischen Grundlagen für die Persönlichkeitsdimensionen. Er vermutet, dass die Hirnrinde bei Introvertierten stärker erregbar ist, weshalb diese Menschen weniger Reize vertragen als Extravertierte und sich besser konditionieren lassen. Die Hirnforschung hat das durch Messung der Hirnaktivitäten bestätigt. Weniger wahrscheinlich erscheint hingegen Eysencks zweite Vermutung, wonach die Dimension der emotionalen Stabilität und Labilität mit der Stressanfälligkeit des autonomen Nervensystems erklärt werden kann.

Eysenck geht davon aus, dass die Wesenszüge Veranlagungen (Prädispositionen) und somit ererbt sind: Dafür spre-

HANS J. EYSENCK

che auch, dass sie in den verschiedensten Kulturen vorkämen. Andererseits brauche es bestimmte Umweltbedingungen und Einflüsse von außen, damit die Veranlagung tatsächlich in Verhalten umgesetzt wird. Eysenck hält den Menschen für fähig, zeitlebens umzulernen. Er befürwortet daher vehement die Verhaltenstherapie, vor allem die Desensibilierung (s. Kap. 22) und die Aversionstherapie, bei der gegen schädliche, aber liebgewordene Gewohnheiten systematisch Widerwillen aufgebaut wird.

Entsprechend skeptisch betrachtet Eysenck die Psychoanalyse (s. Kap. 7), zu deren schärfsten Kritikern er gehört: Sie stelle Hypothesen auf, die sich nicht durch Messungen bestätigen ließen, und behindere sogar durch ihre Konstruktionen Spontanheilungen. Diese Kritik hatte zur Folge, dass tiefenpsychologische Therapieformen fortan verstärkt empirisch auf ihre Wirksamkeit überprüft wurden.

Später fügt Eysenck den beiden Persönlichkeitsdimensionen noch eine dritte hinzu: den Psychotizismus mit Verhaltensmerkmalen wie zum Beispiel Aggressivität, Gefühlskälte und Egozentrik. Deshalb wird seine Persönlichkeitstheorie auch als Drei-Faktoren-Theorie bezeichnet.

Hans Jürgen Eysencks Tests sind in viele Sprachen übersetzt worden. Er hat seine Erkenntnisse in Beiträgen nicht nur zu seinem eigenen Fach, sondern auch zur Pädagogik, Kriminologie, Ästhetik und anderen Disziplinen umgesetzt. In seinen letzten Lebensjahren gehört er zu den meistzitierten Psychologen des 20. Jahrhunderts.

Ausblick: Sind es nun drei Wesenszüge, mehr als zwanzig oder gar eine individuelle, unvergleichliche Kombination von Eigenschaften, die eine Persönlichkeit ausmachen? Seit den 1980er-Jahren tendiert die Mehrheit der Forscher dazu, fünf bipolare Dimensionen anzunehmen. Diese »Big Five« sind: Emotionale Stabilität – Neurotizismus, Introversion – Extraversion, Offenheit – Verschlossenheit, Liebenswürdigkeit – Feindseligkeit und Gewissenhaftigkeit – mangelnde Zielvorstellung.

VIII.

SOZIALPSYCHOLOGISCHE ANSÄTZE

50 Der Mensch im Lebensraum
Kurt Lewin

Er gilt als einer der wichtigsten Psychologen des 20. Jahrhunderts, neben Sigmund Freud und Jean Piaget. Und doch ist Kurt Lewin außerhalb von Fachkreisen wenig bekannt. Dabei stammt von dem Mitbegründer der Sozialpsychologie ein Begriff, der heute in aller Munde ist: Gruppendynamik.

Weg

Kurt Lewin wird 1890 in Mogilno, in der damaligen preußischen Provinz Posen, geboren und wächst in Berlin auf. Er stammt aus einer jüdischen Familie und bekennt sich selbst stets zum Judentum. Lewin studiert Medizin, Biologie und Philosophie und wird 1916 während eines Fronturlaubs im Ersten Weltkrieg promoviert. 1917 schreibt er darüber, wie er die Kriegslandschaft erlebt hat. Hier kristallisiert sich schon heraus, was später Kern seiner Theorie wird: Der Raum, in dem sich der Mensch befindet, wirkt nicht auf »neutrale« Weise durch physikalische Gegebenheiten, sondern jeweils dadurch, wie er aktuell erlebt wird. Lewin gebraucht hierfür den Begriff Lebensraum, den er von dem Geografen Friedrich Ratzel (1844–1904) übernimmt.

Am Psychologischen Institut in Berlin habilitiert sich Kurt Lewin 1922, 1927 wird er Professor für Psychologie und Philosophie in Berlin und lässt sich von einem Bauhaus-Architekten ein Wohnhaus errichten. Nach der Machtergreifung der Nationalsozialisten 1933 emigriert Lewin noch im selben Jahr. Er lehrt nach mehreren Zwischenstationen am Bostoner Massachusetts Institute of Technology (MIT) in Cambridge, Massachusetts. In den USA verstärkt Kurt Lewin die anwendungsbezogene Forschung, vor allem in der Entwicklungspsychologie. Dazu nutzt der vielseitig Interessierte die Möglichkeiten des Films.

Bereits von 1923 an filmt Kurt Lewin selbst, zunächst im privaten Kreis. Doch schon bald merkt er, dass das Verhalten gerade von Kindern in Konfliktsituationen auch wissenschaftlich aussagekräftig ist. Fortan filmt Lewin zufällige und experimentelle Situationen und untermauert damit seine Aussagen auf Kongressen und bei Vorlesungen. Seine Filme sind filmhistorisch wertvoll und bis heute interessant – die frühesten gehören zu den ersten Tonfilmen überhaupt.

Am MIT gründet Kurt Lewin zudem ein Zentrum für die Aktions- oder Handlungsforschung. Dieser praxisnahe Ansatz zeigt Lewins starkes politisches Interesse: Die Forschungsthemen werden nach gesellschaftlichen Bedürfnissen ausgewählt. Das Erkenntnisziel besteht nicht nur in der Theorie, sondern gleichzeitig in der Möglichkeit ihrer gesellschaftlichen Anwendung. Die Verbindung von sozialpsychologischer Arbeit und Forschung bewirkt, dass der Wissenschaftler nicht außerhalb des Projekts steht, sondern ein Teil davon und somit selbst Untersuchungsgegenstand ist. Wegen dieser Verquickung wurde der Aktionsforschung zeitweise Unwissenschaftlichkeit vorgeworfen. In Deutschland hat sie während der Bildungsreform in den 1970er Jahren starken Einfluss ausgeübt.

Kurt Lewin stirbt 1947 in Newtonville, Massachusetts. Seine Bereitschaft, sich zu engagieren, seine soziale Ader und seine Fähigkeit, Alltagsfragen in experimentell überprüfbare Aussagen zu überführen, haben ihn zu einem wichtigen Lehrer seines Faches gemacht.

IDEEN

Kurt Lewin geht von der Gestaltpsychologie der Berliner Schule um Max Wertheimer, Wolfgang Köhler und Kurt Koffka (s. Kap. 6) aus und erweitert deren Ansatz: So wie einzelne Sinnesreize in ihrer Gesamtheit als Gestalt wahrgenommen werden, die mehr ist als die Summe ihrer Teile, so bilden auch ein Individuum und sein Lebensraum mit allen sozialen Kräften und Spannungen gemeinsam eine eigene Wirklichkeit, ein Ganzes.

Innerhalb des Lebensraums wirken Personen und Dinge als Kräfte, als so genannte Vektoren, aufeinander und bestimmen das Verhalten des Einzelnen. Die Gesamtheit eines von Vektoren durchzogenen, geometrisch beschreibbaren Lebensraums nennt Kurt Lewin ein Feld. Feldtheorie wird schließlich auch

SOZIALPSYCHOLOGISCHE ANSÄTZE

die bevorzugte Bezeichnung für seine Erkenntnisse. Ein anderer Begriff lautet: topologische Psychologie, von griechischen tópos – Ort.

Die feldtheoretische Perspektive wendet Lewin auch auf die Erforschung der menschlichen Entwicklung an. Er zeigt beispielsweise in seinen Filmen, wie sich Kinder von einem Gegenstand angezogen fühlen, wie sie ihren Lebensraum nutzen und gestalten und wie er sich im Lauf des Älterwerdens verändert und erweitert. Denn auch Dinge, so sagt Kurt Lewin, beeinflussen den Lebensraum eines Menschen. Sie sind nicht neutral, sondern besitzen einen positiven oder negativen Aufforderungscharakter: Dinge reizen dazu oder schrecken davon ab, etwas zu tun oder zu erfahren. Jeder Mensch versucht in seinem Lebensraum, die Regionen mit den positiven Aufforderungen zu erreichen. Diese Bewegung, die nicht unbedingt räumlich verstanden werden muss, sondern beispielsweise auch in der Verwirklichung von Zielen erkennbar ist, nennt Kurt Lewin Lokomotion.

Auch menschliche Gruppen bilden ein Ganzes, das gemäß der Gestalttheorie mehr ist als die Summe der aufeinander einwirkenden Eigenschaften und Fähigkeiten seiner Mitglieder. So kommt Kurt Lewin, der nicht zuletzt in Hitlers Kundgebungen und den fanatisierten Massen in Deutschland ein beängstigendes Negativbeispiel vor Augen gehabt hat, zu dem erstmals von ihm geprägten Begriff »Gruppendynamik«. Dieser Ansatz fragt durch Beobachtung, Befragung und Experimente nach den Abhängigkeiten, die zwischen den einzelnen Mitgliedern einer Gruppe bestehen.

Lewin ist darüber hinaus auch ein Pionier der Politischen Psychologie. Sie beschäftigt sich wertneutral mit den Voraussetzungen und den Folgen politischen Handelns. Weil er als einer der Ersten den sozialen Raum, also das Miteinander der Einzelnen, in seine psychologischen Untersuchungen miteinbezogen hat, gilt Kurt Lewin als Mitbegründer der Sozialpsychologie und als eine der wichtigsten Persönlichkeiten der Psychologiegeschichte.

Übrigens: Mehrere von Lewins Filmen handeln davon, wie Gruppen von verschiedenen Führungsstilen geprägt werden. Seine Experi-

mente ergaben: In Gruppen mit einem autokratischen Führer wurde viel geleistet, wenn die Mitglieder sich von Chef beobachtet wussten. Es herrschte aber eine große Aggression untereinander. In Gruppen, die nach dem Laisser-faire-Prinzip sich selbst überlassen wurden, geschah nichts Produktives, sondern nur Unsinn. Als am produktivsten erwiesen sich die demokratisch geleiteten Gruppen – hier war auch die Zufriedenheit der Mitglieder am größten.

51 Von der »Unfähigkeit zu trauern«
Alexander und Margarete Mitscherlich

Sie gehören zu den Brückenbauern zwischen Psychoanalyse und Sozialforschung: Alexander und Margarete Mitscherlich haben dazu beigetragen, die Psychoanalyse im Nachkriegsdeutschland wieder heimisch zu machen. Mit dieser Wissenschaft erarbeiteten sie kritische Zeitdiagnosen der bundesrepublikanischen Gesellschaft.

Wege

Alexander Mitscherlich entstammt einer Familie von Naturwissenschaftlern. 1908 in München geboren, studiert der Sohn eines Chemikers zunächst Geschichte, Kunstgeschichte und Philosophie in der bayerischen Hauptstadt. Nach dem Tod seines jüdischen Doktorvaters 1932 weigert sich dessen antisemitisch gesinnter Nachfolger, die Dissertation weiter zu betreuen. Daraufhin bricht Alexander Mitscherlich das Studium ab. Er wird 1933 zum ersten Mal verhaftet und geht nach seiner Freilassung nach Berlin. Hier eröffnet er eine Buchhandlung, die 1935 von der SA geschlossen wird. Parallel beginnt er ein Medizinstudium.

Alexander Mitscherlich engagiert sich im Widerstand, wird deshalb steckbrieflich gesucht und emigriert 1935 in die Schweiz. In Zürich studiert er weiter Medizin. Zwei Jahre später wird er bei einer illegalen Fahrt nach Deutschland erneut verhaftet und acht Monate lang in Nürnberg inhaftiert. Nach

Sozialpsychologische Ansätze

seiner Freilassung setzt er sein Medizinstudium in Heidelberg fort. 1941 wird er promoviert und arbeitet als Neurologe an der Universität Heidelberg.

Nach Kriegsende leitet Mitscherlich für einige Zeit das Gesundheitsamt der amerikanischen Besatzungszone »Saar, Pfalz, Rheinhessen«. 1946 habilitiert er sich und ist bis 1949 an einer Poliklinik in Zürich tätig. Ebenfalls 1946 fungiert er als Beobachter bei den Nürnberger Prozessen gegen die Ärzte des »Dritten Reichs«. Sein Bericht über die Menschenversuche in den Konzentrationslagern, den er 1960 unter dem Titel »Das Diktat der Menschenverachtung« als Buch veröffentlichen wird, trägt ihm in der deutschen Medizin den Ruf eines »Nestbeschmutzers« ein. 1947 übernimmt Mitscherlich für lange Jahre die Herausgeberschaft der Zeitschrift »Psyche«. Im selben Jahr begegnet er, zu jener Zeit in zweiter Ehe verheiratet, Margarete Nielsen, einer dänischen Ärztin.

Margarete Nielsen wird 1917 im schleswigschen Gravenstein geboren. Ihre Mutter ist Deutsche, ihr Vater Däne. Nach dem Abitur in Flensburg studiert sie zunächst Literatur, Englisch und Geschichte in München. Dann wechselt sie zur Medizin, weil sie den Eindruck hat, dieses Fach sei weniger anfällig für die nationalsozialistische Propaganda. 1944 kehrt Nielsen nach Dänemark zurück. Drei Jahre später geht sie in die Schweiz, um die anthroposophische Medizin kennenzulernen.

In Ascona begegnet Margarete Nielsen ihrem späteren Ehemann Alexander Mitscherlich, der ihr die Psychoanalyse nahebringt. Das Paar bekommt 1949 einen Sohn. 1950 wird Margarete Nielsen in Tübingen promoviert. In den 1950er-Jahren lassen sich Nielsen und Mitscherlich zu Psychoanalytikern ausbilden. Ab 1951 ist Nielsen an der Klinik für Psychosomatische Medizin der Universität Heidelberg tätig, die 1949 von Alexander Mitscherlich gegründet worden ist. In dem Institut werden viele Kriegstraumatisierte behandelt. 1952 übernimmt Mitscherlich eine außerplanmäßige Professur für psychosomatische Medizin an der Universität Heidelberg. Drei Jahre später heiraten er und Margarete Nielsen.

1960 wird in Frankfurt am Main das Sigmund-Freud-Institut gegründet, ein Forschungs- und Ausbildungsinstitut für Psychoanalyse und Psychosomatik. Die Einrichtung steht für den

Beginn der psychoanalytischen Renaissance in Deutschland. Zur Eröffnung schreibt Freuds Tochter Anna (s. Kap. 13) von einer »neuen psychoanalytischen Ära in Deutschland«. Das Institut wird unter anderem von Max Horkheimer (1895–1973) gefördert, dem alten und neuen Direktor des berühmten Frankfurter Instituts für Sozialforschung. Von Anfang an verbindet das Sigmund-Freud-Institut psychoanalytische Fragestellungen mit Themen der Soziologie. Zu seinen Begründern gehört auch das Ehepaar Mitscherlich. Alexander Mitscherlich, der von 1966 bis 1973 eine Professur für Psychologie an der Universität Frankfurt innehat, leitet die Forschungsstätte bis zu seiner Emeritierung im Jahr 1976.

Die Verbindung psychoanalytischer mit sozialpsychologischen Themen zeigt sich in vielen Veröffentlichungen. 1963 erscheint Alexander Mitscherlichs Studie »Auf dem Weg zur vaterlosen Gesellschaft«, das Porträt einer Gesellschaft, die von symbolischen Vorbildern und Idealen Abschied nimmt. Der Autor plädiert darin für eine Pädagogik, die auf Emanzipation ausgerichtet ist anstatt auf Gehorsam und Unterwerfung. In einer weiteren, 1965 erschienenen Studie untersucht Mitscherlich die »Unwirtlichkeit unserer Städte«, die durch die Stadtentwicklung der Nachkriegszeit entstanden ist. 1967 veröffentlicht das Ehepaar Mitscherlich gemeinsam ein aufsehenerregendes Buch über die unzulängliche Aufarbeitung der nationalsozialistischen Vergangenheit im Nachkriegsdeutschland: »Die Unfähigkeit zu trauern«. Weitere gemeinsame Werke folgen. Daneben schreibt Margarete Mitscherlich eigene Monografien, in denen sie sich unter anderem mit der weiblichen Emanzipation beschäftigt: »Die friedfertige Frau« (1985) und »Über die Mühsal der Emanzipation« (1990).

1969 erhält Alexander Mitscherlich den Friedenspreis des Deutschen Buchhandels und 1973 die Wilhelm-Leuschner-Medaille. Seine Frau wird 1982 mit dieser höchsten hessischen Auszeichnung geehrt. Im selben Jahr stirbt Alexander Mitscherlich in Frankfurt am Main. Margarete Mitscherlich ist weiterhin als Psychoanalytikerin und Autorin in Frankfurt tätig. 2001 wurde sie mit dem Großen Verdienstorden der Bundesrepublik Deutschland ausgezeichnet.

Ideen

Heute, rund vierzig Jahre nach der ersten Veröffentlichung, ist »die Unfähigkeit zu trauern« ein bekanntes Schlagwort. Doch das darf nicht darüber hinwegtäuschen, dass die Autoren damals mit dem Buch ein Tabu angesprochen und folglich nicht nur begeisterte Zustimmung geerntet haben.

Ihr Ausgangspunkt ist die Feststellung, dass im Nachkriegsdeutschland ein verwunderliches Desinteresse an der Mitgestaltung des Staates herrscht, eine politische und soziale Apathie, während andererseits der wirtschaftliche Aufbau mit unglaublichem Einsatz betrieben wird. Den Schlüssel für dieses Verhalten finden die Autoren in der Abwehr der Vergangenheit. Die Abwehr ist ein Begriff aus der Psychoanalyse (s. Kap. 7). Darunter werden verschiedene Verhaltensweisen gefasst, von denen die Verdrängung wohl die bekannteste ist. Sie meint den Versuch, die mit einem Trieb zusammenhängenden Vorstellungen, Gedanken, Bilder und Erinnerungen ins Unbewusste zurückzudrängen. Verdrängt wird, wenn die Befriedigung des Triebes gefährlich oder unmöglich ist, weil sie anderen Forderungen, etwa gesellschaftlichen Normen, zuwiderläuft.

Welcher Trieb jedoch ist in der Vergangenheit von Nachkriegsdeutschland unbefriedigt geblieben? Die Antwort findet das Ehepaar Mitscherlich in der wechselseitigen Projektion größenwahnsinniger Phantasien. Der »Führer« projizierte seine Größenideen auf die deutsche »Rasse«, und die Deutschen projizierten ihr Größenideal auf den »Führer«. Beide wurden zu libidinösen Objekten füreinander, das heißt: zu Beziehungspartnern, auf die sich die gesamte psychische Energie richtete. Und natürlich liegt es auf der Hand, dass größenwahnsinnige Phantasien keine erwachsenen Triebwünsche sind, sondern eigentlich in die früheste Kindheit gehören.

Nach dem Zusammenbruch des »Dritten Reichs« sind diese kindlichen Phantasien zusammengebrochen, was eine enorme Kränkung bedeutete und nach der psychoanalytischen Theorie das ganze Volk in Melancholie hätte versinken lassen müssen. Denn nach Freud ist die Melancholie jene Art von Trauer, die sich einstellt, wenn ein narzisstisches Objekt verloren geht – also ein geliebtes Gegenüber, das gebraucht wurde, um das brüchige

Bewusstsein vom eigenen Wert zu stärken und aufrechtzuerhalten. Eine kollektive Melancholie blieb jedoch damals aus. Sie wurde erfolgreich umgangen, indem man sich geradezu manisch in den wirtschaftlichen Wiederaufbau stürzte – und nebenbei mit den alliierten Siegern sofort ein neues Objekt suchte, mit dem man sich identifizieren konnte.

Die Unfähigkeit der Menschen im Nachkriegsdeutschland, das Leid der Millionen Opfer und die eigene Schuld zu betrauern, beruht auf diesem Verdrängungsprozess. Um den Verlust des narzisstischen Objekts, die Kränkung des Größenwahns, nicht zu spüren, wurde die Vergangenheit in ihren schrecklichen Dimensionen ausgeblendet, regelrecht entwirklicht, einschließlich der überwältigenden Schuld des eigenen Volkes. Wie sehr die Einsicht in diese Schuld damals am Selbstbild der Deutschen gerüttelt hätte, zeigt sich in den erregten Debatten, als nach 1968 die Aufarbeitung der nationalsozialistischen Vergangenheit tatsächlich beginnt: Da wird nicht selten der Vorwurf des »Nestbeschmutzers« an die Adresse derjenigen gerichtet, die das Tabu zu brechen suchen. Und nicht umsonst sind es die Kinder und Enkel der Täter, die in jenen Jahren diesen Tabubruch wagen.

Noch 1987 konstatiert Margarete Mitscherlich, die Diagnose von der Unfähigkeit zu trauern gelte noch immer. Doch wiederum zwanzig Jahre später stellt sie in ihrer Autobiografie fest: Die Erinnerung hat ihren Weg in die Köpfe der Deutschen gefunden.

Übrigens: In ihrem 1985 erschienenen Buch »Die friedfertige Frau« widerspricht Margarete Mitscherlich der Annahme, die Frau sei von Natur aus weniger aggressiv als der Mann. Die typisch weibliche Friedfertigkeit, so Mitscherlich, ist über unzählige Generationen hinweg anerzogen worden. Sie ist ein Instrument, um die Frau zu unterdrücken und sie daran zu hindern, sich aus ihrer dienenden Rolle zu befreien.

SOZIALPSYCHOLOGISCHE ANSÄTZE

52 SYMPATHIE UND SOLIDARITÄT
HORST E. RICHTER

Für ihn ist die Psychoanalyse mehr als nur eine Behandlungsform für die Seele des Einzelnen. In seinen zahlreichen Veröffentlichungen hat Horst Eberhard Richter den neuzeitlichen Machbarkeitswahn und die bundesrepublikanische Ellbogengesellschaft analysiert und zu Versöhnung und Integration aufgerufen.

WEG

Der Mann, der die Psychoanalyse mit dem Engagement für den Frieden und eine gerechtere Gesellschaft verbindet, wird 1923 in Berlin geboren. Seine Eltern bemühen sich während des »Dritten Reichs« um politische Abstinenz, ihr Sohn flüchtet als Jugendlicher auf seine Weise vor der politischen Realität, in die Welt der Dichtung und Philosophie.

18-jährig wird Horst Eberhard Richter an die Russlandfront eingezogen. Kurz vor der Verlegung seiner Truppe nach Stalingrad erkrankt er lebensgefährlich an Diphtherie. Mit 22 Jahren gerät er nach der Desertion in den Alpen in Kriegsgefangenschaft und durchleidet vier Monate Isolationshaft. Nach seiner Freilassung im Januar 1946 erfährt er, dass seine Eltern zwei Monate nach Kriegsende auf einem Spaziergang nahe ihres Dorfes von betrunkenen Russen ermordet worden sind. Richter steht vor dem Nichts. Doch dann lernt er seine spätere Ehefrau kennen, mit der er inzwischen seit über sechzig Jahren zusammen ist, und schöpft neue Kraft.

Horst Eberhard Richter studiert Medizin, Psychologie und Philosophie, er wird 1949 zum Dr. phil. und 1957 zum Dr. med. promoviert, arbeitet als Psychiater und absolviert eine Lehranalyse. Bis 1962 ist er in Berlin tätig: an der Psychiatrischen und Neurologischen Klinik der Freien Universität und als leitender Arzt der »Beratungs- und Forschungsstelle für seelische Störungen im Kindesalter«, von 1959 bis 1962 auch als Leiter des Berliner Psychoanalytischen Instituts. Aus der Arbeit mit Kin-

240

dern entsteht Richters erstes Buch »Eltern, Kind und Neurose«, es erscheint 1963. Der Autor nimmt darin bereits die systemische Perspektive ein, die ihn zu einem der Pioniere der Familienthe-rapie in Deutschland machen wird, indem er die psychischen Probleme des Kindes als Ausdruck eines gestörten Miteinan-ders innerhalb der Familie begreift.

1962 erhält Richter einen Ruf an die Universität Gießen, auf den neu errichteten Lehrstuhl für Psychosomatik. Hier baut er die Psychosomatische Universitätsklinik auf, als deren Lei-ter er bis zu seiner Emeritierung 1992 tätig ist. Die Einrichtung entwickelt sich zu einem interdisziplinären Zentrum, in dem psychosomatische und psychoanalytische Fragestellungen mit sozial- und institutionskritischen Ansätzen verbunden werden – nicht nur in der Theorie, sondern auch praktisch. Auf Richters Initiative entsteht in Gießen ein viel beachtetes Modell regio-naler psychosozialer Arbeitsgemeinschaften.

1992 übernimmt der Psychoanalytiker die Leitung des da-mals von der Schließung bedrohten Sigmund-Freud-Instituts in Frankfurt am Main, eine Position, die er bis 2002 innehat. Seine sozialtherapeutische Arbeit und seine engagierten Stellungnah-men prägen die gesellschaftliche Veränderung in Deutschland seit den 1970er-Jahren, von der Studentenbewegung über die Friedens- und Umweltbewegung bis hin zur Frage nach Männ-lichkeit und Weiblichkeit und ihrer Bedeutung für die Gesell-schaft. In seinen bis heute mehr als 25 Büchern behandelt er diese Themenstellungen für ein interessiertes Laienpublikum. Die Werke werden zu Bestsellern im politisch aufgeklärten Bür-gertum der Bundesrepublik.

Anfang der 1980er-Jahre tritt Horst Eberhard Richter als Leitfigur der Friedensbewegung auf. Er ist Mitbegründer, ers-ter Sprecher und Geschäftsführer der bundesdeutschen Sektion von »Internationale Ärzte für die Verhütung des Atomkrieges, Ärzte in sozialer Verantwortung« (IPPNW). 1982 verfasst der Psychoanalytiker die von 14 Gründungsmitgliedern der bun-desdeutschen IPPNW unterzeichnete Frankfurter Erklärung, eine persönliche Willenserklärung, alle kriegsmedizinischen Vorbereitungsmaßnahmen abzulehnen und sich nicht daran zu beteiligen. Drei Jahre später erhält die IPPNW den Friedensno-belpreis. Heute gehört Horst Eberhard Richter zum Ehrenvor-

SOZIALPSYCHOLOGISCHE ANSÄTZE

stand der deutschen IPPNW, die sich unter dem Motto »Medizin und Gewissen« seit längerem auch gegen die Ökonomisierung der Medizin einsetzt. In jüngster Zeit macht sich der Gießener Psychoanalytiker für die Antiglobalisierungsbewegung Attac stark.

Auch persönlich hat Horst Eberhard Richter zahlreiche Auszeichnungen erhalten, darunter 1980 den Theodor-Heuss-Preis und im Jahr 2002 die Frankfurter Goethe-Plakette. Letztere für seine »konsequent pazifistische Grundhaltung«, mit der er sich als »mahnende und weithin anerkannte Instanz« etabliert habe. Zwei Jahre zuvor hat ihm der Jüdische Nationalfonds für sein Lebenswerk zehn Bäume in Israel gepflanzt.

IDEEN

Als einer der Ersten hat Horst Eberhard Richter in Deutschland die Familie in die Psychotherapie einbezogen. In »Eltern, Kind und Neurose« entwickelt er eine Rollentheorie, die sowohl für die Bindung zwischen Eltern und Kindern als auch für die Paarbeziehung gilt. Richter zufolge schreibt dabei eine Person der anderen eine bestimmte Rolle zu, um sich auf diese Weise von einem eigenen innerseelischen Konflikt zu entlasten. So wird etwa das Kind von einem Elternteil in die Rolle eines Partnerersatzes oder eines Sündenbocks gedrängt. Oder es soll so perfekt sein, wie die Person, die ihm die Rolle zuschreibt, es vergeblich für sich selbst erträumt. Richter spricht von narzisstischen Projektionen. Das bedeutet: Die Rollenzuweisungen haben etwas mit dem gestörten Verhältnis des Zuweisenden zur eigenen Person zu tun. In »Patient Familie« (1970) beschreibt der Psychoanalytiker dann, wie sich eine Familie auch ganz einträchtig als neurotisches System um eine solche Rollenzuschreibung herum organisieren kann und sich dabei meist gegen die Außenwelt abschottet.

Gemeinsam mit Kollegen hat Richter den so genannten Gießen-Test entwickelt. Dieser psychoanalytisch fundierte Einzel- und Gruppentest wird unter anderem im Verlauf einer therapeutischen Behandlung eingesetzt, um Aufschluss über deren Wirksamkeit zu bekommen. Damit ist ein wichtiger Beitrag zur empirischen Überprüfung der Psychoanalyse geleistet.

Horst Eberhard Richter begreift die Psychoanalyse jedoch nicht nur als tiefenpsychologische Behandlungsmethode. Er erweitert ihren Auftrag im Sinne einer Sozialanalyse von Mensch und Gesellschaft. Psychoanalyse bedeutet für ihn nicht nur die Emanzipation von den Eltern, sondern auch eine wachsende Unabhängigkeit von Institutionen. Als Analytiker begleitet er regionale Gruppen, die sich um diese Emanzipation bemühen, etwa in der Kinderladenbewegung oder in der Arbeit mit Wohnungslosen. Seine Bücher, die zur Emanzipation ermutigen, sind populär geworden: »Die Gruppe« (1972), »Lernziel Solidarität« (1974), »Flüchten oder Standhalten« (1976).

Sein Hauptwerk von 1979 trägt den Titel »Der Gotteskomplex«. Richter analysiert darin den Übergang von der kindlichen Ohnmacht des mittelalterlichen Gottesglaubens zum heutigen Machbarkeits- und Allmachtswahn. Diesen Wahn begreift er als Kompensation, ausgelöst durch den bedrohlichen Verlust der einstmals empfundenen Gotteskindschaft: Weil Gott verloren ging, will der Mensch nun selbst Gott sein. Von Angst getrieben, identifiziert er sich mit Gottes Allmacht und Allwissen. Nicht nur das naturwissenschaftlich-positivistische Weltbild, sondern auch die Verherrlichung vermeintlich männlicher Stärke und die Verdrängung des Leidens aus dem Alltag sind für Richter Ausdruck dieses »Gotteskomplexes«. Und wie in der individuellen Psychoanalyse das Abgespaltene und Verdrängte in den Blick genommen werden muss, so liegt für ihn auch auf der psychosozialen Ebene die Heilung in der Integration, in der Sympathie für das Schwache, Ohnmächtige und in der solidarischen Versöhnung mit dem, was ausgegrenzt wird.

Anekdote: Im Vorfeld der Friedensnobelpreis-Verleihung 1985 empörte sich die CDU, dass mit den Ärzten gegen den Atomkrieg eine »moskau-gesteuerte Organisation« geehrt werde. Und 2003 lehnte eine Mehrheit aus CDU, FDP und Freien Wählern im Gießener Stadtrat den SPD-Antrag ab, Richter die Ehrenbürgerschaft zu verleihen. Gießens prominentester Nicht-Ehrenbürger hat seinerseits bereits dreimal die Annahme des Bundesverdienstkreuzes mit der Begründung verweigert, zu viele ehemalige Nazis hätten es schon erhalten.

53 Das Straf-Experiment

Stanley Milgram

Sein Experiment über den menschlichen Gehorsam hat ihn weltberühmt gemacht, aber auch vielfacher Kritik ausgesetzt. Bis heute ist der Name des Sozialpsychologen Stanley Milgram mit der Erkenntnis verbunden, dass in jedem Menschen eine Bestie wohnt – wenn nur eine geeignete Autorität nach dieser Bestie verlangt.

Weg

Stanley Milgram wird 1933 in New York geboren. Er studiert Psychologie, wird 1960 in Harvard in Sozialpsychologie promoviert und arbeitet anschließend an der Yale University in New Haven, Connecticut. Hier führt er als Assistenzprofessor ein Jahr später jenes Experiment durch, das für immer mit seinem Namen verbunden bleiben wird: Er untersucht, unter welchen Bedingungen Menschen bereit sind, im Namen des Gehorsams Dinge zu tun, die sie normalerweise strikt ablehnen würden.

Die Ergebnisse sind schockierend, die Resonanz auf ihre Veröffentlichung in einer Fachzeitschrift 1963 entsprechend zwiegespalten. Manche Kritiker halten Milgram vor, seine Versuchspersonen unverantwortlichem Stress ausgesetzt zu haben. Die American Psychological Association schließt ihn mit dieser Begründung für ein Jahr aus, die Harvard University verweigert ihm deshalb die Festanstellung. Die American Association for the Advancement of Science hingegen verleiht Milgram 1964 ihren jährlichen Preis in der Kategorie Sozialpsychologie.

1967 übernimmt Milgram eine Professur für Psychologie an der City University in New York. Im gleichen Jahr startet er seinen zweiten berühmten Versuch zu dem von ihm so genannten »Kleine-Welt-Phänomen«. Die Theorie, dass jeder Mensch auf der Welt zu jedem anderen um ein paar Ecken herum eine Verbindung hat, existiert schon länger. Milgram überprüft sie praktisch: Er bittet ein paar Dutzend Versuchspersonen, einen Brief an eine ihnen unbekannte Frau aus Cambridge, Massachusetts, zu schicken – aber nicht direkt, sondern über einen Bekannten, bei dem es wahrscheinlicher ist, dass er die Zielperson kennt. Der Bekannte soll, wenn er die Zielperson nicht direkt kennt, nach demselben Schema verfahren, und so weiter. Milgram startet den Versuch zweimal. Am Schluss des zweiten Versuchs kommt er auf 5,5 Stationen, die durchschnittlich zwischen zwei x-beliebigen, einander unbekannten Menschen auf der Welt liegen.

Stanley Milgram ist auch künstlerisch tätig, er malt und schreibt. Ein besonderes Interesse gilt dem Film. Schon sein Yale-Experiment hat er mit der Kamera festgehalten und 1962 unter dem Titel »Gehorsam« herausgebracht. Zwischen 1972 und 1976 entstehen fünf weitere Filme. Der bekannteste ist »The City and the Self« (1974). Er handelt vom Einfluss des Stadtlebens auf das menschliche Verhalten. Im selben Jahr erscheint Milgrams Buch über das Gehorsamsexperiment: »Obedience to Authority: An Experimental View« (dt. »Das Milgram-Experiment. Zur Gehorsamsbereitschaft gegenüber Autorität«, 1974).

1984 stirbt Stanley Milgram, erst 51-jährig, in New York an Herzversagen.

IDEEN

Nach dem Zusammenbruch des nationalsozialistischen Deutschlands 1945 fragen Sozialpsychologen, ob die Deutschen vielleicht einen besonders obrigkeitshörigen Charakter hätten, was möglicherweise die monströsen Verbrechen im Namen des Staates zwischen 1933 und 1945 erklären würde. Stanley Milgrams Experiment zeigt nun, dass die Gehorsamsbereitschaft eine allgemein menschliche Eigenschaft ist. Ja, mehr noch, seine wichtigste Erkenntnis besagt: Weder die inneren Überzeugungen eines Menschen noch seine Persönlichkeit oder gar Nationalität sind ausschlaggebend für das, was er tut oder nicht tut. Entscheidend ist vielmehr die äußere Situation, in der sich der Betreffende befindet.

In New Havens ganz normaler Bevölkerung findet Milgram durch eine Zeitungsanzeige über 1000 Versuchspersonen für sein Experiment. Er sagt ihnen, sie würden als »Lehrer« an einem wissenschaftlichen Versuch teilnehmen, bei dem andere

Versuchspersonen als »Schüler« etwas lernen sollten, und zwar
gehe es darum, Wortpaare im Gedächtnis zu behalten. Behielten die »Schüler« das Gelernte nicht, so sollten die »Lehrer«
sie mit Elektroschocks bestrafen. Dabei steige die Stromstärke
von Fehler zu Fehler um 15 Volt. Die Skala für die möglichen
Bestrafungen reiche bis zur lebensgefährlichen Dosis von 450
Volt. Milgram lässt den »Lehrern« vorab selbst Beispielschocks
von 45 Volt verabreichen, damit sie einen körperlichen Eindruck
vom Schmerz bekommen.

Was die »Lehrer« nicht wissen: Die »Schüler« sind in Wahrheit Schauspieler. Sie werden natürlich nicht gefoltert, geben
aber nach jedem vermeintlichen Stromstoß Schmerzlaute von
sich, flehen mit weiterem Fortschreiten des Experiments auch
um Gnade und bleiben zuletzt stumm. Neben den »Lehrern«
aber steht ein Versuchsleiter, der sie als Autoritätsperson zum
Weitermachen anhält, wenn ihnen zwischendurch wegen der
Grausamkeit des Experiments Zweifel kommen.

Vorab hat Milgram 40 Psychiater gebeten, das Verhalten der
Versuchspersonen einzuschätzen. Die Fachleute vermuten, dass
die meisten nicht über 150 Volt hinausgehen werden. Sie irren.
Kein »Lehrer« beendet die Bestrafung unter 300 Volt. Und 56
Prozent der Teilnehmer gehen bis zum lebensgefährlichen Ma-
ximum von 450 Volt. Zwar erklären viele im Verlauf des Experiments, sie würden jetzt aussteigen, weil sie ihr Verhalten nicht
mehr verantworten könnten. Doch nachdem der Versuchsleiter
erklärt, er trage die Verantwortung und sie müssten wegen der
wissenschaftlichen Ziele weitermachen, gehorchen sie, auch
wenn sie dabei selbst seelisch leiden. Ihr Tun entspricht nicht
ihren Überzeugungen.

Milgrams Experiment stellt die alltägliche, unreflektierte
Einteilung der Menschen in »gut« und »böse« in Frage und
belegt die Brüchigkeit ethischer Einstellungen. Es zeigt: Jeder
kann zur Bestie werden, wenn man es ihm nur überzeugend
genug befiehlt. Insgesamt lässt Milgram den Versuch in 19 verschiedenen Varianten durchführen, bei denen immer andere
Situationen arrangiert werden. Es zeigt sich, dass die »Lehrer«
umso unbedenklicher foltern, je weniger sie in direktem Kontakt zu ihrem Opfer stehen. Auch besitzt ein vermeintlicher Pro-
band als Versuchsleiter weniger Autorität als ein ausgewiesener

Wissenschaftler. Die Unterschiede sind jedoch nur graduell. Alle Varianten belegen, dass nicht die moralische Überzeugung eines Menschen, also letztlich seine Persönlichkeit, sondern die Situation ausschlaggebend für sein Verhalten ist.

Im Anschluss an den Versuch werden die Teilnehmer über den wahren Zweck detailliert aufgeklärt. Ein Jahr später untersucht man sie stichprobenartig auf eventuelle Langzeitschäden, stellt jedoch nichts fest. Trotzdem werden unter dem Eindruck des Milgram-Experiments an vielen Universitäten ethische Standards zum Schutz von Versuchspersonen erlassen.

Übrigens: Den Rockmusiker Peter Gabriel, ein Bewunderer Milgrams, inspirierte das Experiment zu einem Song: »We Do What We're Told (Milgram's 37)« entstand 1986.

Seitenblick: Ein vergleichbares Experiment unternahm Milgrams einstiger Studienfreund Philip G. Zimbardo (geb. 1933) an der Stanford University. Im Sommer 1971 teilte er Studenten, die sich freiwillig gemeldet hatten, in zwei Gruppen als »Gefängniswärter« und »Gefangene« ein und simulierte mit ihnen im Rollenspiel ein reales Gefängnis. Das Experiment musste nach sechs Tagen vorzeitig abgebrochen werden: Die »Strafvollzugsbeamten« wurden zu Sadisten, die »Gefangenen« wiesen Anzeichen von Depressionen und extremem Stress auf. Auch dieses ethisch umstrittene Experiment, das übrigens mehrfach verfilmt worden ist, hinterließ bei den Teilnehmern keine psychischen Spätfolgen.

54 Die Sprache des Gesichts
Paul Ekman

Im Gesicht eines Menschen kann man lesen wie in einem Buch. Der amerikanische Psychologe Paul Ekman hat diese Sprache entschlüsselt und zu seiner Überraschung sieben Mienenspiele gefunden, die weltweit allen Menschen gemeinsam sind. Daraus lässt sich schließen, dass die »Sprache des Gesichts« vererbt wird.

Weg

Als Sohn eines Kinderarztes 1934 in Washington D.C. geboren, wächst Paul Ekman in verschiedenen Städten der USA auf. Er studiert Psychologie an der University of Chicago, an der New York University und an der New Yorker Adelphi University, wo er 1958 promoviert wird. Von 1958 bis 1960 ist er als Chefpsychologe der amerikanischen Armee in Fort Dix, New Jersey, tätig.

Anschließend verfolgt Paul Ekman verschiedene Forschungsvorhaben an der University of California in San Francisco, die unter anderem vom National Institute of Mental Health und von der National Science Foundation gefördert werden. Zunächst steht ganz allgemein das nonverbale Verhalten des Menschen im Mittelpunkt seiner Arbeit. Ab Mitte der 1960er-Jahre konzentriert sich der Wissenschaftler auf die Erforschung des emotionalen Gesichtsausdrucks. Sein zweites Interesse gilt dem Phänomen der zwischenmenschlichen Täuschung.

1972 übernimmt Paul Ekman an der Universität in San Francisco eine Professur für Psychologie, die er bis zu seiner Emeritierung im Jahr 2004 innehat. Für seine Arbeit erhält er zahlreiche Ehrungen, unter anderem 1991 die Auszeichnung der American Psychological Association für besondere wissenschaftliche Leistungen und 1994 die Ehrendoktorwürde der University of Chicago. Paul Ekman forscht und lehrt nach wie vor in San Francisco.

PAUL EKMAN

IDEEN

Seinen Ansatz beschreibt Paul Ekman im Jahr 2003 für ein interessiertes Laienpublikum in dem Buch »Emotions Revealed. Understanding Faces and Feelings« (dt. »Gefühle lesen. Wie Sie Emotionen erkennen und richtig interpretieren«, 2004). Der Titel ist Programm: Es geht darum, die »Sprache des Gesichts« lesen zu können, die Ekman zufolge kulturübergreifend ist.

Mit seiner These steht der Wissenschaftler in der Tradition Charles Darwins (1809–1882). Der englische Naturforscher hat nicht nur die Lehre von der Abstammung der Lebewesen ausgearbeitet, sondern in diesem Zusammenhang auch die artengeschichtliche Entwicklung der Gefühlsbewegungen von Menschen und Tieren untersucht. Er gilt damit als Begründer der so genannten Ausdruckspsychologie. Nach Darwin sind mimische Gefühlsausdrücke ein zweckgerichtetes Verhalten, das sich im Lauf der Evolution von seinem ursprünglichen Sinn abgelöst hat. Wenn etwa ein Hund die Zähne fletscht, so dient diese Drohgebärde dazu, einen Feind einzuschüchtern. Presst nun aber ein Mensch die Kiefer zusammen, so ist das zwar immer noch Ausdruck von Stress und Anspannung, dient aber nicht mehr der Abschreckung eines Gegners. Denn das Beißen gehört nun einmal nicht zu unseren bevorzugten Abwehrmethoden – weshalb sich unter unseresgleichen auch schlecht damit drohen lässt.

Ekman knüpft an Darwins These an, dass das Zusammenspiel der Gesichtsmuskeln ein vererbter Bestandteil des menschlichen Verhaltens ist. Unser Repertoire an mimischen Gefühlsäußerungen, so sagt er, ist angeboren und daher auch über die Kulturgrenzen hinweg verständlich. Sechs Monate lang durchforstet Ekman in den 1960er-Jahren gemeinsam mit seinem Kollegen Wallace Friesen Filmmaterial über einen Steinzeitstamm auf Papua-Neuguinea. Bei diesen Menschen ist es am ehesten ausgeschlossen, dass sich ihr ursprüngliches Mienenspiel durch den Kontakt mit Auswärtigen verändert hat. Und trotzdem beobachtet Ekman keinen einzigen Gesichtsausdruck, der ihm nicht bekannt gewesen wäre.

Schließlich macht er sich 1967 und 1968 selbst ins Bergland von Neuguinea auf und testet die Universalität der emotionalen

SOZIALPSYCHOLOGISCHE ANSÄTZE

Ausdrücke – mit Erfolg. Die Steinzeitmenschen deuten die Gesichtszüge der Weißen auf Fotos, die man ihnen vorlegt, meistens richtig. Und die Mienen, mit denen die Ureinwohner ihre eigenen Emotionen ausdrücken, werden anschließend von amerikanischen Collegestudenten ebenso sicher zugeordnet.

Insgesamt kann ein Gesicht über 10.000 verschiedene Ausdrücke annehmen. Allerdings sind nicht alle universell. Sieben allgemeingültige Gesichtsausdrücke hat Ekman gemeinsam mit Wallace Friesen herausgefiltert: Furcht, Ekel, Freude, Überraschung, Verachtung, Ärger und Trauer. Ekman betont, dass nur diese sieben Emotionen bei allen Menschen sehr ähnlich ausgedrückt werden. Und auch auf der Basis dieser Gemeinsamkeit bestehen gewisse Unterschiede, wie vergleichende Untersuchungen in sechs Ländern ergeben haben. So erkennen etwa Japaner das Gefühl des Ärgers am Gesicht ihres Gegenübers schlechter als Amerikaner, Ungarn, Polen und Vietnamesen. Letzteren hingegen fällt es schwerer als allen anderen, einen angeekelten Gesichtsausdruck richtig zu deuten. Und die Steinzeitmenschen in Neuguinea haben Mühe damit, Überraschung und Angst auseinanderzuhalten, vielleicht, weil bei ihnen Überraschungen meist von unangenehmer Art sind. Trotz des gemeinsamen genetischen Erbes gehen die verschiedenen Kulturen unterschiedlich mit ihren Emotionen um, etwa was die Intensität des Gefühlsausdrucks betrifft. Hier spielt unter anderem eine Rolle, ob einem Volk die Individualität oder die Gemeinschaft wichtiger erscheint.

1976 erstellen Ekman und Friesen ein Unterteilungsschema aller Muskelbewegungen im menschlichen Gesicht. Das so genannte Facial Action Coding System (FACS, dt. »Kodesystem der Gesichtsausdrücke«) wird heute weltweit zur Messung von Gesichtsbewegungen und zur Entschlüsselung von Fotografien eingesetzt. Auch Lügen lassen sich mit Hilfe dieses Systems erkennen. Weil an der Ausbildung der mimischen Sprache sowohl das Gehirn als auch die Kultur beteiligt ist, hat Ekman seinen Ansatz neuro-kulturelle Theorie genannt.

PAUL EKMAN

Übrigens: Paul Ekman war von seinen Forschungsergebnissen selbst überrascht. Er hatte ursprünglich die Meinung amerikanischer Anthropologen geteilt, die davon ausgingen, dass unsere Mienensprache kulturell vermittelt wird. Er habe sich, so gesteht Ekman rückblickend, zwar erinnert, dass Darwin einst das Gegenteil behauptete, sei aber überzeugt gewesen, dass das nicht stimmen könne.

LITERATURVERZEICHNIS

Ameln, Falko von/Gerstmann, Ruth/Kramer, Josef (Hg.): Psychodrama, Springer Medizin Verlag, Heidelberg 2005

Beck, Aaron T.: Wahrnehmung und Wirklichkeit der Neurose. Kognitive Psychotherapie emotionaler Störungen, Verlag J. Pfeiffer, München 1979

Berne, Eric: Spiele der Erwachsenen. Psychologie der menschlichen Beziehungen, Rowohlt Taschenbuch Verlag, Reinbek 1988

Bonin, Werner F.: Die großen Psychologen, Econ Taschenbuch Verlag, Düsseldorf 1983

Butzer, Ralph J.: Heinz Kohut zur Einführung, Junius Verlag, Hamburg 1997

Cohn, Ruth: Von der Psychoanalyse zur themenzentrierten Interaktion. Von der Behandlung einzelner zu einer Pädagogik für alle. Verlag Klett-Cotta /J. G. Cotta'sche Buchhandlung Nachf., Stuttgart, 15. Aufl. 2004

Ekman, Paul: Gefühle lesen. Wie Sie Emotionen erkennen und richtig interpretieren, Elsevier Verlag, München 2004

Erikson, Erik H.: Identität und Lebenszyklus, Suhrkamp Taschenbuch Verlag, Frankfurt am Main, 7. Aufl. 1981

Freud, Sigmund: Die Traumdeutung, Studienausgabe Bd. II, hg. v. Alexander Mitscherlich u. a., Fischer Taschenbuch Verlag, Frankfurt am Main, 2000

Fromm, Erich: Haben oder Sein. Die seelischen Grundlagen einer neuen Gesellschaft, Deutscher Taschenbuch Verlag, Frankfurt am Main, 3. Auflage 1980

Jacobi, Jolande: Die Psychologie von C. G. Jung, Fischer Taschenbuch Verlag, Frankfurt/Main 1980

Jaffé, Aniela (Hg.): Erinnerungen, Träume, Gedanken von C. G. Jung, Walter Verlag, Düsseldorf – Zürich, 11. Aufl. 2005

König, Karl: Was ist Psychoanalyse, Walter Verlag, Düsseldorf – Zürich 2000

Kriz, Jürgen: Grundkonzepte der Psychotherapie, Urban & Schwarzenberg Verlag, München, 5. Aufl. 2001

Mitscherlich, Alexander u. Margarete: Die Unfähigkeit zu trauern, R. Piper & Co. Verlag, München 1968

Mitscherlich, Margarete: Autobiografie und Lebenswerk einer Psychoanalytikerin, Picus Verlag, Wien 2006

LITERATURVERZEICHNIS

Lück, Helmut E.: Geschichte der Psychologie, W. Kohlhammer Verlag, Stuttgart, 3. Aufl. 2002

Lück, Helmut E./Miller, Rudolf (Hg.): Illustrierte Geschichte der Psychologie, Beltz Verlag, Weinheim 2005

Pervin, Lawrence A./Cervone, Daniel/John, Oliver P.: Persönlichkeitstheorien, Ernst Reinhardt Verlag, München – Basel, 5. Aufl. 2005

Pongratz, Ludwig J.: Hauptströmungen der Tiefenpsychologie, Alfred Kröner Verlag, Stuttgart 1983

Richter, Horst Eberhard: Der Gotteskomplex, Rowohlt Verlag, Reinbek 1979

Riemeyer, Jörg: Die Logotherapie Viktor Frankls, Quell Verlag/Gütersloher Verlagshaus, Gütersloh, 2. Aufl. 2002

Schönpflug, Wolfgang: Geschichte und Systematik der Psychologie, Beltz Verlag, Weinheim, 2. Aufl. 2004

Schorr, Angela: Die Verhaltenstherapie. Ihre Geschichte von den Anfängen bis zur Gegenwart, Beltz Verlag, Weinheim – Basel 1984

Stephan, Inge: Die Gründerinnen der Psychoanalyse, Kreuz Verlag, Stuttgart 1992

Stierlin, Helm u. a.: Das erste Familiengespräch, Verlag Klett-Cotta/J. G. Cotta'sche Buchhandlung Nachf., Stuttgart, 7. Aufl. 1996

Stierlin, Satuila: »Ich brannte vor Neugier!« Familiengeschichten bedeutender Familientherapeutinnen und Familientherapeuten, Carl-Auer-Systeme-Verlag, Heidelberg 2001

Urban, Adrian: Mein Lieblingspsychologe, Gütersloher Verlagshaus 2006

Watzlawick, Paul: Anleitung zum Unglücklichsein, R. Piper & Co. Verlag, München – Zürich 1983

Wehner, Ernst G. (Hg.): Geschichte der Psychologie, Wissenschaftliche Buchgesellschaft Darmstadt 1990

Wehr, Gerhard: Gründergestalten der Psychoanalyse, Artemis & Winkler Verlag, Zürich – Düsseldorf 1996

Widmer, Peter: Subversion des Begehrens. Jacques Lacan oder Die zweite Revolution der Psychoanalyse, Fischer Taschenbuch Verlag, Frankfurt am Main 1990

Willi, Jürg: Die Zweierbeziehung. Spannungsursachen, Störungsmuster, Klärungsprozesse, Lösungsmodelle, Rowohlt Taschenbuch Verlag, Reinbek, 16. Aufl. 2004

Zimbardo, Philip G./Gerrig, Richard J.: Psychologie, Pearson Studium Verlag, München, 16. Aufl. 2004

Zundel, Edit u. Rolf: Leitfiguren der Psychotherapie, Kösel Verlag, München, 2. Aufl. 1988